本专著系 2021 年度辽宁省社会科学规划基金项目（L21DBJ008）研究成果

项目名称："第一书记"制度常态化背景下派驻队伍的乡村振兴作用研究

驻村第一书记推动
乡村振兴工作实践与探索

ZHUCUNDIYISHUJITUIDONG

XIANGCUNZHENXINGGONGZUOSHIJIANYUTANSUO

陈旭　顾宇 ▪ 著

辽宁人民出版社

© 陈旭　顾宇　2023

图书在版编目（CIP）数据

驻村第一书记推动乡村振兴工作实践与探索 / 陈旭，顾宇著 . — 沈阳：辽宁人民出版社，2023.8
　ISBN 978-7-205-10801-4

　Ⅰ . ①驻… Ⅱ . ①陈… ②顾… Ⅲ . ①农村—社会主义建设—工作—中国—文集 Ⅳ . ① F320.3-53

中国国家版本馆 CIP 数据核字（2023）第 136580 号

出版发行：辽宁人民出版社
　　　　　地址：沈阳市和平区十一纬路 25 号　邮编：110003
　　　　　电话：024-23284321（邮　购）　024-23284324（发行部）
　　　　　传真：024-23284191（发行部）　024-23284304（办公室）
　　　　　http://www.lnpph.com.cn
印　　刷：辽宁新华印务有限公司
幅面尺寸：170mm×240mm
印　　张：18.25
字　　数：245 千字
出版时间：2023 年 8 月第 1 版
印刷时间：2023 年 8 月第 1 次印刷
责任编辑：阎伟萍　孙　雯
装帧设计：留白文化
责任校对：郑　佳
书　　号：ISBN 978-7-205-10801-4
定　　价：68.00 元

全面推进乡村振兴。全面建设社会主义现代化国家，最艰巨最繁重的任务仍然在农村。坚持农业农村优先发展，坚持城乡融合发展，畅通城乡要素流动。加快建设农业强国，扎实推动乡村产业、人才、文化、生态、组织振兴。全方位夯实粮食安全根基，全面落实粮食安全党政同责，牢牢守住十八亿亩耕地红线，逐步把永久基本农田全部建成高标准农田，深入实施种业振兴行动，强化农业科技和装备支撑，健全种粮农民收益保障机制和主产区利益补偿机制，确保中国人的饭碗牢牢端在自己手中。树立大食物观，发展设施农业，构建多元化食物供给体系。发展乡村特色产业，拓宽农民增收致富渠道。巩固拓展脱贫攻坚成果，增强脱贫地区和脱贫群众内生发展动力。统筹乡村基础设施和公共服务布局，建设宜居宜业和美乡村。巩固和完善农村基本经营制度，发展新型农村集体经济，发展新型农业经营主体和社会化服务，发展农业适度规模经营。深化农村土地制度改革，赋予农民更加充分的财产权益。保障进城落户农民合法土地权益，鼓励依法自愿有偿转让。完善农业支持保护制度，健全农村金融服务体系。

——《高举中国特色社会主义伟大旗帜　为全面建设社会主义现代化国家而团结奋斗：在中国共产党第二十次全国代表大会上的报告》

前　言

习近平总书记在全国脱贫攻坚总结表彰大会上发表重要讲话时提出脱贫攻坚精神。脱贫攻坚伟大斗争，锻造形成了"上下同心、尽锐出战、精准务实、开拓创新、攻坚克难、不负人民"的脱贫攻坚精神。

脱贫攻坚精神是中国共产党性质宗旨、中国人民意志品质、中华民族精神的生动写照，是爱国主义、集体主义、社会主义思想的集中体现，是中国精神、中国价值、中国力量的充分彰显，赓续传承了伟大民族精神和时代精神。

我国脱贫攻坚战取得了全面胜利，现行标准下9899万农村贫困人口全部脱贫，832个贫困县全部摘帽，12.8万个贫困村全部出列，区域性整体贫困得到解决，完成了消除绝对贫困的艰巨任务。时代造就英雄，伟大来自平凡。在脱贫攻坚工作中，数百万扶贫干部倾力奉献、苦干实干，同贫困群众想在一起、过在一起、干在一起，将最美的年华无私奉献给了脱贫事业，涌现出许多感人肺腑的先进事迹。

党和国家集中精锐力量投向脱贫攻坚主战场，全国累计选派25.5万个驻村工作队、300多万名第一书记和驻村干部，同近200万名乡镇干部和数百万村干部一道奋战在扶贫一线，鲜红的党旗始终在脱贫攻坚主战场上高高飘扬。

脱贫攻坚战的全面胜利，标志着我们党在团结带领人民创造美好生活、实现共同富裕的道路上迈出了坚实的一大步。同时，脱贫摘帽不是终点，而是新生活、新奋斗的起点。"胜非其难也，持之者其难也。"坚持和完善驻村第一书记和工作队等制度是巩固脱贫攻坚胜利同乡村振兴有效衔接各项工作的一项重要举措。

乡村振兴是实现中华民族伟大复兴的一项重大任务，走中国特色社会主义乡村振兴道路，要坚持在全面建设社会主义现代化国家新征程中，把促进全体人民共同富裕摆在更加重要的位置，广大驻村第一书记正在为全面建设社会主义现代化国家的历史宏愿而努力奋斗。

本书编撰于脱贫攻坚战取得全面胜利、乡村振兴战略稳步实施之际。本书按照党的二十大全面推进乡村振兴的总体要求和《中共中央 国务院关于做好2023年全面推进乡村振兴重点工作的意见》（2023年中央一号文件）解决好"三农"问题的具体部署，以农村发展建设要素为主线，聚焦农村发展重点、难点问题，聚焦农村经济社会实际，立足于打赢脱贫攻坚战和推动乡村振兴过程中的关键抓手和第一书记的驻村工作实践，并结合编者切身的驻村工作经历和工作经验，进一步分析总结了第一书记在实现乡村社会主义现代化发展过程中的重要作用，并提出了相关的意见和建议，目标是为第一书记群体切实在乡村振兴战略过程中发挥更大的作用，更好地完成驻村工作任务提供有效参考。

本书共分为十个章节，包括"历史经验与启示""中国式现代化与乡村振兴战略""乡村振兴五要素""服务乡村振兴战略的重要支撑""推动乡村振兴战略的有效抓手""巩固脱贫攻坚成果、推进乡村振兴战略的保障要素""驻村第一书记与乡村产业""驻村第一书记与乡村生态""驻村第一书记与乡村文化""驻村第一书记与乡村治理"。书中的每一章节又根据农村工作具体实务分为若干要点，首先以系统性陈述党中央、国家及相关政府部门的政策要求为理论基础，再详细分析第一书记在相关政策引领下如何深入地开展工作，最后辅以第一书记实际工作中的典型案例，对第一书记履职尽责具有较强的理论意义和实践价值。

本书编写立足于走中国特色社会主义乡村振兴道路，为驻村第一书记提供理论与实践参考，汇聚有力举措、凝聚强大力量，加快农业农村现代化步伐，促进农业高质高效、乡村宜居宜业、农民富裕富足。

本书由陈旭、顾宇两位驻村第一书记共同撰写，为共同第一作者，排名不分先后。

目　录

第一章

历史经验与启示

一部中国史就是一部中华民族同贫困作斗争的历史。摆脱贫困始终是中华儿女孜孜追求的梦想，始终是中国人民不断斗争的对象，始终是中华民族伟大复兴的中国梦想。中国共产党从成立之日起，团结带领中国人民为创造自己的美好生活进行了长期艰苦奋斗，在不同的历史阶段取得了适应时代发展的历史经验和巨大成就，着重于赢得广大人民的支持与拥护，着重于摆脱贫困创造根本政治条件，着重于确立社会主义基本制度、推行社会主义建设，着重于团结和带领人民解放和发展生产力、保障和改善民生，取得了前所未有的伟大成就，取得了脱贫攻坚伟大斗争的伟大胜利。

党的十八大以来，指出了全面建成小康社会的最繁重最艰巨的任务在农村，指出"没有农村的小康就没有全面建成小康社会"，强调"贫穷不是社会主义"，承诺"决不能落下一个贫困地区、一个贫困群众"。从 2013 年党中央提出精准扶贫理念，尝试创新扶贫工作机制；到 2015 年在全国扶贫开发工作会议上提出实现脱贫攻坚目标总体要求，实行"六个精准""五个一批"；再到 2017 年党的十九大把精准脱贫作为三大攻坚战之一进行全面部署，锚定全面建成小康社会目标，决战决胜脱贫攻坚；直至 2021 年向全世界庄严宣告，经过全党全国各族人民共同努力，在中国共产党成立一百周年的重要时刻，我国脱贫攻坚战取得了全面胜利，区域性整体贫困得到了解决，完成了消除绝对贫困的历史艰巨任务。

第一节
乡村振兴战略历史的科学抉择

乡村振兴战略史，即中国"三农"发展史，习近平总书记在党的十九大报告中指出，"农业农村农民问题是关系国计民生的根本性问题，必须始终把解决好'三农'问题作为全党工作重中之重"。中国共产党始终践行为人民谋幸福、为民族谋复兴的初心使命，经历了新民主主义革命、社会主义革命和建设、改革开放变革，特别是党的十八大以来，中国共产党在"三农"发展中取得了历史性成就，探索了新时代中国特色社会主义乡村振兴道路。

一、曲折的摸索

新中国成立之后，中国共产党领导中国人民处于新民主主义革命胜利向社会主义革命和建设时期，面临着国际反华势力的封锁，国民经济百废待兴，百姓生活难以保障，在内忧外患的背景之下，开始了探索中国"三农"的发展道路。1947年中共中央颁布《中国土地法大纲》废除了封建半封建的土地制度，清除了农业落后农民贫穷的根源，解放区掀起了土地改革的热潮。1949年中国人民政治协商会议第一次全体会议的召开，以《共同纲领》为标志的开始到1952年年底土地改革基本完成，农村生产力得到了解放，随后为进一步扩大再生产，发展了全国农业合作化，1959年全国农业合作社达65万个，农业合作社模式在这一阶段形成，一定程度上为现阶段农业合作社的发展与改革提供了历史性的经验。在农业合作化取得成效的基础上，毛泽东在《论十大关系》中强调了把握农业和工业的关系，之后中共中央下发《一九五六到一九五七年全国农民发展纲要（草案）》，这是历史上首次制定了关于农业和农村的中长期规划。当时背景下，党和人民迫切要求改变中国落后面貌的愿望，在这一时期中急于求成、急躁冒进，导致了发展违背客观规律，以"大跃进"和人民公社运动中偏左思想的出现，没有与当时中国农业农村现状相结合，从中国具体实际出发，违背了马克思主义中国化要求，加上三年自然灾害的自然原因，国民经济发展遭遇了重大损失。随后党领导人民开展了人民公社整顿，扫除"五风"，制定"农业四十条"，农村开展"四清"运动，这一段时间内"左"倾思想形成，导致了"炮打一切"的极左思潮在全国扩散蔓延，社会动荡。在这样的社会背景下，全国共有 1600 多万知识青年上山下乡，到农村接受锻炼、做实践、增才干、做贡献，客观上促进了城乡交流的扩大加深，为后来生产要素的流动和活跃打下了基础。

二、道路的选择

改革开放以来，我国改革的突破首先是在农村取得的。1982—1984 年中共中央连续下发 3 个中央 1 号文件，直至今日每年国家 1 号文件依然是关于"三农"的改革与发展。家庭联产承包责任制在全国开展，并确定为我国农村基本经营制度，制度的推行扭转了农业生产停滞的局面，加快了农业现代化的进程，伴随着改革开放乡镇企业和小城镇发展成果的深刻影响，农村经济结构深刻变革，农村开始了产业结构的加速调整。家庭联产承包责任制的全面实施，调动了广大农民的积极性，农村生产力的大幅度解放，物质资料生产大幅度增加，我国传统农业向现代农业转化。党的十三大之后，市场经济开始活跃，农村劳动力开始转移，城乡收入开始增加，党中央为进一步提高农业效益，提高市场竞争力，中共中央决策调整农业和农村经济结构，形成农产品向优势产区集中，大力发展二三产业结构，在不断加大农业投入的同时，减轻农业负担，取消农业税，切实增加农民收入。十七届三中全会《关于推行农村改革发展若干重大问题的决定》，农村土地承包保持稳定长久不变，"三权"分置局面形成，三农改革深化发展。

三、科学的决策

建成小康社会与乡村振兴战略。"四个全面"战略布局中全面建成小康社会的重点在农村，"小康不小康，关键看老乡。""没有农村现代化就没有社会主义现代化。"从"五位一体"全面谋划农业农村农民工作，在农业的优先发展、投入加大、基础巩固、城镇化推进、基础设施保障、劳动力因素的转移、城乡协调发展、农民利益保护、农业积极性调动、补足农业短板等综合治理上下功夫。尤其党的十八大以来，理论上科学回答了社会主义现代化"三农"问题的理论与实践，以习近平同志为核心的党中央，牢牢把握国际国内两个大局，总结历史经验，不断推进自我革命，出台了一系列重大举措。在党的十九大报告中提出了实施乡村振兴战略。乡村振兴战略体现了习近平新时代中国特色社会主义思想的本质内涵，是时代的呼唤，人民的期待，发展的必然，是实现"两个一百年"奋斗目标和中华民族伟大复兴的必然。

第二节
驻村第一书记制度沿革进程

自驻村第一书记制度开始以来，全国各地累计选派 300 多万名第一书记和驻村干部。驻村第一书记来自各党政机关、企事业单位、国有企业等部门，是我党集中精锐力量投向脱贫攻坚主战场的一项重要举措。驻村第一书记倾力奉献，苦干实干，涌现出许多感人肺腑的先进事迹，取得了宝贵的乡村振兴发展经验。驻村第一书记制度的执行，从根本上体现了坚持党的领导，提供坚强的政治和组织保证；坚持了以人民为中心的发展思想，打通了为人民群众服务的"最后一公里"；发挥了我国社会主义制度集中能力办大事的政治优势，形成了以驻村第一书记队伍为特征的跨地区、跨部门、跨单位、全社会共同参与的社会扶贫体系和专项扶贫、行业扶贫、社会扶贫互为补充的大扶贫格局。驻村第一书记们坚持了精湛扶贫方略，调动广大人民群众的内生动力，营造了全社会团结奋斗的浓厚氛围，求真务实取得了长期坚持并不断发展的宝贵经验和认识。驻村第一书记在切实做好巩固拓展脱贫攻坚成果同乡村振兴有效衔接各项工作中将继续发挥重要作用，实现乡村振兴。

一、驻村第一书记是一群奋斗在最前线的人

驻村第一书记制度的发展，可以概括为萌芽期、健全期、长效期。早在 2001 年安徽省就尝试选派年轻党员干部到村任驻村第一书记，探索以驻村第

一书记的力量增强农村发展的新动能。2012年山东省先后在年轻干部中选派驻村第一书记探索开始，从各机关、企事业单位中挑选政治素质过硬，作风正派，愿意投身"三农"工作的干部到贫困村担任驻村第一书记。以2014年《关于印发〈建立精准扶贫工作机制实施方案〉的通知》为主要标志，提出了"建立干部驻村帮扶工作制度"标志着驻村第一书记制度萌芽期的形成，这一时期规定了驻村第一书记主要职责任务是建强基层组织、推动精准扶贫、为民办事服务、提升治理水平。

《中共中央 国务院关于实施乡村振兴战略的意见》指出：建立选派第一书记工作长效机制，全面向贫困村、软弱涣散村和集体经济薄弱村党组织派出第一书记。明确了驻村第一书记的选派标准、职责任务、管理考核等制度，驻村第一书记制度逐渐健全成熟。

长效期以2021年习近平总书记在全国脱贫攻坚总结表彰大会上的讲话"要坚持和完善驻村第一书记和工作队、东西部协作、对口支援、社会帮扶等制度，并根据形势和任务变化进行完善。"和《关于向重点乡村持续选派驻村第一书记和工作队的意见》为标志，提出了保持驻村第一书记制度连续性的要求，驻村第一书记制度进入长效期。随后各省接续选派驻村第一书记，以辽宁落实驻村第一书记制度为例，从2021年《关于向重点乡村持续选派驻村第一书记和工作队的实施方案》内容来看，驻村第一书记制度在全国已经基本实现常态化，驻村第一书记制度落地。

由于驻村第一书记制度运行过程复杂，人员庞大，素质不一，经历了选拔任命、明确职责、驻村服务、召回轮换等程序。这就使得驻村第一书记制度在面临新时代乡村振兴高质量发展的要求中，仍然存在很多不足，驻村第一书记制度面临着阻力多、动力少、能力弱的困境，同时也存在着制度缺陷、保障不足、培训体系不完善等因素。因此面临新形势，如何落实好驻村第一书记制度常态化，发挥其乡村振兴作用，是涉及庞大的驻村第一书记工作队伍的现实问题。

二、驻村第一书记是一群为了共同富裕逐梦的人

毛泽东说："这个富，是共同的富。这个强，是共同的强，大家都有份。"[①]邓小平说："社会主义不是少数人富起来、大多数人穷，不是那个样子。社会主义最大的优越性就是共同富裕，这是体现社会主义本质的一个东西。"[②]习近平总书记强调："让发展成果更多更公平惠及全体人民，不断促进人的全面发展，朝着实现全体人民共同富裕不断迈进。"[③]社会主义的本质要求是实现共同富裕，共同富裕的难点是"三农"问题，乡村振兴战略是解决"三农"的道路问题，第一书记制度是强化基层党组织在乡村治理的队伍，抓好基层党建促振兴是我党基层组织必须解决好的时代命题，是中国共产党能够如期完成乡村振兴战略目标的根本政治保障。第一书记制度常态化的实行，是在新时代背景之下，中国共产党人面临乡村全面振兴赶考的时代问答，是我党面对乡村振兴问题精准给出的"谁来答"这一时代之问。

---

① 毛泽东. 毛泽东文集（第六卷）[M]. 北京：人民出版社，1991:495.

② 邓小平. 邓小平文选（第三卷）[M]. 北京：人民出版社，1993:364.

③ 习近平. 习近平扶贫论述摘编 [G]. 北京：中央文献出版社，2018:32-33.

第三节
驻村第一书记制度与乡村振兴的逻辑内涵

　　驻村第一书记制度在乡村振兴战略发展中起到的重要作用已经在脱贫攻坚战伟大胜利中得到了印证，总结历史经验，通过实践上升到学理，梳理二者之间的逻辑内涵，将有助于新时代、新时期实现乡村振兴战略实现新目标、汇聚新成效。我们要清晰地认识到驻村第一书记制度在乡村振兴战略实施中的作用是乡村振兴战略发展与脱贫攻坚战取得胜利成果共享的必要。第一书记制度的继续实施，从根本上来说，党领导人民追求共同富裕的发展目标没有变，党和国家的政治和组织保障没有变，乡村振兴是我国社会主义现代化建设重要组成部分没有变，从这些角度就可以理解驻村第一书记制度与乡村振兴的发展内涵。

一、共同享有的发展成果

　　我国实施乡村振兴战略是实现社会主义现代化建设的战略目标、解决我国社会主要矛盾、满足人民美好生活的向往、向世界贡献中国智慧的必然要求。从总体要求来看，乡村振兴战略的实施要坚定不移走中国特色社会主义乡村振兴的道路，要坚定不移坚持和改善中国共产党的领导改变农业农村发展落后的现状，要坚定不移坚持"五位一体"总体布局、"四个全面"战略布局的有机统一协调推进，要坚信人民的首创精神，人民主体地位，为了人民依靠人民。从乡村振兴战略的发展路径选择来看，要坚持以人为本、统筹规划、社会参与、融合发展、因地制宜、改革创新、共建共享。就共建共享来说，由中国共产党领导全国人民一道，共同享有发展成果，共建共享即共同富裕。

二、驻村第一书记要明白"我是谁"的问题

从第一书记制度选拔用人来看，选派的驻村第一书记队伍是一群政治素质好、事业责任心强、对群众有感情、作风扎实、敬业可靠的中国共产党党员。从党组织交给驻村第一书记的职责任务来看，抓基层党建，助力脱贫攻坚，改善民生和乡村治理。这就要求驻村第一书记队伍聚焦党建，推动乡村振兴，落实乡村振兴战略，推动"三农"政策在农村落地生效。从实际绩效分析来看，决胜脱贫攻坚实现了全面建成小康社会目标；建强了农村基层组织，完善了农村社会治理体系，提高了现代治理能力；提升了为民服务水平，群众获得感普遍增强，党群关系更加密切；发展产业，推动了乡村产业振兴。

三、驻村第一书记要知道"怎么干"的问题

在第一书记制度常态化背景下，驻村第一书记们要紧紧抓住基层党建这个关键之处，抓党建促发展，驻村第一书记的第一职责就是抓党建，把我党全面从严治党向乡村基层延伸，解决我党脱离群众这一重大风险。抓好基层党建，打赢乡村振兴"持久战"，用高质量的党建助力高质量的乡村振兴，为乡村振兴提供坚实有力的政治保障。

四、驻村第一书记助推乡村振兴"为什么能"

为什么说驻村第一书记抓党建能够促进乡村振兴战略的实施呢？一是坚定了农村基层的理想信念。驻村第一书记通过扎实推进"两学一做"学习教

育常态化制度化，开展"不忘初心、牢记使命"和党史学习教育，深入持续学习贯彻习近平新时代中国特色社会主义思想，带领各基层党员不断坚定理论自信、道路自信、制度自信、文化自信，不断增强政治意识、服务意识、大局意识、看齐意识，能够做到"两个维护"。驻村第一书记能扎根乡村，直接与乡村居民进行关系构建，与乡村居民情感信任的建立与强化，建构出乡村振兴的嵌入式治理格局，坚定共产主义的理想信念，在国家与社会良性互动基础上推动乡村振兴不断发展。二是抓实了农村基层党支部建设。驻村第一书记制度要求选派干部们到农村基层支部工作，这样就落实了一切工作到支部的理念，毛泽东提出支部建在连上，中国共产党将支部建在村上，按照《中国共产党组织工作条例》要求，驻村第一书记以党建为抓手，通过"传帮带"引领农村基层组织建设，村级基层组织建设得到加强，村党组织战斗堡垒作用得到增强，村委班子向心力增强，巩固了党在农村的执政基础。三是打造了农村基层高素质队伍。驻村第一书记常年要与基层党员队伍打交道，与同志们同吃同住同工作，逐步了解基层党组织带头人、党员、积极分子、致富带头人，能够把握基层队伍建设，对基层组织干部培养选拔、教育考核有话语权，对党员发展、教育、管理有监督权，对基层党支部干部队伍建设有主动权。四是落实了农村基层党支部基本制度。通过抓"三会一课"、民主评议党员等工作，扎实推进党建阵地规范化建设，进一步夯实基层战斗堡垒作用；通过严格落实"四议一审两公开"等制度，强化村级民主决策和民主监督。驻村第一书记抓党建，抓的是农村基层党支部、党员队伍，实质上抓基层党组织服务群众的能力和水平，一支具有战斗力的队伍，才能确保各项战略部署的成功。

五、驻村第一书记破解乡村振兴难题"为什么行"

为什么驻村第一书记破解乡村发展难题要抓住推动乡村振兴这个要点？驻村第一书记驻村工作是在全面决胜脱贫攻坚向乡村振兴衔接这一历史交汇期发生的，在全国脱贫攻坚表彰大会上习近平总书记向全世界郑重宣布："我们胜利了！"下一步开启乡村振兴新征程，这一征程难点就是乡村发展与变革。驻村第一书记们沉下身子，撸起袖子，蹚好路子，做泥腿子。一是要帮助各乡村理清发展思路，因地制宜帮助百姓认清阻碍发展最突出的问题，找到适合的发展方向，开展调查研究，与群众交流探讨，查找困扰原因，真正做到一个问题解决，破解一个困局是一个困局，结合国家、省市"十四五"发展规划，做好各村规划，明确目标、制定节点、落实责任、辨明方向。二是要帮助发展壮大产业项目，驻村第一书记要善于带动产业项目这个"火车头"，利用好社会各方面资源优势，整合好地方资源，结合好国家实施乡村振兴战略的支持，把握住时机，围绕市场需求，深耕发展乡村产业项目，做好乡村经济振兴的大文章。三是帮助发展壮大村集体经济，驻村第一书记们要结合各村实际情况，坚持实事求是、解放思想、守正创新、自信自强，为各村找到一条高质量可持续地壮大村集体经济的新路子好路子，积极创造条件为村集体增收，注重运用市场思维，增强村集体的"造血"功能。四是帮助加强基础设施建设，基础设施建设是实现乡村振兴发展的基础，基础不牢地动山摇，驻村第一书记要深入研究，用好国家、省市各方的强农惠农政策，积极争取社会各方的专项支持，解决群众最关心最期盼最迫切的问题，夯实农村经济振兴发展基础，提高内生动力与活力，进一步改善群众生产生活物质条件，促进乡村振兴。驻村第一书记通过乡村振兴战略的实施，抓住历史机遇，破解农村发展难题，实现社会主义农村的现代化建设，进一步实现我党领导和团结全国人民实现社会主义现代化建设这一历史目标。

六、驻村第一书记制度融入乡村振兴道路

乡村振兴战略需要完善的工作体系推进，驻村第一书记要以系统思维、体系化工作方法，形成协同效应。乡村振兴迫切需要一批有知识、有头脑、有情怀的人投身其中，驻村第一书记在乡村振兴中发挥头雁引领作用，发挥党的领导核心作用。驻村第一书记通过抓党建推进乡村振兴的同时要结合组织体系、工作体系、制度体系和保障体系五位一体建设，推进乡村振兴。

（一）完善的组织体系。办好农村的事情关键在党，只有中国共产党能办好中国农村的事，党管农村工作这一法宝不能丢。驻村第一书记要坚决把党中央关于乡村振兴的部署要求落实下去，落到实处，落到百姓的心里。驻村第一书记要确保党在农村工作中始终总览全局、协调各方，为乡村振兴提供强有力的政治保障。驻村第一书记要促成齐抓共管推进乡村振兴的工作格局，这个局面要综合农口部门、基层党建、文化部门、政法部门、发改部门等多部门整体协同，形成农口主力军、党建领头雁、文化提士气、自治法治德治相结合、发改立项目等全社会共同参与，共同协作的生动局面。

（二）高效的工作体系。乡村振兴战略的推进要依靠科学高效的工作体系，要建立各负其责的工作机制，要坚持分类指导的推进机制，要健全有效的监督考核机制，要营造共建共享的良好氛围。健全选人、学习培训、权力责任、激励保障、监督考核机制，在形成驻村第一书记人人参与、凝聚力量、同心同向同力上下大力气，汇成乡村振兴的一股股合力。整合驻村第一书记队伍的强大动力，在驻村第一书记队伍中形成乡村振兴战略思考、乡村振兴建设布局、乡村振兴推进态势，逐渐形成战略大思考、建设大布局、工作大推进的生动态势。

（三）完备的制度体系。完备的制度体系能够保障推进乡村振兴不跑偏、不越线、不停滞，这样才能保证我们事业不变质、不变色、不变味。国家连续多年中央一号文件的发布，是驻村第一书记依据乡村振兴政策法定化开展工作之源，各地方制定的乡村振兴地方性法规、规章是驻村第一书记具体开展工作的指南。驻村第一书记可以紧密结合现代化农业的发展政策、高标准农田建设的土地政策、美丽乡村建设项目实施、为农民创业增收政策途径、新型农村经济合作组织优先政策等加快形成乡村振兴战略的支撑政策体系，利用政策红利汇聚推动乡村振兴力量。

（四）优先的保障体系。乡村振兴战略的实施要注重抓关键环节，从各级机关和企事业单位中选派优秀党员干部、后备干部作为驻村第一书记，是一项创新举措。驻村第一书记要思考如何帮助乡村"解决钱从哪里来、解决地从哪里来、解决人从哪里来"的问题。第一书记们通过对全国农业信贷担保、脱贫攻坚领域发展的扶贫产业项目、农村金融体系等提升金融服务能力和水平，解决钱的问题；通过我党在农村不断巩固和完善农村基本经营制度，尤其农村承包土地的"三权"分置制度，处理好农民和土地的关系，推进机制体质的创新，使得农村生产要素活起来，为乡村振兴添活力、强动力、增后劲，解决好地从哪里来的问题；人才是乡村振兴的第一资源，驻村第一书记队伍本身就是乡村振兴战略的一支人才重要力量，不仅自身贡献智慧与情怀，还要将智慧与情怀传递，构建全社会人才参与乡村振兴政策体系，吸引更多的人才服务乡村振兴，解决人的问题。

第二章

中国式现代化与乡村振兴战略

中国共产党第二十次全国代表大会指出中国进入全面建设社会主义现代化国家新征程，大会主题明确为全面建设社会主义现代化强国而奋斗。党的十八大召开至今，党领导人民完成了脱贫攻坚、全面建成小康社会的历史任务，当前一个阶段内，我国将处于取得脱贫攻坚胜利向实现乡村振兴的历史机遇期，如何做好脱贫攻坚与乡村振兴衔接是一项重要的时代课题。当前，中国共产党的中心任务就是全面建成社会主义现代化强国，以中国式的现代化全面推进中华民族伟大复兴。国家要复兴，乡村必振兴，对标中国式现代化，中国乡村振兴必然蕴含着中国式现代化的乡村振兴，中国式的乡村振兴是具有中国特色的乡村振兴，符合中国国情的乡村振兴。具有中国人口规模巨大、全体人民共同富裕、物质文明与精神文明相协调、人与自然和谐共生及高质量发展特征的中国式现代化的乡村振兴；中国式现代化的乡村振兴本质上是高质量发展的、人民民主的、全体人民共同富裕的、人与自然和谐共生的，创造乡村文明新形态的高质量振兴。

一、农业现代化：历史与发展

新中国成立以来，实现农业现代化一直是党中央优先开展的重点工作。1949年党的七届二中全会上，毛泽东要求引导农业经济向着现代化方向发展，这是农业与现代化首次产生联系。《1954年国务院政府工作报告》中正式将农业现代化列为国家发展战略中的重要组成部分，也将工业、农业和交通运输业相结合的发展列为摆脱贫困，实现革命目标的重要条件。随着周恩来在《政府工作报告》中提出"四个现代化"战略后，直到20世纪末，"四个现代化"的产业内容有所调整，但农业现代化的地位始终未被动摇。我国领导人以我国基本国情为基础，以马克思主义理论体系为指导思想，先后经过土地改革、三大改造等重大举措探索出了一条符合中国国情的社会主义现代化农村建设道路。为全面准确评价我国农业现代化发展水平，中国农业科学院农业经济与发展研究所农业农村现代化理论与政策创新团队分析了农业现代化发展存在的突出问题，主要为多种形式规模经营短板限制农业经营水平提升，农业生产效率低下，农产品加工和涉农服务业滞后，农业产业体系需要补足短板，区域发展极不平衡，西部落后局面亟待解决。

二、农村现代化：历史与发展

中国是农业大国，重农固本是安民之基、治国之要。脱贫攻坚取得胜利后，要全面推进乡村振兴，这是"三农"工作重心的历史性转移，也是摆在我们面前的历史使命和艰巨任务。农村现代化是乡村振兴战略的总目标，建设现代农业强国则是全面建设社会主义现代化强国必不可少的重要组成部分。按照国家乡村振兴战略规划，到2035年要基本实现农业农村现代化，到2050年乡村全面振兴，农业强、农村美、农民富全面实现。这就为未来农村经济发展和乡村振兴指明了方向。没有农村的现代化，就没有整个国家的现代化。改革开放四十多年来，在党中央的坚强领导下，始终坚持不断解放思想、坚持农民的主体地位，使我国农村现代化发展取得了瞩目的历史性成就，农村土地承包经营制度改革进一步深化，农村金融服务体系进一步完善，农村基础设施和公共服务实现新提升，生态保护与修复等呈现新局面。农村现代化具有丰富的内涵，包括农村产业现代化、生态现代化、文化现代化、乡村治理现代化和农民生活现代化"五位一体"的有机整体。从总体上看，2035年中国可以达到基本实现农业农村现代化目标值，2050年可以达到全面实现农业农村现代化目标值。然而，分领域看，目前各方面的进程差别较大，农村产业现代化进程最快，而农村文化现代化进程最慢，乡村治理现代化也较为滞后。因此，加快推进农业农村现代化，必须集中力量补齐短板，加强薄弱环节。

三、现阶段发展农业、农村现代化的举措

农业现代化的举措。我国是农业大国，农业问题是基础和支撑，关系到经济发展和民族复兴，农业有潜力和空间。构建新发展格局，农业现代化是一个国家农业发展的必然过程，是实现中国特色社会主义共同富裕的必经之路。探索出一条符合中国国情的有中国特色的社会主义现代化农村建设道路，推动农村转变经济增长模式，主动服务和积极融入新发展格局，实现共同富裕，成为群众的共同奋斗目标。具体讲，有这样七个方面：一是深化农业供给侧结构性改革，培育发展龙头企业；推进农业全产业链建设；创建绿色高产高效示范区；发展特色种植业；推进农林牧渔协调；大力发展现代畜牧业；贯通产加销、融合农文旅等全面提升农业质量效益水平。二是强化现代农业的科技支撑，加强农业科技创新体系建设；推进农业科技；推广资源节约型农业技术；发展农业机械化；加快农业信息化建设等。三是强化物质装备支撑，要推进农业现代化，必须做好粮食经饲统筹；积极发展设施农业，因地制宜发展林果业，深入推进优质粮食工程；强化动物防疫和农作物病虫害防治体系建设等。四是优化现代乡村产业体系，完善乡村产业布局，打造农业全产业链，加快农村产业融合发展；发展乡村新产业新业态，优化乡村休闲旅游业，培育乡村新型服务业，发展农村电子商务等。五是加大农业支持保护力度，积极借鉴和消化吸收发达国家农业现代化支持政策的同时，制定适宜本国国情的农业发展政策。六是充分利用当代网络资源，推动农村转变经济增长模式，实现绿色发展，要将原有的产业随着科技的发展一步步革

新与现代应用技术结合起来。结合现代工业，全自动化的设备、操作自动化设备的人才、自动化设备的投放比例、自动化设备经济方面的可持续发展均是实现农业现代化与现代工业相结合的重要组成部分。结合电子商务，不断引入直播带货、短视频引流和社群营销等新型销售方式。农业现代化要求创造一个高产、优质、低耗的农业生产体系和一个合理利用资源、具有较高生产效率且保护环境的农业生态系统。农业现代化问题历来受到党中央的高度重视，如何在马克思主义理论体系的指导下，探索出一条符合中国国情的有中国特色的社会主义现代化农村建设道路是新中国成立70余年来共产党人解决农业现代化问题的目标。形成中国式农业现代化理论，助力农业高质量发展，加快我国农业农村现代化进程是实现中华民族伟大复兴的一项重大任务，科学监测农业农村现代化进程，精准把握农业农村现代化建设工作发展现状，促进农业现代化高质量发展。

农村现代化的举措。农村现代化是一项复杂而艰巨的系统工程，在新阶段务必要用新理念、新思维、新举措，加快推进农村现代化，让农业成为有奔头的产业，让农民成为有吸引力的职业，让农村成为安居乐业的美丽家园。在加快推进农业农村现代化进程中，还需要着力解决好以下几个关键问题：一是坚持农业农村优先发展总方针。新形势下，要构建新型的工农城乡关系，加快推进农业农村现代化，促进城乡共同繁荣，就必须把农业农村发展放在优先的位置。优先发展，就是政府在公共资源配置和政策支持上给予优先考虑。坚持农业农村优先发展，是补齐农业农村短板的需要。为此，要加强顶层设计，完善体制机制和政策体系，并在要素配置、公共服务、干部队伍、支撑条件、支持政策等方面，切实把农业农村放在优先的位置，真正做到向农业农村倾斜。二是城乡一体，融合发展。2020年底召开的中央农村工作会议强调，要推动城乡融合发展见实效，健全城乡融合发展体制机制。

在城乡融合中推进乡村振兴，对各地而言，既是发展的机遇，也是对基层治理体系和治理能力提出考验。推动城乡融合发展，必须将城与乡放在一个空间框架内进行思考。三是三产融合。农村三产融合发展，就是通过对农村三次产业之间的优化重组、整合集成、交叉互渗，使产业链条不断延伸，产业范围不断拓展，产业功能不断增多，产业层次不断提升，从而实现发展方式的创新，不断生成新业态、新技术、新商业模式、新空间布局等。四是以市场为取向全面深化农村改革。改革创新是农村经济发展的第一推动力。农村改革必须在社会主义市场经济框架下，正确处理好政府与市场、农民与土地的关系，巩固和完善农村基本经营制度，保持农村土地承包关系稳定并长久不变，同时要全面深化农村土地、集体产权等各项改革。通过市场化改革，全面激活农村发展要素、主体和市场，促进城乡要素双向流动和资源优化配置，全力激发农村经济发展的内生活力和动力，并充分调动基层的积极性，同时把握改革的正确方向。五是强化科技和人才的支撑作用。农业发展的根本出路在于科技创新，而农业农村现代化则需要强有力的科技和人才支撑。党中央历来高度重视农业科技创新，不断加大科研经费投入，逐步建立了全国农业科技创新体系和技术推广服务体系。加强科技创新特别是农业机械、农业新技术的应用以及新品种的培育和推广，重视"三农"人才尤其是实用乡土人才的培养，是农村现代化的重要保障。

坚持以习近平新时代中国特色社会主义思想为指导，举全党全社会之力扎实推进乡村振兴，推进农业农村现代化是全面建设社会主义现代化，实现"产业兴旺、生态宜居、乡风文明、治理有效、生活富裕"的振兴乡村目标，广大党员干部和亿万农民一起撸起袖子加油干，必将让广袤乡村更美丽，让乡亲们生活更幸福。

第三章

乡村振兴战略五要素

驻村第一书记要系统学习实施乡村振兴战略的历史进程，不同时期党和国家对乡村振兴工作取得的重大经验成果。党的十八大以来，全党始终坚持将解决好"三农"问题作为全党工作的重中之重，这一阶段农业农村发展取得的重大成就和工作积累经验为实施乡村振兴战略奠定了良好的基础。党的十九大对实施乡村振兴战略做出了重大决策部署，提出了实施乡村振兴战略是决胜全面建成小康社会、全面建设社会主义现代化国家的重大历史任务，是新时代"三农"工作的总抓手。

党的二十大报告指出，从现在起中国共产党的中心任务就是团结带领全国各族人民全面建成社会主义现代化强国，中国式现代化具有人口规模庞大巨大的现代化，我国当前农村人口比重依然很大，客观上就要求通过乡村振兴战略进而实现中国农村现代化。

第一节
乡村要振兴 产业要兴旺

乡村振兴、产业兴旺是支撑，产业振兴是引领。早在 2015 年 10 月，习近平总书记在"减贫与发展高层论坛"上首次提出"五个一批"的脱贫措施，为打通脱贫"最后一公里"开出破题药方。随后，"五个一批"的脱贫措施被写入《中共中央国务院关于打赢脱贫攻坚战的决定》。

习近平总书记用高质量发展解决了脱贫后怎么开局乡村振兴这一历史问

题，他强调"脱贫既要看数量，更要看质量，不能到时候都说完成了脱贫任务，过一两年又大规模返贫。要多管齐下提高脱贫质量，巩固脱贫成果"。巩固并提升脱贫攻坚成果，有效做好乡村振兴衔接，《国家乡村振兴战略规划（2018—2022年）》提出"推动脱贫攻坚与乡村振兴有机结合相互促进"。2019—2021年三年的中央一号文件批示："做好脱贫攻坚与乡村振兴的衔接"；"抓紧研究制定脱贫攻坚与实施乡村振兴战略有机衔接的意见"；"脱贫攻坚目标任务完成后，对摆脱贫困的县，从脱贫之日起设立5年过渡期，做到扶上马送一程"。

一、产业就是"血液"

血液作用是供能，发展产业对于脱贫攻坚是"输血"，对于乡村振兴产业要"造血"。如何实现"输血向造血"转变？精准扶贫不是一蹴而就，发展产业扶贫举措见效不能立竿见影，脱贫攻坚向乡村振兴转变需要一个过程，这就要求发展产业等政策要扶上马送一程。高质量发展才能推动乡村振兴，脱贫攻坚中有个形象的比喻叫做"摘帽子"，但我们也清醒地发现，脱贫攻坚只是一个分号，不是句号。造成农村长期贫困的产业短板问题并没有在根本上得到转变。《中共中央国务院关于打赢脱贫攻坚战的决定》在攻坚期内原有扶贫政策保持不变，抓紧制定攻坚期后国家帮扶政策。这就给出了如何实现"输血向造血"转变答案，产业发展由"输入"式，转变为"自主"式，由"嵌入式"转变为"共享式"。

二、科学规划是引领产业发展的孵化器

要想领悟产业发展，要看产业发展规划。2019年6月，国务院印发了《关于促进乡村产业振兴的指导意见》，意见对产业规划发展提供了根本遵循，掌

握意见看关键词。关键词一"高质量发展",意见指出了按照新发展、高质量发展要求,优先发展农业农村,落实乡村振兴战略,推进农业供给侧改革,实现农业农村现代化改革,形成城乡融合发展新局面。关键词二"原则",要讲究因地制宜、市场主导和开发融合。关键词三"大产业融合",产业更完备,体系更健全,效果更明显。关键词四"培育",要重点培育大农村种养,打造乡土特色品牌,提升农村休闲旅游,建设新型服务产业,推动农村信息化产业。关键词五"产业空间结构",产业空间结构要规范,县域统筹、合理归集,短板投入。关键词六"产业合力",形成多元化融合主体、业态、新载体,实现利益共享。关键词七"绿色",坚持质量与绿色发展相统一,建成农产品质量标准化,生产体系标准化,绿色品牌化。关键词八"资源保护",贯彻绿水青山就是金山银山理念,绿色生态就是经济效益,注重乡村资源的保护,合理地开发利用。

从《全国乡村产业发展规划(2020—2025年)》看乡村振兴战略。规划以实施乡村振兴战略为总抓手,为乡村振兴提供有力支撑。规划目标任务是延伸产业链,促进融合发展,拓展农业功能新发展;规划可行性依据是政策环境更加优化,消费结构进一步升级,科技创新飞速发展,创业环境明显改善。规划拓展的新业态和新空间是精深加工、优化布局、集成创新的农产品加工业;全产业链、区块链、优势区升级的乡村特色产业;差异化、特色化、精品化的乡村旅游业,生产性、生活性、数字化的乡村新型服务业;解决"谁来创""在哪创""如何创"问题的农村创业平台。

三、政策扶持是保障产业发展的助推器

产业振兴要依靠多方面的政策扶持,完善的财政投入、现代乡村金融体系改革、社会资本的融入、保障类的举措和人才引入的体系等都深刻影响产

业的振兴。在各方政策综合影响下，合理的产业结构布局、鲜明的产业特色、高度的融合发展和专业化的产业人才队伍合力促进乡村振兴。无论是人才体系的投入还是专业化产业人才的队伍建设，都深刻地表明了一点，就是产业振兴关键靠人，这里的人才是专业培养的三农职业人才、可以是引入的科技人才、可以是懂市场的管理人才、可以是各项政策落地的引进人才、可以是各行各业的创新创业人才等，乡村振兴为的是人，归根到底靠的也是人。第一书记是奋斗在乡村振兴前线的一群人。第一书记来自各类、各层次人才，具有其鲜明的产业助推特征。主要表现在：一是第一书记队伍横向到边，第一书记团队包括了农业、教育、医疗、科研、管理、金融、互联网等各产业面特征；二是第一书记队伍纵向到底，无论是哪一行业第一书记，均到乡村振兴一线工作，带着智慧与经验到乡村振兴一线实践；三是第一书记队伍是党管人才，又具有其政治属性，能够将国家大政方针、政策路线落地见效，走到群众中去；四是第一书记具备人带人属性，第一书记具备产业发展直接属性，同时具备培养人的属性，不仅是"走下来"，也可能是"留得住"；不仅是"带进来"，更要"培养好"。

【案例】产业融合发展助力乡村振兴

湖北省潜江市和钟祥市，围绕实施乡村振兴战略和农业供给侧结构性改革，建成了农业强、农村美、农民富的中国名村彭墩村。潜江市、钟祥市彭墩村围绕农村产业融合六种模式，培育多元化产业融合主体，推动农村产业融合发展成绩斐然，为推进乡村产业振兴提供了良好借鉴。潜江市突出四链融合，从田间地头到终端消费无缝对接的产业体系，虾稻产业综合产值达到320亿元。立足接二连三，拉长产业链。推动一产标准化、规模化，高标准建成虾稻共作基地75万亩。全市虾稻共作面积近200万亩。引导二产精深化、综合化，设立2亿元虾稻产业发展基金。提速三产实现新兴化、全域化，推动小龙虾产业与教育、餐饮、电商、旅游深度融合，建成潜江龙虾职业学院、中国小龙虾交易中心、潜网电商等平台。每年培养龙虾技师4000人、培训农民1.5万人次，在全国建设小龙虾餐饮店3000家。钟祥市彭墩村立足新农村建设，全面推进乡村振兴战略。围绕空间、产业、利益三个维度狠抓融合发展，从一穷二白的"空壳村"变身成为中国名村。2018年，全村工农旅产值超100亿元，销售总收入9.1亿元，村民年人均收入3.5万元。尤其在抓产业融合，拓展农业功能中，坚持主业清晰、相互渗透。打造四大产业融合发展板块，打造现代农业板块，建成精品稻、果、蔬种养基地1.68万亩。打造食品加工板块，创办富硒米业、因皇生物、彭阁莱三家食品加工企业。打造乡村旅游板块，建成国家AAAA级彭墩乡村大世界景区。打造仓储营销板块，建成农产品展示、电子商务、仓储物流、城市快消品交易四大平台。2008年，彭墩农业种植板块产值292亿元，增长36%，农业加工板块产值292亿元，增长17%，农业电商销售收入22亿元，增长83%，旅游板块收入1亿元，增长14%。两地发展经验，对重庆乡村振兴启示，要以实施乡村振兴战略为引领，结合资源禀赋、文化特色、基础条件，借鉴潜江市、钟祥市彭墩村先进经验，围绕农业内部融合，产业链延伸，功能拓展，新技术渗透，产城融合，多业态复合等模式，因地制宜、大力推进农村产业融合发展，提速乡村产业振兴步伐。两地发展坚持增强乡村产业发展实力，探索乡村土地统筹，发展新型农业主体，打造乡村产业集群；坚持聚焦深度融合，激发乡村产业发展活力，延伸产业链，提升价值链，补强创新链；坚持增强乡村产业发展动力，完善土地分红机制，拓宽农民参与渠道，健全发展支持体系。

（案例来源：傅秋茗.湖北农村产业融合发展经验对重庆乡村产业振兴的启示[J].重庆经济,2019(05):39-43.）

第二节
人才是第一资源

生产力第一要素是人，习近平总书记指出："发展是第一要务，人才是第一资源，创新是第一动力。"发展要靠人，创新要靠人。《中共中央 国务院关于实施乡村振兴战略的意见》（2018 年中央一号文件）专门提出要"汇聚全社会力量，强化乡村振兴人才支撑"。2018 年 9 月，《乡村振兴战略规划（2018—2022 年）》指出"强化乡村振兴人才支撑""培育新型职业农民、加强农村专业人才队伍建设、鼓励社会人才投身乡村建设"。2020 年《关于实现巩固拓展脱贫攻坚成果同乡村振兴有效衔接的意见》指出，"做好人才智力支持政策衔接"。2021 年，中共中央办公厅国务院办公厅印发《关于加快推进乡村人才振兴的意见》指出，"大力培养乡村人才，积极引导城市人才下乡，推动专业人才服务乡村，为全面推进乡村振兴、加快农业农村现代化提供有力的人才支撑和智力保障"。

一、功由才成、业由才广

乡村振兴要注重人才振兴，第一书记要做好人才振兴工作首先要深刻认识到人才振兴是实施乡村振兴战略的必然要求，要深刻领悟到人才振兴工作是建设社会主义现代化强国的时代需求，要深刻落实到解决乡村治理化解矛盾的现实诉求。第一书记抓人才振兴，首先要清醒面对乡村振兴人才队伍的现实问题，当前形势下，我国实施的乡村振兴战略所面临的人才困境主要表现在人才流失严重、乡村人口结构失衡、人才总量不足、质量不高、人才培养机制不健全等。第一书记开展工作首先了解的就是队伍建设，各村情况不同，要坚持有的放矢，因村制宜，因村施策。第一书记要思考如何做好人才振兴工作，先要弄清应该培养什么样的人，掌握如何培养人的方法，建立一支符合村情，适合各村发展，利于各村振兴的人才队伍。

二、懂农业、爱农村、爱农民

第一书记要建立符合各村发展的人才队伍，要培养一支懂农业、爱农村、爱农民的人才队伍。第一书记人才工作要讲究技巧，要摸准方向，要适应村情民意。第一书记在人才培养工作中要善于培养知识型农民，注重乡土人才的带动作用；要注重新型主体经营，尤其在合作社带头人培养上下大力气，选拔"领头雁"；要搭桥铺路，将实用型人才引进来，培养实用型人才；要挖掘乡情，为退伍军人、返乡大学生、回乡投资等人才搭建创业平台；既要推广村里的能工巧匠，传承传统文化；也要培养具有时代特征的电商人才。第一书记不仅注重引进来、培养好，也要注重送出去，交流好，尤其在民生保障、科技学习要大胆地创造机遇，将本土人才送出去，要学会整合资源，让人才队伍活起来。第一书记在人才队伍建设中要注重培养、挖掘、管理、引进和服务人才，这样才能建设一支可持续，效率高，留得住的乡村振兴人才队伍。

三、引进来更要留得住

第一书记怎样培养人？培养的人才队伍怎么样才能留得住？这是第一书记人才工作的重点。第一书记要想留得住人才，要在以下几个方面下功夫：一是明确第一书记政治意义，落实党对人才工作的全面领导，充分利用好基层党组织这一战斗堡垒，将各类人才汇聚在基层党组织周围，凝聚力量。二是注意人才引进机制的结合，要将各村优势和特色与大学生村官、机关干部到村任职相融合，摸索出适合村情的人才引进机制。三是发挥村民主体效应，注重本土人才培养，加快村级服务人才培养，本土人才的挖掘是基础，村级服务人才的培养是服务，更能凝聚人心。四是第一书记要帮助人才找到归属感，用乡土情怀留住人，在工作上要理清思路，找到适合晋升渠道，让工作有成就感。五是第一书记要善于管理，会管理，梳理村人才队伍的短板，丰富各类人才，树立正确的择业创业观，爱农村，爱农民的家国情怀。帮助建立一支结构稳定的、因地制宜的、崇高情怀的乡村人才队伍，是助力乡村振兴的根本途径。

第一书记制度常态化、长效化的实施，第一书记工作队伍在整体结构的支撑下，能够持续开展驻村工作。第一书记来自机关、企事业单位，虽然存在轮岗制，然而资源却可以整合，这种资源上的整合，第一书记队伍一定程度上自身就是一支稳定的乡村人才队伍。就纵向整合而言，第一书记队伍由省—市—县结构化组成，这种垂直的管理制度带来了第一书记在人才结构上专业整合，例如国资委选派的驻村第一书记，在人员上就可以实现省级、市级、县级这种垂直资源整合，加大了工作上的沟通和交流；政府机关干部在这种模式下，可以实现垂直管理上的进一步沟通，这种沟通就可以带来各项政策、资金垂直进乡镇，进村，将资源用在补短板漏洞中去。就横向整合而言，第一书记选派到乡镇，人才来自五湖四海，来自各行各业，第一书记们在一起同吃、同住，同工作。就县域第一书记人才队伍而言，进行人才资源的二次整合，实现人才专业化、多样化，而目标又具有高度一致性。例如，各县域层面可以将第一书记按专业整合，成立多个专业的人才队伍，发挥第一书记整体效应，高校选派第一书记人才队伍的整合，可以在教育扶贫上大做文章；医疗卫生机构选派的人才队伍可以在医疗扶贫领域发挥优势等。如何发挥好这支队伍的作用，还需要在实践中积累和摸索。

【案例】河南乡村人才振兴的实践

河南省在深挖乡村人才时受传统认知和观念影响，不愿回农村，乡村发展较为滞后，对人才的吸纳承载能力不强，为解决乡村振兴人才数量上总量不足，外流严重；质量上技能缺乏，素质不高；结构上不优，后劲不足等问题，进行了一系列的尝试与探索，取得了成效。

河南省紧扣基层需求，建设专业技术人才队伍。开展河南省博士服务团专家人才选派工作，累计选派 16 批 1149 名博士服务团到农村工作。推进科技特派员工作，共组织选派科技特派员 5000 多名，产业科技特派员服务团 54 个，示范推广新品种新技术 6000 多项。柔性引进高层次人才，开封市与中国农业大学合作建设中国农业大学开封实验站，建成成果转化基地 18 个、新农村与产业示范基地 7 个，引进农作物新品种 157 个；伊川县引进了西北农林科技大学肉牛研究中心团队、中国农科院国家谷子产业技术体系团队等，财政每年列支 2000 万元用于产业科技提升和示范带动。聚焦能力提升，打造乡村本土人才队伍。加强农村技能人才队伍建设，河南面向全省贫困地区职业院校遴选出了首批 10 个"乡村振兴技能人才培养示范基地"和 20 个"乡村振兴技能人才培养示范专业点"。加强农村专业技术人才队伍建设，启动实施了地方师范生免费教育政策试点。加强农村实用人才队伍建设，"面对面、手把手"培训基层农业技术人员、企业骨干、农民等农村各类实用人才 27.9 万人次，驻马店通过开展"千名专家帮千村"活动，培育新型农村实用人才 5 万余人次，推广新品种、传授新技术 260 多项。加强农村电商人才队伍建设，以商丘宁陵县为例，通过实施电商人才培养工程，建设科创电商产业园，已经入驻优质企业65家，成功孵化电商企业50多家，培养电商人员1300余人，建设村级电商扶贫服务站200多个。

强化技能培训，培育新型职业农民队伍。河南省近年来新型职业农民培育工作一直走在全国前列，新型职业农民规模达到100万人。商城县其鹏茶叶专业合作社通过创办大别山茶农学院，成为新型职业农民培育基地，免费培训茶农近1.2万人次，2019年被中国农业农村部授予"国家级示范合作社"。实施"凤还巢"工程，壮大返乡创业人才队伍。虞城县是全国"农民工返乡创业试点县"，通过建立返乡人才创业服务中心，引导在外人才返乡创业就业，累计发放担保贷款1.45亿元，扶持各类返乡创业人才1.26万人，扶持创办各类企业8567家，带动就业5.3万余人。

（案例来源：苗洁. 河南乡村人才振兴的实践及对策 [J]. 中共郑州市委党校学报,2020(02):79-82.）

第三节
乡村振兴的力量之源

文化振兴是乡村振兴的力量之源，乡村文化兴盛则乡村振兴事业兴盛。文化是民族的血脉和灵魂，更是乡村发展的根脉，乡村振兴民族才能民族复兴。2016年7月，习近平总书记在庆祝中国共产党成立95周年大会上提出"文化自信是更基础、更广泛、更深厚的自信"。2017年5月，《国家"十三五"时期文化发展改革规划纲要》指出，"繁荣发展社会主义先进文化，是党和国家的战略方针"。党的十九大报告中指出，要"推动中华优秀传统文化创造性转化、创新性发展"。《中共中央 国务院关于实施乡村振兴战略的意见》(2018年中央一号文件)指出,"乡村振兴,乡风文明是保障"。党的十九届六中全会指出,"文化建设为新时代开创党和国家事业新局面提供了坚强思想保证和强大精神力量"。乡村是文化的沃土,第一书记在广大农村,要牢牢把握文化这一力量之源,弘扬社会主义核心价值观,满足人民群众文化需求,提升农村公共文化建设、乡村社会文明程度,进一步推动文化振兴、乡村振兴。

一、文化振兴是"铸魂工程"

第一书记要深知"铸魂"的含义。文化是一个民族的灵魂,"铸魂"实质上就是铸造文化的魂,一个民族,一个国家,没有了"魂",也就失去了它的根,无根何以参天。没有了"魂"也就失去了其源,无源何以久远,文化振兴是乡村全方位振兴必不可少的内容。我国现阶段农村发展的基本国情是物质文明取得了长足的发展,随着脱贫攻坚的胜利,所有贫困人口摆脱了物质上的匮乏,与之精神文明的需要逐渐提升。在满足物质文明需求的同时,在做好脱贫攻坚向乡村振兴转化的过程中,就要思考怎样做到物质文明与精神文明同步发展,相互促进;要怎样做到与新时代要求,高质量发展相适应的乡村文化。第一书记要深刻认识到,文化振兴是建设社会主义现代化国家,全面建成小康社会的必经之路;是落实乡村振兴战略的重要体现;是丰富农民精神生活的重要举措。文化振兴为乡村振兴提供坚实保障和高质量发展动能。第一书记要在具体工作中,做好"铸魂"工作,农村是中华文化生长的土壤,立足于乡村文化引导人、培养人、锻炼人、塑造人,更要在人民中寻找力量,汲取知识,快速成长。

二、文化是乡村振兴的力量"凝聚地"和发展"风向标"

文化能够"铸魂",是力量之源。文化是乡村振兴的力量凝聚地,是乡村振兴高质量发展的风向标。文化能够凝聚人心,文化能够引领思想,第一书记在农村这片土地上要用文化凝聚百姓的心,用社会主义理想信念引领百姓的思想。第一书记要用好文化这个"凝聚地"和"风向标",首先要知道现阶段乡村文化的价值和困境,就乡村文化的价值而言主要体现了其经济价值、导向价值、教育价值、传承与创新价值;现阶段乡村文化主要面临的问题在于传统文化的衰落,人口流失,城市化发展,市场冲击,导致传统文化难以继承和创新;乡村文化振兴主体缺乏机动性,中青年人口的大量流失,直接导致乡村本土文化认同与归属感降低;乡村文化发展滞后,文化产业、文化市场、文化建设的相对落后,直接导致了乡村文化的发展滞后;乡村文化需求得不到满足,没有可普及的乡村文化科学标准,文化基础设施不足,文化遗产没有得到良好的保护与开发;对乡村文化缺乏科学上的认知,全盘接受,盲目崇拜,文化冲击等因素都会导致乡村文化的正确发展方向。从当前阶段我国农村文化发展所面对的问题和困境而言,第一书记要在困境中寻找机遇,在问题中开新局。

三、文化振兴要"六好"

第一书记要深挖乡村文化振兴的价值与策略,一是要引领好乡村文化振兴的理念,将社会主义核心价值观深植民心,引领风清气正的思想道德风气,建设文明乡风。二是要树立好文化自信,增强中华传统文化,红色江山文化的认同,增强百姓对传统文化认同,增强马克思主义与中华传统文化相结合的认同。三是要培育好乡村文化振兴主体,挖掘乡村文化人才,培养乡民主体意识，扎根群众，获得乡村文化不竭动力。四是打造好乡村文化服务体系，结合村情厘清发展思路，加强乡村公共文化建设，加强文化阵地建设，着力培养文化骨干。五是要传承好优秀传统乡土文化，在传承中守正创新，将优秀传统文化与现代文化相结合，营造良好的乡村文化氛围。六是要完善好人才引进机制，使更多的人才热爱乡土文化，更多的人才研究、传承乡土文化。

第一书记做好文化振兴工作要注重各类活动载体，可以通过集中教育、先锋引领示范等方式推进新时代文明实践中心建设；结合传统节日，志愿者活动，精神文明创建，开展群众性文明活动；积极开展村规民约教育活动，利用文化阵地开展喜闻乐见的主题教育活动；充分利用道德讲堂，开展移风易俗、文明婚丧、文明家庭、乡村环境整治等典型事例和经验，引领新风尚；精心打造本村的文化品牌，扶持文化创意，发展乡村文化主题旅游等。

【案例】南宁市"美丽南方"的文化振兴

南宁市西乡塘区"美丽南方"通过进行新农村建设、现代特色农业示范区建设和田园综合体的建设，已经成为全区乃至全国乡村振兴的典范，特别在抓产业振兴、文化振兴方面效果显著。"美丽南方"保留着许多具有当地文化特色的民俗风情和古代民居建筑，具有丰富的民俗文化。近几年来，"美丽南方"先后打造了多个文化主题：土改文化——"美丽南方"土改文化馆：坐落于石埠街道忠良村三队，广西壮族作家陆地就把他们当时的工作、生活、学习情景写成长篇小说《美丽的南方》，景区也因此而得名。知青文化——"美丽南方"知青园：坐落于美丽南方的发源地石埠街道忠良村，有知青用过的大小物品上千件。古建筑民居文化——青瓦房：坐落于石埠街道下的灵村，景区主要以岭南民居青砖灰瓦，结合当地建筑风格与农耕文化、壮族餐饮与现代休闲娱乐于一体的文化旅游园区。农耕文化——"美丽南方"农耕文化馆：坐落于石埠街道忠良三队。文化馆展现的是广西及南宁周边的民俗农耕文化。广西方言、饮食、历史变迁文化——"美丽南方"博物馆：坐落于石埠街道忠良村五队，是中国最大的农村博物馆。"美丽南方"环境保护教育基地——美丽南方环保教育馆基地：坐落于石埠街道忠良村一队，属于中国最大的农村环保博物馆。忠良大鼓——"美丽南方"忠良村委大鼓队忠良村支部属"四星级"党支部，带领村委在文化振兴方面作典范，由村"两委"干部带领党员群众二十余人成立一支文艺队，其中忠良大鼓作为压轴大戏，多次在民歌节及西乡塘等重大节庆亮相，中央电视台在广西拍摄乡村振兴也作为压轴戏登场。

2017年，"美丽南方"凭借其完善的农业产业体系，特色产业、独特的地理优势、深厚的文化底蕴和扎实的技术基础，已经成为国家首批田园综合体项目试点。"美丽南方"通过利用当地的自然资源，文化底蕴，生态景观来进行多种实践，促进一二三产业"三产融合"，到2019年年底，年新增总产值达到9.6亿元，农村居民人均纯收入每年将增长15%以上。农业生产、农民生活水平得到提高，乡村文明建设水平显著提升。

"美丽南方"乡村文化振兴的主要做法表现在一是挖掘开发文化资源，普及道德教育，结合自然景观资源、历史文化，提高群众参与度，推进德育体系建设，不断提高村民的素质。二是加强文化惠民建设，提高文化认同感，加强公共文化基础设施的建设，加快农村文化队伍的建设。三是做好公益服务工作，满足文化需求，大力加强公共文化设施建设，提高文化基础设施的综合利用与资源共享，提高文化服务质量条件。

（案例来源：陶柳伊，张永成.乡村文化振兴战略的实践与思考——以南宁市"美丽南方"文化振兴为例[J].农村经济与科技,2020,31(17):298-300.）

第四节
生态振兴与乡村高质量发展

生态振兴是乡村振兴的重要组成部分，是乡村"五个振兴"（乡村产业振兴、乡村人才振兴、乡村文化振兴、乡村生态振兴、乡村组织振兴）之一。生态振兴是乡村振兴的重要支撑，良好的生态环境是实现乡村振兴的关键，宜居的生态是乡村的最大优势和宝贵财富。2013年4月，习近平总书记在海南考察时表示"良好生态环境是最公平的公共产品，是最普惠的民生福祉"。2017年党的十九大报告提出实施乡村振兴战略，同时在《决胜全面建成小康社会夺取新时代中国特色社会主义伟大胜利》中42次提到"生态"。2018年3月，全国"两会"期间，习近平总书记提出乡村"五个振兴"，包括乡村产业振兴、乡村人才振兴、乡村文化振兴、乡村生态振兴、乡村组织振兴。2018年国务院公布的中央一号文件《中共中央 国务院关于实施乡村振兴战略的意见》中提出乡村振兴是未来解决"三农"问题的重中之重。2021年中央一号文件《中共中央 国务院关于实施乡村振兴战略的意见》提出要以生态振兴助推乡村振兴。2022年党的二十大报告中指出尊重自然、顺应自然、保护自然是全面建设社会主义现代化国家的内在要求。

一、绿水青山就是金山银山

"绿水青山就是金山银山"是习近平总书记统筹经济发展与生态环境保护作出的重要论断，为我们在新时代营造绿水青山、建设美丽中国，转变经济发展方式、建设社会主义现代化强国提供了有力思想指引。

第一书记要深知经济与自然的紧密联系。当前，中国经济已由高速增长阶段转向高质量发展阶段，生态环境的支撑作用越来越明显。只有把生态环境保护好，把生态优势发挥出来，才能实现高质量发展。随着我国人民生活水平的日益提高，人民对经济发展的需求也日益增长，而过度地开发经济则会在一定程度上反作用于生态。参与生态振兴的群体，在现行体制下，伴随着以利益为引导的行为轨迹，均会对已有的生产方式产生依赖。因此，生态振兴与经济发展的关系日趋紧密和复杂。人民日益增长的生产、生活、生态等多功能要素都提示着乡村振兴的重要性，而生态振兴是乡村振兴整体战略在生态领域的体现，是乡村振兴的内容之一，是乡村振兴的重要基础，是乡村振兴的有力抓手。因此，第一书记要深刻认识到，只有实现生态振兴，才能推动乡村振兴的全面实现进程，要在具体工作中坚持绿水青山就是金山银山的理念，努力走出一条以绿色为底色的高质量发展之路。

二、保护生态环境就是保护生产力

习近平主席在 2021 年 4 月的领导人气候峰会上指出：保护生态环境就是保护生产力，改善生态环境就是发展生产力，这是朴素的真理。第一书记要坚持倡导摒弃损害甚至破坏生态环境的发展模式，摒弃以牺牲环境换取一时发展的短视做法。要顺应当代科技革命和产业变革大方向，抓住绿色转型带来的巨大发展机遇，以创新为驱动，大力推进经济、能源、产业结构转型升级，让良好生态环境成为全球经济社会可持续发展的支撑。目前我国经济已转变为高质量增长阶段，我们不能再走先污染后治理的老路，要追求更加可持续地发展。保护环境就是保护生产力，生态展现作为实现绿色、协调、可持续发展的关键，也日益成为乡村振兴的重要支撑。

第一书记要深刻认识到农村主体的重要性，凝聚民心，加大环境保护意识和生态文明观念的宣传力度，注重主体的环保意识和生态意识建设。农村居民和企业单位作为生态文明建设的主体，生态意识淡薄，各自为战，协同配合度不够，难免出现追求利益而破坏生态环境的问题，例如过量使用农药对土壤造成持久且不可逆的损害。

随着农村经济社会发展，新旧环境污染问题交错，部分发展规模小的乡镇企业没有足够的资金维持自身运转，在发展期间更无暇顾及环境保护问题。因此，第一书记应兼顾农村各类型企业，可以借助乡村振兴战略的政策优势，多渠道多举措解决当前的各方问题。现阶段农村绿色产业的发展具有迟滞性，传统的农村产业发展模式很难在短时间内转变为绿色发展模式。第一书记可以逐渐普及相关法律法规，循序渐进在一定程度上降低尚未转变的产业发展形势对生态文明建设的阻碍度。

三、推动生态振兴的着力点

第一书记要理解好绿色发展是乡村振兴的必然之路，着手于推动生态振兴的着力点。一是要推进农业供给侧改革、优化农村产业结构，加强农村生态产品开发的同时推动构建农村全产业链发展格局。二是增强生态责任意识，构建有效环境治理体系，科学制定生态振兴发展规划，完善乡村生态振兴制度体系。三是加强宣传教育，提高农民生态环境保护意识，倡导农村生产生活消费绿色化发展，倡导绿色低碳的生活方式。

第一书记做好生态振兴工作要注重方法方式的多样性，把握多数人的思维模式。可以通过生态与旅游的融合推动经济与生态的双赢。乡村具有城市无可比拟的生态资源，可以通过以自然生态资源为基础发展生态旅游，从而使生态环境在发展的同时得到保护，满足人民旅游需求，提高农村居民生活质量。在生态环境保护意识方面，可以定期开展讲座和培训活动，实地考察与知识普及同时进行。在当今大数据时代背景下，还可以利用网络等媒体手段加大宣传力度，对于一些不够发达的乡镇，充分利用农村生态栏等群众宣传方式进行知识普及。

【案例】淄博市临淄区乡村生态振兴的对策建议

淄博市临淄区通过研究发现存在大气污染、水污染、土壤污染等乡村生态环境污染问题依然严重、乡村资源浪费大、生态保护观念树立不牢、对乡村生态振兴发展支撑不足等制约乡村生态振兴等问题。采取了一系列对策和建议，取得了很好的成效。在加快乡村宜居环境建设方面，形成了"顶层设计、典型引路、考核激励、全面覆盖"的方式和模式，推进乡村生态振兴基础工程。采用了腾笼换鸟，本着生态—生活—生产思路，环保置换污染，消除最大污染源；合理化利用建立了垃圾处理长效机制，调动村民垃圾分类积极性，建立垃圾回收再利用机制，采取"户收、村集、镇运"模式变废为宝；推行"耕种管收全包"生产服务，减少农业面源污染，采取了政府补贴，统一的农机作业、机收还田、旋耕深耕模式，改善了土壤结构；启动实施"硬化、绿化、亮化、美化、净化"工程，推进生态修复，全面提升乡村生态。在加快发展乡村产业生态化方面，推动农业由"生产导向"向"消费导向"转变，向绿色生态农业转变，向供给结构更加合理化转变；打造数字化农场，通过信息化、数字化、精准化、高科技推进生态农场高质量发展；发挥农业产业链增值增效，形成"接二连三"全产业链，提升农产品加工转化率和附加值；促进了休闲农业和乡村旅游业的融合发展，形成了乡村振兴示范片区建设，形成品牌，深受欢迎。在加快发展农村生态产业化方面，深度挖掘当地乡村历史和文化价值，坚持按照实事求是选择适合自己特色的模式和道路、结合区域特点、融入特色项目、强化党建引领，营造特色文化为要求，打造了特色鲜明的乡村产业，通过"特色小镇""宜居小镇"建设。在加快发展乡村生态文化方面，坚持培育乡村生态文明，注重宣传教育；形成城乡互动格局，实现城乡联动；制定法律法规，建立相关问责制度、联合执法机制，保证政策和资金支持的连续性。淄博市临淄区乡村生态振兴模式是在认真学习贯彻习近平生态文明思想，转变发展理念，坚持绿色引领，创新机制体制，强化科技支撑，打好"蓝天碧水净土"保卫战，坚定走出生态—生产—生活绿色发展道路，扎实推进乡村生态振兴，守住绿水青山，逐渐实现"乡风民风美起来、人居环境美起来、文化生活美起来"的美好蓝图。

（案例来源：崔明慧,赵曜华.乡村振兴背景下县域生态振兴研究——以淄博市临淄区为例 [J].乡村论丛,2022(02):70-75.）

第五节
抓党建促乡村振兴

党的十九大首次提出乡村振兴这一国家战略。实施乡村振兴战略，是以习近平同志为核心的党中央结合当前国内经济发展形势做出的重大部署。习近平总书记从目标、路径、核心、方法等方面对乡村组织振兴作出了重要论述，他指出："要推动乡村组织振兴，打造千千万万个坚强的农村基层党组织，培养千千万万名优秀的农村基层党组织书记，深化村民自治实践，发展农民合作经济组织，建立健全党委领导、政府负责、社会协同、公众参与、法治保障的现代乡村社会治理体制，确保乡村社会充满活力、安定有序。"《中

共中央 国务院关于抓好"三农"领域重点工作确保如期实现全面小康的意见》（2020 年中央一号文件）提出做好"三农"工作，关键在党，要"充分发挥党组织领导作用"，党的基层组织是政治组织，是农村各种组织和各项工作的领导核心。《中共中央 国务院关于实施乡村振兴战略的意见》（2018 年中央一号文件）提出的 10 个重点任务中明确指出"加强农村基层党组织建设，使乡村振兴工作扎实稳步推进，并将农村基层党组织建设成为乡村振兴的坚强战斗堡垒"；《乡村振兴战略规划（2018—2022 年）》中"健全现代乡村治理体系"部分组织振兴分为三个层面：加强农村基层党组织对乡村振兴的全面领导、促进自治法治德治有机结合和夯实基层政权；《中共中央 国务院关于全面推进乡村振兴加快农业农村现代化的意见》（2021 年中央一号文件）中也提到要加强党的农村基层组织建设和乡村治理，选优配强乡村领导班子，持续抓党建促乡村振兴；《中共中央 国务院关于做好 2022 年全面推进乡村振兴重点工作的意见》（2022 年中央一号文件）中也强调要"接续全面推进乡村振兴"不断"推动乡村振兴取得新进展"。

一、实现乡村振兴的坚强战斗堡垒

第一书记要深知乡村基层组织的重要性，只有夯实党的基层组织基础，把农民组织起来，才能实现乡村振兴。组织振兴作为实施"五个振兴"解决"三农"问题其中的关键一环，为实施乡村振兴战略和推动农业农村优先发展提供了坚强制度支撑和组织保障，是实现乡村振兴的坚强战斗堡垒。组织强则乡村强，乡村组织振兴的主体主要包括农村基层党组织、农村专业合作经济组织、社会组织和村民自治组织四个部分。因此，乡村振兴必须围绕组织振兴开展，切实保障和引领好乡村振兴战略的全面推进。组织振兴是乡村振兴的现实需求，以组织振兴促进乡村振兴，是适应执政环境变化的新挑战、厚植党的执政根基的必然要求。只有实现党对乡村振兴的全面领导，才能发挥思想铸魂、组织聚力、底部筑基的作用。组织振兴是乡村振兴的重要内容，在乡村振兴中，"五个振兴"是相互耦合、共生共融的有机整体，只有切实抓好以基层党组织为核心的乡村各类组织建设，才能充分发挥党组织的影响力、战斗力、凝聚力，厚植党在乡村振兴中的群众基础，彰显党的核心领导作用。组织振兴是乡村振兴的基础保障，农村基层党组织有贴近人民群众、贴近社会生活的天然优势，通过保障改善民生，可以实现党心聚民心，党群一条心，为实现乡村振兴提供坚实的组织保障。第一书记要在具体工作中，做好"堡垒"的筑建工作，在基层组织中寻民心，保证"诗和远方"的长久发展。

二、整合力量共促振兴

组织振兴是"五个振兴"的重要一环，是实施乡村振兴战略的"主心骨"，是推动改革发展的坚强战斗堡垒，第一书记要在农村基层筑建好深且广的地基，凝聚组织力量，同时也要认识到新时期背景下，仍有很多不足需要完善。农村环境较为艰苦，人才流失严重，在一定程度上导致了基层组织建设的不足，缺少优秀人才的引进；新时期乡村振兴的工作要求也发生了新变化，因此针对基层组织管理制度还有待完善，第一书记更好发挥组织引领优势，有效落实乡村振兴各项任务；基层党组织服务乡村能力不足，基层党组织不牢，乡村经济薄弱，导致许多政策措施没能有效落实到乡村实地，改革创新意识不足，群众服务能力偏低；农村居民凝聚力不强，活力不足，队伍不稳定，素质和能力有待提升。

三、推动组织振兴的着力点

第一书记要加强组织建设，首先要强化农村基层党组织领导核心地位，可以建立并完善相应的考察制度，选出合适的农村基层组织带头人；还要发展壮大农村集体经济，因地制宜：一是对空闲资源进行清理与利用，制订符合实际的村级集体经济发展计划，宜工则工、宜农则农，宜商则商、宜服则服、宜游则游，以此加大基层基础保障力度；二是适当引导农村村民，鼓励有能力者通过新形式，如家庭作坊、农家乐等方式实现自我富裕；三是与社会组织时刻保持高密度的合作，引导社会组织参与乡村治理，打通供销渠道，吸引各类投资。

强化组织建设的同时，第一书记还要着手于转变农村群众观念，督促大家互相合作学习，坚持组织振兴与乡村振兴同频共振，以组织体系建设为重点，开展组织宣传工作，明确组织工作机制，在发展中不断发掘实践案例。同时在飞速发展的现在，第一书记应紧跟时代发展，争取实现模式创新，努力发掘地方特色，创造性地发展多元化的发展模式。例如，通过招商引资等方式建立加工厂，完善农副产品的生产情况，提高产品的附加值。或利用网络媒体，结合网络用户喜好，通过直播带货、电商销售等方式拓宽销售渠道，提高集体经济的收益，实现农民普遍受益。组织振兴是实现乡村振兴的基础和保障，第一书记要时刻坚持组织领导，通过科学有效的手段加强组织间的沟通合作，消除组织间矛盾，与时代相结合，促进经济发展，最大限度地发挥各类组织的作用，才能为新农村建设和乡村振兴战略实施做出更大贡献。

【案例】组织振兴引领乡村振兴

（一）

陕西省在提升农村基层组织振兴实践中，聚焦村"两委"换届，开展农村党建、乡村振兴、基层治理等相关培训，全面提升农村基层党组织带头人素质。聚焦标准化建设，建强村级战斗堡垒，陕西省委组织部联合省质监局出台《陕西省村级党组织标准化建设办法（试行）》和《关于开展"千村示范，万村达标"活动推进村级党组织标准化建设的实施方案》，把标准化理念引入基层党建。聚焦脱贫攻坚，夯实乡村振兴基础，有数据显示陕西省对56 个贫困县，641 个乡镇进行党委书记调整和留任，选派聘任大学生村官 680 名，调整不合格不称职不胜任村党组织书记 195 名，配齐配全空缺党村组织书记 167 名。同时，陕西省还在各地推行"支部 +X+ 贫困户"模式，一系列举措提升农村基层党组织建设，为更好更快实现乡村振兴。

（案例来源：陕西省着力提升农村基层党组织组织力 http://www.cnr.cn/sxpd/shgl/20180619/t20180619_524275076_1.shtml）

（二）

四川省绵竹市被评为四川省乡村振兴先进县。绵竹市在推进乡村振兴中充分发挥基层党组织战斗堡垒作用，强基固本激活乡村振兴"动力源"，2017 年绵竹实施"头雁"工程，在市村集体经济项目扶持下，按照党支部引领，为农民增收起到了较大的带动作用。谋近想远办好民生福祉"头等事"，绵竹市抓机遇，科学编制乡村振兴规划，充分整合群众、干部、专家意见，在党组织带领下重点突出打造"1+8+N"乡村振兴规划体系和"乡村示范点 + 农业园区 + 专业化合作社"建设模式，引领乡村振兴全局统筹发展。示范引领做好产业发展"先行者"，清平镇创新"1+5+X"党建联盟工作法，引领党员同志转变思维，积极创业，实施 3 个村集体经济示范项目，带动 2000 余人就业，带动村民月增收 2000 余元，实现产品年销售金额达 4000 余万元。

（案例来源：四川绵竹市：强化"三个引领"　全力推动乡村振兴 https://www.scdjw.com.cn/article/78780）

（三）

岳西县选优培强村党组织书记"领头雁"，实施"归雁"工程，回引一批有商海闯荡经历的"海归"，光荣退役的"荣归"，有学识远见的"学归"到村任职，全县 182 个村党组织书记中熟悉产业发展、有企业管理经验的占 70%。探索实训基地带训模式，每年选择产业发展特色村 10 个，村党组织书记分批实地学习，将集体经济发展作为评选"十佳"村党组织书记的硬杠子，建立村集体股份合作社网上监管平台，开展农村集体"三资"提级监督试点工作，严管厚爱激发动力。做实"双培双带"工程，注重在产业发展能手中考察发展党员，让青年党员参与或领办村集体经济项目，先后选派 46 名博士挂任乡村振兴示范村"名誉村主任"，帮助选定产业发展方向，为村集体经济发展提供有力人才支撑。强化党建引领，采取"党支部＋新型经营主体＋农户"村集体经济发展运行模式，充分调动各方积极性，做大产业发展"蛋糕"，共培育茶、桑、菜、果、药等十大产业，形成载体 1885 个，探索出资产经营型、土地经营型、入股分红型、产业带动型、服务创收型等路径。

（案例来源：岳西县：县乡村三级联动，打造乡村振兴"强力引擎"https://www.ahxf.gov.cn/Home/Content/1137854?ClassId=121）

第四章

服务乡村振兴战略的重要支撑

无论是打赢脱贫攻坚战还是稳步推进乡村振兴战略，产业兴旺是根本，只有综合利用好乡村各类发展资源，才能收到事半功倍的效果。因此在实施乡村振兴战略的实践中，如何高效利用农业资源，促进农业增产、农民增收，实现农业可持续、高质量发展，实现农业产业化发展是当下需要不断思考、探索、解决的问题。农业科技对农业产业的发展具有至关重要的促进作用，第一是农业科技本身就是农业产业的组成部分，农业科技生产价值的提高就意味着农业产业总价值的提高。第二是农业科技推动了农业产业生产的进步，进一步促进农业产业的价值转化和提高。而农业科技的研发，农业产业的投入又必须依靠大量的资金投入作为保障，因此农业金融和农业科技的发展决定了农村经济发展的速度与规模。只有切实实现产业、科技、金融的高效融合，才能进一步突破当前农村经济社会发展困境，实现农村产业的专业化、规模化、一体化的生产提高和经营收益。

第一节
农业金融

农业金融是有关农业的货币资金的融通，指与农业生产有关的货币流通与信用活动。如农村储蓄存款的吸收和支付，农业贷款的发放和收回，以及两地资金的汇兑往来等。发展农业金融有利于农业资金周转，促进农业生产的发展。

一、农业金融格局

构成中国农业金融组织体系的主体是中国农业发展银行、中国农业银行、农村信用合作社三大金融机构，作为主要面向中国农业、农村和农民的金融机构，它们共同形成了一种政策金融、商业金融与合作金融分工协作的农业金融格局。政府对农业的资金供给和信贷支持政策，主要是通过这三个金融机构实施。中国农业银行是中国最大的涉农商业银行，农业、农村和农民的信贷业务一直是农业银行的业务重点。中国农业发展银行作为政策性银行，主要承担办理国家规定农业政策性金融业务。农村信用合作社作为中国农业金融组织体系在农村最基层的组织机构，它直接面对农业各种不同的金融需求主体，在支持农业和农村经济发展中始终占据举足轻重的地位，已经成为中国农业贷款的主要金融机构。

目前，我国有关农业金融的立法还处于起步阶段，由于农业金融的特殊性，还存在监管困难、执行低效等各种情况。尤其在农村信用社改革后，有关合作金融方面还没有专门法律进行规范，主要还是靠行政办法进行管理。缺乏完善的法律制度和监管机制，在某种程度上制约了采取多种模式改造农村信用社，在农村无法形成多种产权形式相互竞争和功能互补的金融机构体系。另外，中国的农业政策性金融运行机制还不够灵活，需要较大比例地提高对农业开发、生产、产业化服务等的贷款比重。

二、强化乡村振兴金融服务

《中共中央　国务院关于做好 2022 年全面推进乡村振兴重点工作的意见》（2022 年中央一号文件）首次单列"强化乡村振兴金融服务"。对机构法人在县域、业务在县域、资金主要用于乡村振兴的地方法人金融机构，加大支农支小再贷款、再贴现支持力度，实施更加优惠的存款准备金政策。支持各类金融机构探索农业农村基础设施中长期信贷模式。加快农村信用社改革，完善省（自治区）农村信用社联合社治理机制，稳妥化解风险。完善乡村振兴金融服务统计制度，开展金融机构服务乡村振兴考核评估。深入开展农村信用体系建设，发展农户信用贷款。加强农村金融知识普及教育和金融消费权益保护。积极发展农业保险和再保险。优化完善"保险+期货"模式。强化涉农信贷风险市场化分担和补偿，发挥好农业信贷担保作用。

党的二十大报告在全面推进乡村振兴任务中明确要求，健全农村金融服务体系。根据这些要求，农村金融服务需要建立完善向乡村投入的激励约束机制，强化对农业科技创新、先进设施设备、新型农业经营主体、一二三产业融合等向现代农业转型升级的支持，尤其是加强对粮食和重要农产品生产以及产业链供应链的支持，同时要满足建设宜居宜业和美丽乡村的需求，支持乡村基础设施、公共服务、人居环境整治等乡村建设项目。

三、破解农村"融资难""融资贵"堵点和痛点的思考

当前，诸多农业经济项目无法有效推进和落地，关键在于缺乏资金的支持，"融资难""融资贵"仍是乡村振兴道路上的堵点和痛点。当前市场经济飞速发展，农村经济形式也随着不断改变，对农村金融的依赖性也越来越高。因此，充分利用好农村金融资源，有效发挥农村金融促进乡村经济发展的作用，是现实乡村振兴的必然保障和基础前提。虽然近年来我国在政策方面为农村做出了优化扶持，农村金融资源的配置水平得到了显著的提升，但还是远远难以满足发展的需求，农村金融组织体系结构单一，农村基础金融资源覆盖范围有限，涉农信贷供给不足等问题依然存在，特别是金融资本的逐利性与农村居民信用意识淡薄，严重影响了农村金融产品和服务的创新动能。

因此，作为第一书记，想带领村民发展好支柱产业，光凭着一腔热诚和一纸规划是远远不够的。要推进项目的落地，既要有符合所在村实际情况，也要让村民感受到项目的可行，能跟着你一起干，既要有技术，更重要的是要有资金的保障，而这个资金的来源仅凭政策性的补贴只能是杯水车薪，因此第一书记必须要在做好项目发展的带头人的同时，更要做好农民与金融机构之间的桥梁。第一，第一书记要做好村民个人信用的示范宣讲工作，进一步增强农村信用体系建设，带动形成村民守信诚信的良好局面；第二，第一书记要定位金融需求，切实把合作社负责人、星级共产党员、家庭农场主等真正有需求、有能力的致富带头人向金融机构推荐，做好监督管理工作；第三，第一书记要充分了解涉农信贷政策，尤其是担保、额度、贷期、利率等重要信息，特别是充分掌握国家对涉农信贷的优惠政策，让有需要的村民能够获得效率高、放款快、利率低的贷款；第四，第一书记要做好农户的金融助理，特别是在特色农业和特色农产品上下功夫，依托县域金融机构，帮助农户协调更多元化的金融服务。

除了政策性涉农金融服务，商业途径也是农村金融有待突破的重要途径和渠道，关键在于构建一个多方合作的有效机制，形成良好的服务和产业链条，达成多方共赢的局面，而当前互联网、大数据、移动支付等现代科技，为商业银行进军农村金融市场提供了现实可能。

【案例】第一书记助力破解农村"融资难、融资贵"问题

（一）

山东省聊城市莘县大王寨镇东丈八村几乎每家都种着一到两个大棚，不少农户有再建新棚的打算，但都面临着"融资难、融资贵"的问题。为了解决村民融资难题，该村驻村第一书记"能不能简化贷款手续，利用每户都有

的大棚作为资产价值贷到钱，再用来发展大棚"的想法，在农业银行省派第一书记工作队周总结会议上得到了工作队的一致认可并取得了派出单位的全力支持，创新推广了"大棚贷"特色金融产品。该产品聚焦农户金融需求，加大了对农户的有效信贷投放，进一步降低了农民贷款难度和成本；同时，驻村干部还主动协调当地农行机构在东丈八村建立惠农服务点一处，让村民享受到更方便快捷的金融服务。

（案例来源：聊城莘县东丈八村：村里来了个尹书记 增收致富不发愁 http://liaocheng.sdnews.com.cn/xy/202204/t20220422_3035551.htm）

（二）

辽宁省朝阳县为了聚焦农村经济发展中的重点，协调辽宁农担公司，推出"第一书记助农贷"活动，让第一书记充分发挥作用，帮助解决新型农业经营主体生产经营中的资金问题。陈某的肉牛养殖场在驻村第一书记的帮助下完成风险评估，申请到 30 万元资金，养殖场当年增收 8 万元。羊山镇某村的一家杏仁加工厂受资金影响，在驻村第一书记的帮助下，对照贷款申请要求申请助农贷款 100 万元，解决制约发展的燃眉之急。根德营子乡某村第一书记，将"助农贷"活动与本村大枣种植优势相结合，帮助赵某家庭农场成功申请到 10 万元助农贷款，用于扩大种植规模。全县 204 名第一书记以"我为群众办实事"为载体，将党史学习教育成果转化为为民服务的实际行动，在发展项目的摸排调研、风险评估、审核放款、资金使用、项目收益等方面发挥重要作用，全程"管家式"跟踪服务，共成功协调贷款 14 笔，帮助申请资金 1300 万元，有力地推动农民增收致富和农村经济发展。

（案例来源：第一书记助农贷 "贷"来振兴新动力 https://www.thepaper. cn/newsDetail_forward_19118208）

（三）

由中国建设银行山东省分行选派的第一书记，在派出单位的有力支持下，立足新发展阶段乡村振兴对金融机构所提出的更高要求，重视金融科技和数字化转型，依托建设银行金融优势，发挥专业专长，运用新金融的思维、工具和方法挖掘个性化需求，为乡村振兴提供多元的金融服务。线下打造"裕农通"普惠金融服务点，将银行的窗口搬到"村口"，并将"裕农通"服务点的涉农金融、非金融服务向线上延伸，依托手机APP、智慧大屏等渠道，为村民提供乡村政务、电子商务、便民事务和金融服务。线上主打"裕农快贷"产品包，重点服务农户的信贷需求，服务所驻村小微企业客户100余户，贷款额近4000万元。并通过搭建"裕农学堂""裕农朋友圈"，进驻善融商务"裕农优品"，开发"善融助农下地优品"小程序，"裕农通"综合服务平台，"裕农快贷"等系列信贷产品构建了一个独具特色、有辨识度的"裕农服务体系"，金融支持更加精准，为金融服务全面推进乡村振兴奠定了坚实的基础。

（案例来源：建行山东省分行驻村第一书记：新金融"活水"助力乡村振兴 http://linyi.dzwww.com/lysh/202206/t20220615_10392662.htm）

第二节
农业科技

农业科技主要是用于农业生产方面的科学技术以及专门针对农村以及城市生活方面和一些简单的农产品加工技术。包括种植、养殖、化肥农药的用法、各种生产资料的鉴别、高效农业生产模式等方面。

随着科学技术的不断进步和发展，科技水平已经成为农业产业发展的限制性因素之一。如何在巩固脱贫成果的基础上进行农业科技扶贫，从而有利于农业科技水平的提高，进而推动农业产业的发展。进一步巩固脱贫成果是乡村振兴战略的重要内容，进行科技扶贫能够为乡村振兴发展提供有效助力。

一、农业科技，助力脱贫攻坚

在我国农村，农业科技扶贫是整个扶贫工作的重要组成部分，随着新世纪农村工作重心的转移，科技助农在乡村振兴工作中发挥着越来越重要的作用。特别是以整村推进为主要模式的"三农"工作，离开科技项目和科技培训，仅靠改变落后的基础生存条件，很难达到既扶贫又扶志，使贫困人口彻底摆脱困境的目的，必须配套实施一些符合当地资源优势的科技扶贫项目，通过科技扶贫项目的实施，特别是实用技术的普及培训，使广大群众掌握一定的实用技术，转变观念，用先进的科技知识，改变落后面貌，达到致富目的。因此，要搞好新形势下农村工作，必须加大科技资金占全部支农资金的比例，把科技教育放在当前工作的重中之重，切实抓紧抓实、抓出成效。同时，为了推动面上的扶贫工作，更应该把科技扶贫项目和科技普及培训作为主要的扶贫手段，让更多更广泛的贫困人口沐浴到实用技术培训的阳光，用科技这个"第一生产力"来推动贫困问题的彻底解决。

二、农业科技，赋能乡村振兴

科技创新是推动农业农村现代化的根本动力，是推动农业产业化经营的重要力量，在支撑乡村振兴战略方面发挥重要作用。第一书记要充分发挥农业科技的力量，赋能乡村振兴，更多将科技成果转化落地，建设成果示范基地，提高科技成果覆盖面，切实增加农民收入。

首先，农村产业发展是乡村振兴的经济基础，要实现农村产业的进一步发展，关键在于用更加先进的农业科技创新代替传统农业经济方式，促进农业农村发展方式的转变，围绕农业产业从增产导向转变为提高质量导向的发展需求，优化科技创新布局，挖掘科技创新元素，培育科技创新主体，促进科技资源合理配置，改革科技管理方式，激发创新动能，努力加强科技创新供给，从而指引农业突破传统生产模式的束缚，形成更加优质高效的现代农业产业体系。

其次，当前农村正大力培育"一县一业"和"一村一品"项目，这个"一业"和"一品"无论是传统农业作物，还是新兴农耕方式，关键在于要具备鲜明的特点和较强的经济效益，尤其是要具备绿色、优质、特色和形成品牌的发展优势，并在此基础之上强化农业高新技术产业的创新。如何衡量农业科技的成效，关键以农业科技转化为经济效益的转化率为关键性指标，即最终的落脚点在于究竟能够为农民带来多少的收入增长。因而，在实施乡村振兴农业科技行动中，要培育新的农业经营和服务主体，完善农业科技社会化服务体系，完善农业农村领域技术转移机构的服务功能。为此，第一书记要助推农村经济发展，对农业科技的理解必须上升至特别突出的位置，千方百计地提高农业科技的发展水平和应用规模，引入社会科技力量积极参与农业技术咨询、技术中介、技术服务并保障农业科技的投入，才能充分利用好有限的土地或农村资源，取得更大的收益。

第三，农民是农业生产和新农村建设的主体，也是农业科技的主要实施者，农业科技的持久推广必须有可靠的农民人才队伍作为支撑和保障，只有健全农村科技服务体系、加强农业机械化信息化技术创新，着力解决农业科技人才队伍薄弱的问题，才是真正的乡村振兴科技先行。因此，第一书记要特别注重对农民素质的培训，这也是解决和完善"三农"问题的迫切需求和关键所在，第一书记要广泛寻求产业技术，广泛开展农民科技培训，充分利用好"农家讲堂""农家书屋""科技直通车""专家咨询"等活动，鼓励和引导农民掌握一定的农业科学技术，调动农民参加培训的积极性。大力实施新型农民科技培训工程，营造良好的农业、农村科技创新生态，让农业科技深入人心，让农业科技为农民致富增收服务。

此外，农业科技还包括先进的农业生产设备，以及大数据、物联网、云计算等网络技术在农业中的广泛应用。农业生产信息化、智能化的不断推进，无土栽培、实时监控、温度调节、自动灌溉等技术，不仅减少了人力投入，也让农业生产不再"靠天吃饭"，尤其是在自动化精细操作下，传统农业粗放的生产模式正在发生转变。农村地区电子商务的发展，农民能够及时了解农产品的供求信息，从而更加科学合理地制订生产加工计划，洞察农产品市场价格波动形势，电商平台也为农产品的销售提供了便捷合理的销售渠道。

农业科技为乡村振兴战略提供了坚实的动力，这也为第一书记如何更好地开展工作提出了更高的要求。

【案例】高水平农业科技赋能乡村振兴

（一）

广西玉林市兴业县某村驻村第一书记，大力抓好新品种、新技术、新模式的引进、推广和培训，引进推广新品种、新技术16个（项）。先后引进了"桂薯10号""东皇薯1号""桂经薯8号"特色红薯品种，以及"桂玉9号、桂野丰"优质水稻品种，建立了优质水稻绿色节本高效栽培示范基地12个，生态优质稻＋特色红薯"钱粮双增"高产高效种植示范基地8个，食用菌种植、油茶育苗标准化示范基地2个，面积共达3860多亩，使驻点村优质水稻单产由 2017 年以前的 0.38 吨／亩提高到目前 0.44 吨／亩左右，亩增产 15.8%，亩增收 156 元。他打造了生态优质稻＋特色红薯"钱粮双增"高产高效种植模式，每年达 110 亩以上，红薯平均亩产量达 3500 斤以上，红薯平均亩产值达 3500—6000 元。合作社引进红灵芝、双孢蘑菇、毛木耳等食用菌，贫困户平均每户获纯利润约 8850 元以上。此外，还引进了"岑软 2 号""岑软 3 号"等油茶优良品种进行育苗，已经育苗 45 万株油茶苗，产值达 180 万元。他坚持扶贫与扶志、扶智相结合，授之以"渔"，将所学农业技术和经验传授给贫困户。通过举办实用技术培训 19 期，培训农户 1700 多人次，印发技术资料 5000 份，带动贫困户自主发展特色扶贫产业，协助他们生产出优质特色农产品，催生了优质稻、特色红薯、油茶、食用菌等一批贫困地区精准脱贫的特色主导产业，真正使贫困户鼓了"粮袋子"和"银袋子"，摘去了"穷帽子"。

（案例来源：黄学华：农业技术助推脱贫 https://www.12371.cn/2020/10/09/ARTI1602218793406105.shtml）

（二）

北京市门头沟区某村在两任第一书记的带领下，在北京市农林科学院的技术支持下，建立高山芦笋种植基地，从 2018 年 4 月开始种植高山芦笋，并以"帮扶企业＋专业企业＋村集体"三方合作的方式，成为北京地区极具特色的集优新品种、高效绿色种植技术、创新型组织管理模式的高端芦笋出品地，带动村庄新的经济增长点。为了进一步延伸产业链，专家团队充分利用加工剩料开发芦笋茶、芦笋包装产品等，整体设计农业生态产品新品牌，利用民宿产业实现现场展销，线上配货等渠道，集中产业优势扩大销售，进一步增加了产品的附加值。小小芦笋不仅顶掉了低收入帽子，还铺就了该村致富的康庄大道。

（案例来源：高山芦笋节节高——门头沟梁家庄村低收入户两年"脱低" http://www.moa.gov.cn/xw/qg/202005/t20200512_6343657.htm）

（三）

尼勒克县科蒙乡某农机服务中心作为乡村振兴建设的一部分，专门组织成立农机专业合作社，积极发动农机大户带头加入，通过"支部＋合作社＋农机＋机主＋富余劳动力"的方式，实行抱团发展模式，对农机进行合理搭配，统一管理、统一出动，彻底改变了以往临时合伙和单机作业的模式，极大提升了生产效益，促进脱贫攻坚成效巩固与乡村振兴有效衔接，逐步实现农业产业现代化，切实提高农业现代化农机作业率，提高组织化程度，更好推进乡村现代化发展。

（案例来源：尼勒克县有个特色"农机村" http://www.btzx.com.cn/web/2022/8/25/ARTI1661395529077579.html）

第三节
农业资源开发与利用

农业是国民经济的重要基础和支撑，实现农业的可持续发展对于各个领域的可持续发展都具有十分重要的作用。农业的可持续发展的实现重点在于对农业资源的开发与利用，这也是衡量和评价农业生产是否高效、是否合理的重要指标参考，也是解决农业资源保护和经济效益尖锐供需矛盾的关键所在。

一、农业自然资源和农业社会资源

农业资源是指从事农业生产或农业经济活动过程可以利用的各种资源，主要包括农业自然资源以及农业社会资源两部分。农业自然资源是自然界存在的，能够为农业生产提供客观条件的各类自然物质的总称，如水、土地、温度、气候等自然环境，或物种、能源等生物资源等；农业社会资源是人类社会、科学技术、经济环境、风俗文化等为农业生产提供支撑的各种人文要素的总称，包括人力资源、科学技术、生产装备、政策法规、经济体制、资金等。农业资源并不是单一的形式，也不是一成不变，有的农业资源是自然选择的产物，在一定的生态环境下，经过长期的发展而形成的，如地貌、植被等；有的农业资源人们在长期的生存过程中，根据当地特定的生态条件，经过不断的生产实践而发现、总结形成的，或是通过人们的科技活动，以原始野生物种得到的改良或提高所形成的，其中也蕴含着一代又一代人民所凝聚的丰富的生活经验和智慧结晶，如特产等。

二、合理开发和保护农业资源

农业资源并不是取之不尽用之不竭，农业资源的不合理利用、生态环境的破坏是目前农业发展中面临的重要问题。为加大农作物的产出量，围湖造田、毁林开荒等现象仍大量存在，而土地的过度利用也导致了土地资源的流失、土地肥力的下降，我国黄土高原的水土流失、华北平原的土地盐碱化便是土地资源不合理利用的综合体现。森林、植被等的破坏，加剧了生态问题的恶化速度。当前农业资源的利用仍处于初级阶段，大部分地区农业发展没有形成集约化，仍以自主经营为主，极大地制约着农业经济的发展速度，很多有利于农业生产的科技手段没有具体落实到位，严重影响着农业的可持续发展。人们合理的开发和利用，保护好农业资源，不仅能够保持农业资源的动态平衡，还能够促进农业资源的正向增长，若不断向农业资源要经济效益的快速增长，就会使农业资源过量消耗，从而衰退甚至灭绝。恢复原有水平将经历一个异常漫长的时期。

三、关于第一书记高效利用农业资源的讨论

在实际工作中，第一书记要带领所驻村实现农业资源合理化利用，第一步便是要确定综合利用原则。农业资源以一个有机整体作用于农业生产系统，在开发利用时应坚持整体观点，即根据农业生产系统结构的变化确定农业资源的利用程度，不能只片面地追求带来的经济收益，对拟开发利用的农业资源要进行多方面的评估，绝对不能以对农业资源的破坏为代价，开发利用中要切实做好各种资源的统筹协调，保障各种农业资源在农业系统中的平衡关系。对发现的已经遭受破坏的农业资源要及时探求原因，并给予积极改善、恢复，切实遵守国家法律法规，以战略全局的高度有限利用、合理开发。

其次要确定农业资源的区域性因地制宜利用原则。农业资源具有明显的地域性特点，不同地域农业系统的内容也不尽相同，只有因地制宜处理好农业资源的开发利用，做到宜农则农、宜牧则牧、宜林则林、宜水则水，才能使农业生产符合地域自然规律，得到更好的发展。更要充分发挥人的主观能动性，挖掘特色农业资源潜力，强化农业资源改善，使农业资源以更好的姿态被开发利用，提高农业生产向经济效益的转化效率，才能形成具有独具特色的农业生产格局。

第一书记要摸清乡村产业资源优势和乡村已有产业基础。乡村具有多样化的种植业和养殖业。如庭院经济，即依托宅基地"房前屋后种瓜种豆"，栽植果树，饲养家禽家畜；乡村也是诸如编织、纺织、印染、食品制作、木

工制作等乡村手工艺传承和发展的重要空间；还有乡村服务业，既包括为村民生产、生活提供的服务，也包括为城镇居民提供的休闲、度假、旅游、体验、养老等服务。所谓产业兴旺，就是乡村产业资源得到综合利用和乡村价值得以综合体现。因此，明确当地农业资源现状是产业发展的前提。农业资源调查是一件十分复杂的事情，调查内容不仅包括气候、土地、水资源，还包括地方种质资源、种植和养殖传统、农业产业现状和问题、地方知识与生活习惯以及乡村文化资源、生态资源、社会资源、人力资源等内容。

无论是农业产业链延伸、农业功能拓展，还是发展乡村融合产业，乡村整体都是作为最现实的基本单位。如目前广受重视的休闲农业、体验农业、观光农业、品牌农业、乡村旅游、"农家乐"等，就是依托村落而存在的，村落是一个集生产、生活、休闲、文化于一体的综合社会空间，是实现产业兴旺不可或缺的要素。

此外，产业发展与人才、组织、文化、生态等建设密切相关，乡村振兴的各个方面相互影响、相互制约，彼此构成一个有机整体。必须充分认识农业生产中农业资源的状况及其发展规律，才能建立生产与资源相适应的农业结构体系，促进农业生产的持续稳定发展。

【案例】第一书记用好、用活当地特有农业资源

（一）

湖南省永州市江永县黄甲岭社区驻村工作队立足"基地＋合作社＋职业新烟农＋互助小组"发展模式，充分发挥合作社的作用，推动土地流转和土地入股，借助村委会、合作社、村民等多主体构建的土地资源平台，以黄甲岭社区为中心发展烟稻轮作基地2000余亩，因地制宜改变种植结构，降低种植成本，走出了一条可持续发展的富民强村之路。加强农村公共基础设施

建设，开展农村人居环境整治，推进生态文明建设。大力开展"村庄清洁行动、厕所革命、污水治理、垃圾治理、绿化美化、治违拆危"六大行动，解决"有新房没新村、有新村没新貌"问题。近年来完成改厕126户，新建公厕4座，清理历史存量垃圾20吨，开展村级卫生自筹、自治、自理，村民积极参与乡村振兴示范创建活动，打造小菜园、小花园、红砖文化墙，结合《黄甲岭之恋》电影拍摄基地与烟稻轮作田园综合体为中心点大力建设乡村农旅文化景观，村庄面貌焕然一新，进一步提升社区人居环境整治效果。

（案例来源："三个聚焦"赋能乡村振兴 http://paper.0746news.com/Html/2022-09-05/214665.html）

（二）

河南省商丘市各驻村点结合当地资源禀赋、水土光热条件和市场空间，实行差异竞争、错位发展，以农业供给侧结构性改革为主线，以农业结构调整为契机，聚力打造"强农业、富农民、美农村"的特色农业产业链，走出了一条具有商丘特点的乡村振兴之路。如代集村第一书记与村"两委"班子调查论证后，决定在现有的耕地上因地制宜发展特色产业，流转村民土地105亩，建设110座蔬菜大棚和1座保鲜库。根据市场需求，在蔬菜大棚里种植了羊角酥、黄瓜、上海青等瓜果蔬菜。2021年，增建保鲜库延长储藏时间，实现"错峰"销售。有在保鲜增值的基础上，今年春节过后，增加了吊喷设施，解决灌溉难题，提高了种植效益。孙迁村工作队利用当地丰富的梨资源，发挥"果贡源"食品公司龙头带动作用，顺应市场潮流，开发新产品、拓展销售渠道，形成以梨膏、梨膏棒棒糖、含梨膏成分的食疗饮品为主的酥梨产业链。"果贡源"食品公司与河南中医药大学第一附属医院联合研发了"霾季膏""扶正祛邪膏"，产品附加值进一步增加。牛集村围绕无框画厂，不断深化拉长产业链条，逐步形成了包含原材料生产、板材切割加工、工艺制作、纸箱、胶带、电商、物流、运营等业务于一体的产业集群。前赵村驻村工作队利用该村生产白蜡杆的传统优势，成立武术有限公司，生产武术枪、武士刀、太极棍等，进一步拉长了产业链。南祝庄村在驻村工作队的支持下，利用该村宋朝出现的王尧臣和赵概两名状元，深入挖掘该村状元文化的成因以及王尧臣、赵概与宋代名人范仲淹、欧阳修、晏殊、包拯的交集故事，投资 300 多万元建设了状元第和仓颉、王尧臣、赵概展馆；投资 200 万元，建设了状元图书室、状元大讲堂、一榜双魁群雕和励志成语故事雕塑。以虞城县状元文化旅游投资发展有限公司为龙头，投资 1000 万元整合原来的废弃窑厂和养殖场建成了状元文化公园、状元文化广场、金榜及第生态园，以及盆景馆、奇石馆、采摘园等。2020 年和 2021 年，成功举办两届中国·虞城状元文化周和状元文化论坛。石庄水库是河南境内五座阶梯水库之一，相传花木兰代父从军路经此地，其所在村在驻村工作队的帮扶下建成木兰暮宿地、千亩水库、月牙湖、龙王潭等景点和遗址，吸引周边游客。

（案例来源：发展特色产业 打造乡村"升级版"https://www.dgbzy.com/284460.html）

第五章

推动乡村振兴战略的有效抓手

农业兴则天下安，党的十九大紧扣社会主要矛盾的新特点，提出了乡村振兴战略，为新时代"三农"发展指明了方向，提供了遵循。党的二十大进一步指出"发展乡村特色产业，拓宽农民增收致富渠道。巩固拓展脱贫攻坚成果，增强脱贫地区和脱贫群众内生发展动力。统筹乡村基础设施和公共服务布局，建设宜居宜业和美乡村。巩固和完善农村基本经营制度，发展新型农村集体经济，发展新型农业经营主体和社会化服务，发展农业适度规模经营。深化农村土地制度改革，赋予农民更加充分的财产权益。保障进城落户农民合法土地权益，鼓励依法自愿有偿转让"。乡村振兴战略不是简单意义上的改善环境、美化乡村的乡村振兴，而是涵盖农村人、地、钱全要素振兴的大战略、大谋划。要致力于发挥美丽乡村、美丽城镇、美丽经济"三美"互促互进作用，扎实推进农村一二三产业融合，进一步深化农村改革，全面营造农村增绿，农业增效，农民增收的发展新局面。

第一节
农村土地经济

土地是农村经济发展最为重要的资源和生产资料，在农村生活和农业生产过程中占据非常重要的地位。因此，土地问题是农村的"头等大事"。如何高效利用好土地资源、推动农村土地经济制度的创新发展、有利于农村社会的发展稳定，是激发农民生产积极性、促进农村发展的关键环节。

一、土地经济是农村经济框架的总基础

第一，要实行严格的耕地保护制度和农地征用制度。切实加强对农村土地开发利用的管理，严格征用程序，完善"市县审核、省级复核、社会监督"机制，严格划分公益性用地、行业性用地、经营性用地的界限，严格控制耕地转为其他农用地，补偿遵循市场化原则，探索多种补偿方式。

第二，要依法依规开展农村集体土地确权工作。土地确权是指土地所有权、土地使用权和他项权利的确认、确定。确定农村集体土地所有权主体遵循"主体平等"和"村民自治"的原则，按照乡镇、村和村民小组农民集体三类所有权主体，将农村集体土地所有权确认到每个具有所有权的农民集体。凡是村民小组（原生产队）土地权属界线存在的，土地应确认给村民小组农民集体所有，发证到村民小组农民集体；对于村民小组（原生产队）土地权属界线不存在、并得到绝大多数村民认可的，应本着尊重历史、承认现实的原则，对这部分土地承认现状，明确由村农民集体所有；属于乡镇农民集体所有的，土地所有权应依法确认给乡镇农民集体。

第三，要进一步完善土地流转的市场化机制。根据实际情况实行适宜的土地流转方式，充分保障农民的切身利益，特别是要详细普查由于常年在外打工而造成的闲置土地的底数，针对拥有其他就业途径的农民，积极引导其放弃耕地承包权，并进一步完善土地转让机制，明确相关的转让退出政策，为土地规模化和集约化经营奠定良好的基础，使闲置的土地得到充分的利用。加快推动农产品初加工和深加工产业的发展，以此有效解决土地流转后剩余劳动力问题。

第四，要建立健全城乡一体的土地用地规范。打破制约农村土地经济制度创新的城乡二元结构壁垒，推进城乡一体化建设，合理控制、规划城乡用

地，既有利于促进当前农村劳动力的有序转移最大化，又能使农村地区的第二产业和第三产业得到快速的发展推进，为农民提供更多的就业机会和稳定的收入。同时，进一步完善农村社会保障体系，建立农村最低生活保障、医疗保险和养老保险等制度，充分发挥家庭保障在当前农村居民生活中的重要作用，弱化土地的社会保障功能，从而更好地实现土地的有序、有效流转。

第五，要强化对农业生产的支持和扶助，有效提升农民经营土地获得的经济效益。提升农民经营土地获得的经济效益，无论是基于市场化的土地流转整合，还是提升农民保护耕地的积极性都具有十分重要的现实意义，这也是农民对于经营土地的需求本质。因此，要采取积极的措施，强化对农民经营行为的扶持，如加大科技培训、改良品种，促进产量的进一步提升；如加强高标准农田建设，加大对电力、水利等农田基础设施的建设，强化农业防灾减灾能力建设，保障农田地力的有效增长；如推进农田规模化、自动化耕种，节省更多的人力物力；如制定一定的政策优惠和倾斜，设立相应的奖励制度，进一步提高单位土地的经济收益，提高农民农作物收入。

二、农村土地经济的创新合理开发和利用

第一书记要认真学习中央一号文件，以一号文件要求作为推进农村土地经济的总指南，如《中共中央 国务院关于做好 2023 年全面推进乡村振兴重点工作的意见》（2023 年中央一号文件）第二十二条指出："深入开展新型农业经营主体提升行动，支持家庭农场组建农民合作社、合作社根据发展需要办企业，带动小农户合作经营、共同增收。实施农业社会化服务促进行动，大力发展代耕代种、代管代收、全程托管等社会化服务，鼓励区域性综合服务平台建设，促进农业节本增效、提质增效、营销增效。引导土地经营权有序流转，发展农业适度规模经营。总结地方'小田并大田'等经验，探索在

农民自愿前提下，结合农田建设、土地整治逐步解决细碎化问题。完善社会资本投资农业农村指引，加强资本下乡引入、使用、退出的全过程监管。健全社会资本通过流转取得土地经营权的资格审查、项目审核和风险防范制度，切实保障农民利益。坚持为农服务和政事分开、社企分开，持续深化供销合作社综合改革。"这为第一书记以农村土地资源提升农村经济提供了政策性参考。

第一书记不仅要充分认识到农村土地资源对发展农村经济的关键作用，更要在土地的开发利用上学习先进的思维和模式，最高效地利用土地，才能发挥土地的最大价值。当前针对农村土地的流传主要包括以下三种模式。

第一是耕地流转中介模式。村集体经济组织作为中介，先以委托流转合同的形式，将土地流转到集体，再由村集体经济组织流转到其他的市场主体中，集体经济组织的作用就是为农民节省交易成本，实现土地利益最大化，但这种模式对于集体经济组织来说，最终的收益是很低的。

第二是耕地股份模式。农民先将土地入股给村集体经济组织，双方可以通过土地实现股份化和资本化，集体在寻找市场主体进行助力，最后按股份进行分成，三方都可以得到相关的利益。但需要注意的是在这种模式下，集体经济组织要承担一定的风险，尤其是在发达地区，入股的价格呈不断提高的趋势。

第三是耕地共营模式。这种模式强调对土地进行共建共营，由相关合作社组织农民对土地进行入股，并有专门的负责人进行统一的经营和管理，农民一方面作为股东能够按比例得到分成，部分有技术、有能力的农民又可受雇于经营主体，进一步发挥其劳动价值。

第一书记要根据当地的实际情况，摸清底数，切实采取适合的措施，才能高效地利用好土地，使土地发挥出更大的经济价值。

【案例】第一书记积极推动土地流转，实现农民增收和集体经济增长

（一）

山东省济宁市积极引导第一书记将发展壮大村集体经济作为驻村工作的重要任务，充分发挥尖兵作用，靠在一线、带头实干，在各自的帮扶"责任田"里深耕细作，因地制宜探寻发展壮大村集体经济的多元化路径，结出了累累硕果。第一书记们推进土地流转，发展规模种植，盘活闲置资源，实现资产增值。鼓励集体土地经营权有序流转，小块变大块实现规模经营，提升土地种植效益，培植集体经济新的增长点，对村集体闲置资产进行全面清理，有效盘活，努力变废为宝、变弃为利，拓宽增加村集体经济收入的有效途径。小颜庙村驻村第一书记带领村民流转土地 30 亩，建设温室大棚 24 个，以培育地瓜苗为主，其他时间种植西瓜、土豆等，每年可有 6 万元大棚租赁收入。军城村第一书记利用帮包村土地资源和传统农作物种植优势，流转土地 30 亩，打造"优质稻米标准化生产试验示范基地"，共收获高标准绿色稻米 2 万余斤，增加村集体经济收入 16 万元。郑家村第一书记结合当地传统和经验，与村"两委"共同推动流转土地 200 亩，打造金丝皇菊种植基地，预计亩产可达 2000 斤以上，能够带动村集体增加收入 10 万元。于庄村第一书记帮助村"两委"充分利用多年闲置的 20 亩水塘，发展藕虾混养，将废弃资源利用起来，每年为村集体增收 1 万元。灵显庙村第一书记协调利用村集体闲置土地 11 亩，入股现代化观光鸵鸟养殖基地，村集体每年保底分红 3.3 万元。罗场村第一书记在深入调研、综合分析的基础上，与村"两委"成员多次商议，在镇党委政府的大力支持下，将 142 亩废弃坑塘进行平整复垦，由村集体统一进行经营管理，种植粮食作物，把废弃坑塘变成集体增收的"聚宝盆"，每年为村集体增加收入 7 万元以上。

（案例来源：深耕"责任田"拓宽发展路——济宁市第一书记助力村集体经济发展结硕果 http://jnswzzb.jiningdq.cn/art/2020/8/11/art_36271_2607461.html）

（二）

山东省济南市近镇村驻村第一书记，利用土地综合整治项目，将耕种成本高，投入产出低的沟坎地整理成为良田。开展农田水利、田间道路、农田防护林等工程，进行流转土地，2 年时间助推流转 5 万亩土地，破解增收难题，让村庄发生了翻天覆地的变化。巩家村驻村第一书记把村里土壤较好的 140 亩林地以每亩 1000 元的价格租赁给村民种植苗木，30 亩沙化严重的林地通过招商引资，建成了种猪繁育基地，每年可给村里带来 3 万元收益，再通过硬化生产路、建设水渠和改造升级供电设施等，推动承包经营，提高土地使用价值。土马店村第一书记，回收村内闲散土地 100 亩，结合坑塘改造和灌排体系建设，把几乎无收成的涝洼地变成"旱能浇、涝能排"的高标准农田，并对外承包，每年增收 4 万多元。

（案例来源：济南第一书记工作队：巧借东风地生金 https://sd.ifeng.com/news/mr/detail_2014_08/29/2847244_0.shtml）

（三）

山东省临沂市沂水县某村土地二轮承包时采取了"肥瘦搭配"的方式，每户承包地少的十几块，多的达到二三十块，土地"细碎化"，不利于耕种。第一书记驻村后，实行场地清理，进行土地流转改革。在农民土地承包权不变的基础上，全村土地按照统一价格先流转给村集体，农民通过"三选"选择种与不种，多种或少种。农民不种的土地，集体经营。正是这样的土地整合，吸引了合作社和种植大户，村民在获得土地流转收入的同时，还有了在家门口打工的机会。群众收入增加了，村集体经济增收了。

（案例来源：大众日报点赞沂水县第一书记工作：为山里带去了发展，让山里改变了模样 http://www.linyidj.gov.cn/getPartyPortalindexDetail.action?organCode=001&uuid=ff80808182fd85d301830c6fd9641377&recordType=）

第二节
农村合作经济

农村合作经济是农村中劳动群众自愿联合占有生产资料、联合经营、联合承担经济责任的一种经济形式。它的建立必须遵守自愿互利原则，接受国家计划指导，有一定的民主管理制度，实行按劳分配为主，体现了自愿、民主和互利的合作关系。其中最为主要的组织形式是供销合作社、信用合作社、生产合作社等农民专业合作社。

一、农村合作经济的本质和内涵

《中华人民共和国农民专业合作社法》第一章总则第二条对农民专业合作社进行了简要的定义，包括两个方面的内容：一方面，从概念上规定合作社的定义，即"农民专业合作社是在农村家庭承包经营基础上，同类农产品的生产经营者或者同类农业生产经营服务的提供者、利用者，自愿联合、民主管理的互助性经济组织"；另一方面，从服务对象上规定了合作社的定义，即"农民专业合作社以其成员为主要服务对象，提供农业生产资料的购买，农产品的销售、加工、运输、贮藏以及与农业生产经营有关的技术、信息等服务"。农民专业合作社在组织构成上，以农民作为经济主体，主要由进行同类农产品生产、销售等环节的公民、企业、事业单位联合而成，农民至少占成员总人数的百分之八十，从而构建了新的组织形式；在所有制结构上，合作社在不改变家庭承包经营的基础上，实现了劳动和资本的联合，从而形成了新的所有制结构；在收益分配上合作社对内部成员不以营利为目的，将利润返还给成员，从而形成了新的收益分配制度；在管理机制上合作社实行入社自愿，退社自由，民主选举，民主决策等原则，建构了新的经营管理体制。因此，农民专业合作社属自治组织性质，拥有自己的名称、组织机构和场所，拥有独立的财产和自主进行生产经营的能力，并能在一定的财产范围（除了土地所有权）独立承担民事责任，符合民事主体的资格条件，也具有民事权利能力和民事行为能力。

农民专业合作社作为一种独特的经济组织形式，其内部制度与公司型企业相比有着本质区别。股份公司制度的本质特征是建立在企业利润基础上的资本联合，目的是追求利润的最大化，"资本量"的多寡直接决定盈余分配情况。在合作社内部，起决定作用的不是成员在合作社中的"股金"，而是"交易"。合作社的主要功能是为社员提供交易上所需的服务。合作社与社员的交易不以营利为目的。合作社的盈余，除了一小部分留作公共积累外，大部分要根据社员与合作社发生的交易额的多少进行分配。实行按股分红与按交易额分红相结合，以按交易额分红为主，是合作社分配制度的基本特征。当然，合作社与其他经济主体的交易也是以营利为目的的。

中共中央办公厅、国务院办公厅印发的《关于加强和改进乡村治理的指导意见》指出："建立以基层党组织为领导、村民自治组织和村务监督组织为基础、集体经济组织和农民合作组织为纽带、其他经济社会组织为补充的村级组织体系"，明确了农民合作组织在村级组织体系中的地位。

二、发展农村合作经济的总体思路

在实际工作中，第一书记想要充分发挥农民专业合作社壮大农村产业、促进乡村振兴的动力源泉作用，首先必须以问题为导向，充分明晰当前农民专业合作社发展遇到的棘手难题，并有针对性地帮助协调和解决。如劳动力和人才流失严重，有一定文化水平的农民外出务工，农村大学生不愿意返乡等技术型、管理型人才匮乏的问题；如缺少品牌意识，难以突出自身的优势，宣传力度不够，营销渠道单一等品牌建设滞后的问题；如管理机制落后，组织化程度低、生产经营主体不能有效联结等无法在生产经营中发挥有效作用的问题；如利润分配不科学，风险防控不健全，内部监督机制不完善等挫伤社员积极性，影响合作社稳定的问题；如信用机制不完善，农业贷款难，资金短缺等农业生产经营面临困境的问题，以及其他影响和阻碍农民专业合作社的进一步发展的问题。

在明晰问题的基础上，第一书记要大力加强对农民专业合作社的宣传，引导农民充分认识农民专业合作社对社会主义新农村建设、乡村振兴和增加收入的重要作用，普及农民专业合作社基础理论知识，介绍好经验、好做法，并寻求有力的政策优惠支持。要遵循"一乡一业，一村一品"的思路，引导农民专业合作社强化品牌意识和可持续发展意识，帮助确定适合的经济项目，形成因地制宜、别具特色、绿色发展的现代农业产业链条，推动农村一二三产业的深度融合；依托龙头企业和新媒体电商平台为农产品"代言"，开展强强联合，帮助合作社提高品牌的影响力和竞争力，拓宽销售渠道，推进数字经济与农业的深度融合。要帮助农民专业合作社夯实人才基础，加强对专业技术人才的培养和引进，挖掘农业能手，吸引本村人才回流，充分利用好地区农业学校、农科院和各类农业教育资源积极协调搭建教育平台，广泛开展农业技术培训，以满足各项农业生产的技术需求。此外，第一书记要重点引导农民专业合作社进一步加强制度建设，以法律法规为基本准绳，明确合作社的法律责任，构建合理的市场准入机制和市场退出机制，为合作社规范管理水平的提升和高质量发展提供了坚实的法治保障；制定完善的监督制度，由第一书记和监督员定期对合作社财务状况、票据凭证等进行审核，定期公开财务报告，行使好监督权，保证合作社规范经营。要引导农民专业合作社建立"风险和利益"双重保障机制，约定好利润分配方案、风险承担办法，预留好专款专用的风险调控基金，确保社员得到应有的利润返还、投资者得到应有的股金分红和股息，以此充分调动社员和投资者的积极性，保障合作社的稳定运营。

【案例】积极探索农村合作社经济，蹚出一条强村富民的发展新路

（一）

吉林省白山市某村驻村第一书记与村党支部以"抓产业、促振兴"为发展思路，结合村情实际和乡村振兴发展前景，陆续注册成立了3个专业合作社，把村民组织起来抱团发展、强村富民，建立村集体经济利益共同体，实现"支部有作为、党员起作用、集体增收入、村民得实惠"目标，种植蓝莓、黄桃、葡萄等80余亩，带动12户脱贫户稳定增收。持续发挥乡村振兴的引领作用，加快产业发展、加强组织建设，不断巩固脱贫攻坚成果，不断壮大村集体经济，带领村民走出了一条强村富民的乡村振兴新路。

（案例来源：党支部领办合作社助力乡村振兴 http://cbs.jl.gov.cn/shjj/xczx/202207/t20220713_250486.html）

（二）

山东省淄博市沂源县多位第一书记发挥各自优势，帮助所在村成立支部

领办的合作社，增加农民收入、壮大村集体经济，蹚出了一条强村富民新路。舍庄二村第一书记，多方开辟脱贫路径、拓宽村集体增收渠道，成立沂源舍二佳年华果品合作社，栽植黄金桃13000余棵，当年就增加村集体收入3万元，并带动了有劳动能力的贫困户到合作社打工，巩固脱贫成果。北营村第一书记，借助自己在引种推广多年"养心菜"优势，与"两委"干部依托村党支部领办的农业专业合作社注册成立了"养心菜食品研发中心"，建起"养心菜科技示范基地"，并与合作社的社员一起研究、尝试，成功研制出了可口入味的"养心菜煎饼"，与合作社加工面条的商家合作，加工生产出"养心菜面条"，与茶厂合作，研究生产出养心菜茶叶等系列产品，持续实现经济收益，激发了社员和贫困户的种植热情，不仅解决了贫困户的吃菜问题，还让"养心菜"成了"致富菜"。下黄安村第一书记，依托党支部领办注册"黄安农业专业合作社"，疫情防控期间与村"两委"成员、合作社社员及返乡大学生、返乡青年，开动脑筋、另辟蹊径，积极参加市县组织部、扶贫办、大众网、《鲁中晨报》举办的疫情助农活动，共同建立电商销售平台，组织村民直播带货，把苹果销往全国20多个省，累计帮助本村及周边村销售苹果等农产品27万余斤，销售额70余万元。河东村第一书记，帮助村里成立了党支部领办的东日升果品专业合作社，通过线上线下销售苹果、桃、葡萄，大幅度提高了集体及果农收入。

（案例来源：沂源："第一书记＋合作社"蹚出强村富民新路 http://paper.zbnews.net/zbrb/pc/content/202009/23/content_4128.html）

（三）

望远村通信合作社由中国联通麻阳分公司与望远村集体经济组织联合成立，通过"村企合作，村民受益"的方式，着力开展数字乡村"宽带＋语音"融合业务合作，村民享受免费安装宽带、网络电视、监控以及超低资费套餐等数字化服务，同时，进一步盘活了村集体资产，增加村集体经济收入，从而达到自身"造血"功能。

（案例来源：兰村乡：成立通信合作社　发展壮大村集体经济 http://www.mayang.gov.cn/mayang/c105469/202301/45e89ee881ae4a84ae09075e6cbedc7f.shtml）

第三节
乡村治理

乡村治理是国家治理体系的重要组成部分，是治理体系中最基本的治理单元。乡村治理的"基石"位置，决定了乡村治理对于整个国家治理的基础性作用。可以说，没有乡村治理的现代化，就没有国家治理体系和治理能力的现代化。同样，乡村振兴也离不开乡村治理，治理有效更是乡村振兴的重要内容。乡村治理效果不好，何谈乡村振兴呢？

一、党和国家对乡村治理的决策部署

2019 年 6 月，中共中央办公厅、国务院办公厅印发《关于加强和改进乡村治理的指导意见》，并发出通知，要求各地区各部门结合实际认真贯彻落实。《意见》明确，到 2020 年，现代乡村治理的制度框架和政策体系基本形成，农村基层党组织更好发挥战斗堡垒作用，以党组织为领导的农村基层组织建设明显加强，村民自治实践进一步深化，村级议事协商制度进一步健全，乡村治理体系进一步完善。到 2035 年，乡村公共服务、公共管理、公共安全保障水平显著提高，党组织领导的自治、法治、德治相结合的乡村治理体系更加完善，乡村社会治理有效、充满活力、和谐有序，乡村治理体系和治理能力基本实现现代化。为此，《意见》提出了 17 项主要任务：1. 完善村党组织领导乡村治理的体制机制。2. 发挥党员在乡村治理中的先锋模范作用。3. 规范村级组织工作事务。4. 增强村民自治组织能力。5. 丰富村民议事协商形式。6. 全面实施村级事务阳光工程。7. 积极培育和践行社会主义核心价值观。8. 实施乡风文明培育行动。9. 发挥道德模范引领作用。10. 加强农村文化引领。11. 推进法治乡村建设。12. 加强平安乡村建设。13. 健全乡村矛盾纠纷调处化解机制。14. 加大基层小微权力腐败惩治力度。15. 加强农村法律服务供给。16. 支持多方主体参与乡村治理。17. 提升乡镇和村为农服务能力。

2023 年 2 月 13 日，《中共中央 国务院关于做好 2023 年全面推进乡村振兴重点工作的意见》（2023 年中央一号文件）公布，文件围绕全面推进乡村振兴和建设农业强国，以问题为导向，提出"三农"工作九大任务，其中健全党组织领导的乡村治理体系是重点任务之一，并提出了要点如下：1. 强化县级党委抓乡促村责任。2. 全面培训提高乡镇、村班子领导乡村振兴能力。3. 派强用好驻村第一书记和工作队，强化派出单位联村帮扶。4. 开展乡村振兴领域腐败和作风问题整治。5. 对农村党员分期分批开展集中培训。6. 全面落实县级领导班子成员包乡走村、乡镇领导班子成员包村联户、村干部经常入户走访制度。7. 推进农村扫黑除恶常态化。8. 开展打击整治农村赌博违法犯罪专项行动。9. 完善推广积分制、清单制、数字化、接诉即办等务实管用的治理方式。10. 支持乡村自办群众性文化活动。11. 注重家庭家教家风建设。12. 加强重要农业文化遗产保护利用。13. 办好中国农民丰收节。14. 扎实开展高价彩礼、大操大办等重点领域突出问题专项治理。15. 推进农村丧葬习俗改革。

当前，乡村振兴的大幕已然开启，党中央、国务院对乡村治理也作出了一系列重大决策部署，各地也加强了对乡村治理体系建设的重视，积极探索有效的方法举措，并取得了一定的成效，抓好乡村治理进而加快乡村振兴的条件和时机已经成熟。与此同时，乡村整体环境的变化也对新时代乡村治理提出了新要求。当前，农村生产经营方式持续由传统粗放型加快向现代集约型转变；农民群众的利益诉求由相对单一加快向多样化转变；农民群体由传统种养型向现代职业农民型转变；受互联网、微信等新兴媒体影响，乡村社会正由传统管理型社会加快向现代治理型社会转变。工业化城镇化促使大量农村人口加快向城镇转移，农村的社会结构、人口结构及其规模都发生了重大变化，村庄空心化、农户空巢化、农民老龄化趋势加剧，新情况新问题新矛盾不断显现。事实证明，加强和改进乡村治理，已经到了箭在弦上、不得不发的时候。

二、第一书记对乡村治理的探索

在乡村治理工作中，第一书记必须坚持以党建引领乡村治理，充分发挥农村基层党组织在乡村治理中的领导核心和主心骨作用，将党的坚强领导作为乡村治理的根本优势，引导村"两委"选好配强坚实的干部领导集体，发挥党员干部"领头雁"作用，进一步增强农村基层党组织的战斗堡垒作用，带领村民坚定跟随党的领导，走上共同发展、共同富裕的光明道路。第一书记必须坚持以人民为中心推动乡村治理，引领村"两委"关心关注广大农民的思想和诉求，努力解决广大农民最为关切的现实利益问题，充分发挥村民自治在乡村治理过程中的独特功能，做到民事民管、民事民办，尊重农民意愿，坚持农民主体地位，充分调动农民的主人翁情感，乡村治理依靠农民，治理成果由农民共享，治理成效由农民评判。第一书记必须坚持以加强农村法治建设，提升乡村治理水平，严厉打击和重点排查违法犯罪行为和涉黑涉恶问题，推进平安乡村建设，引导村民知法懂法、尊法守法，以法律法规和村规民约约定村民日常行为，为村民提供优质高效的法律服务，为实现乡村振兴提供和谐稳定的治安环境。第一书记必须坚持以现代精神文明理念推进乡村治理，以社会主义核心价值观为引领，进一步推动农民社会公德、职业道德、家庭美德和个人品德的积淀，通过形式多样的教育宣传活动引导农民群众明礼知耻、崇德向善，加强农村红白理事会建设，持续推进农村移风易俗。

自治为基、法治为本、德治为先，第一书记要积极探索"三治"结合的有效形式，补齐短板，营造乡村政治、经济、人文、生态共建共治共享的社会治理新格局。

【案例】完善乡村治理体系，激活乡村振兴内生动力

（一）

山东省气象局省派第五轮第一书记工作队宁某、赵某聚焦队伍建设、网格管理、品牌建设，努力开创基层党建、村庄治理与乡村振兴有效融合的新局面。聚焦队伍建设，锻造基层治理"排头兵"。严格党员队伍教育管理，开展形式多样的党员学习教育活动，利用网络平台开办"云党课""微课堂"，围绕"七个一"开展专题活动，即听一堂党史专题党课、开展一次党史宣传讲解、组织一次党内法规宣传、谈一次党员心得体会、参观一次党史主题展览、参加一次文明实践活动、做好一批便民服务实事，推动党史学习教育深入群众、深入基层、深入人心。聚焦网格管理，筑牢基层治理"一张网"。落实"大数据＋网格化"措施，做好排查协查、信息登记、健康监测等工作，

织密织牢基层治理网络体系，注重倾听群众心声，广泛征求意见和建议，摸排梳理重难点问题，做到一村一策，将风险隐患排查化解在前。聚焦品牌建设，凝聚基层治理"一条心"。抓好"以初心换民心，用党风带民风"党建品牌建设，带动志愿者、乡贤、创业能人等共同参与乡村治理，发动社会企业及单位开展助困帮扶活动，关心关注五保户、低保户、留守儿童及老年人日常生活，加强村居环境提升和两村村委基础设施建设。聚焦主责主业，激活基层治理"一盘棋"。协助村"两委"科学布局村庄的生产、生活、生态空间，构建人口与资源环境承载能力相均衡、经济社会发展与生态环境改善相统一的格局。聚焦村产村业，盘活直播产销"一条龙"。以党支部领办合作社，"党支部＋合作社＋农户"三方合作的模式，激活乡村振兴的内生动力，构建形成农产品"线上＋线下"立体销售模式，以电商新业态激发乡村振兴"网动力"。

（案例来源：聚焦基层治理　助力乡村振兴 http://dzrb.dzng.com/article Content/3665_999991.html）

（二）

重庆市垫江县某村第一书记，大力加强乡村治理，积极探索"五治"融合发展模式，成立了"红星"志愿者应急救援队，"红星"志愿者治安队、纠纷调解志愿服务队等团队，为群众生命财产安全和乡村和谐稳定保驾护航；办起了"红星"土板凳大讲堂，宣讲法律知识和法治故事，宣讲身边的好人好事和抗日烈士的抗战精神，宣传社会正能量；建设垫江县第一个乡村法治文化主题公园，利用"云＋"服务模式进行全方位、立体式、多层次和多元化的法律服务等；建成"平安乡村"村级监控平台，在村里各主要路口、柑橘林等处，安装进行远程监控，防范治安事件的发生；建立了"红星"文艺宣传队，开展"大美农光"文艺采风活动，创办《大美农光》刊物，设立

"农光要闻""农光名片"等栏目，全方位、立体宣传农光村乡村振兴工作。坚持巩固拓展脱贫攻坚成果同乡村振兴的有效衔接，紧紧抓住村集体经济组织产业振兴，利用"村集体经济组织＋公司＋致富带头人"模式，进一步增强了村集体经济组织的实力，发展高标准农田，扩建"致富路""产业路""生产路"人居环境和村民收入得到显著提升。

（案例来源："红星"创新乡村治理 https://www.cqfzb.net/fzbrmt/36697.html）

（三）

湖北省恩施土家族苗族自治州坚持问题导向、效果导向，以驻村"尖刀班"为乡村治理抓手，充分发挥村党组织引领带动作用，整合村级组织、农民群众、社会服务等各方力量，强化"三方联动""三治融合""三力齐发"的"3个三"模式，从治理主体、治理方式、治理对象上破题，探索乡村治理新做法，针对性破解乡村治理难点堵点问题，有效提升乡村治理能力。坚持"三方联动"，建强基层组织体系，以"众人拾柴火焰高"的团结精神，把驻村干部和村干部拧成一股绳，打造出强有力的一线执行团队，从责任上、机制上打通工作落实的"最后一公里"，坚持"一"个引领，落实"四"级责任，吸引"N"方参与，形成"1+4+N""三方联动"纵向到底的治理体系。坚持"三治融合"，以群众需求为目标，坚持农民主体地位，以"自治"为基，以"德治"为先，以"法治"为本，推进"自治＋法治＋德治"融合，强化驻村"尖刀班"作用，发挥乡村治理"乘数效应"，推进多元治理模式。坚持"三力齐发"，始终强化驻村"尖刀班"队伍保障，从后勤保障、能力提升、资金投入上"三力齐发"，强化乡村治理队伍建设，不断夯实乡村治理保障水平。

（案例来源：湖北省恩施州：驻村"尖刀班"联动发力 激活乡村治理新

动能 https://nrra.gov.cn/2023/01/04/ARTIbV0SobDOA9J4VIfpRtca230104.shtml）

第四节
农村发展与建设

社会主义现代化建设中乡村建设摆在了重要的位置，要优化生产生活生态空间，持续改善村容村貌和人居环境，建设美丽宜居乡村。

一、强化乡村建设的规划引领

统筹县域城镇和村庄规划建设，通盘考虑土地利用、产业发展、居民点建设、人居环境整治、生态保护、防灾减灾和历史文化传承。科学编制县域村庄布局规划，因地制宜、分类推进村庄建设，规范开展全域土地综合整治，保护传统村落、民族村寨和乡村风貌，严禁随意撤并村庄搞大社区、违背农民意愿大拆大建。优化布局乡村生活空间，严格保护农业生产空间和乡村生态空间，科学划定养殖业适养、限养、禁养区域。鼓励有条件地区编制实用性村庄规划。

二、提升乡村基础设施和公共服务水平

以县域为基本单元推进城乡融合发展，强化县城综合服务能力和乡镇服务农民功能。健全城乡基础设施统一规划、统一建设、统一管护机制，推动市政公用设施向郊区乡村和规模较大中心镇延伸，完善乡村水、电、路、气、邮政通信、广播电视、物流等基础设施，提升农房建设质量。推进城乡

基本公共服务标准统一、制度并轨，增加农村教育、医疗、养老、文化等服务供给，推进县域内教师医生交流轮岗，鼓励社会力量兴办农村公益事业。提高农民科技文化素质，推动乡村人才振兴。

三、改善农村人居环境

开展农村人居环境整治提升行动，稳步解决"垃圾围村"和乡村黑臭水体等突出环境问题。推进农村生活垃圾就地分类和资源化利用，以乡镇政府驻地和中心村为重点梯次推进农村生活污水治理。支持因地制宜推进农村厕所革命。推进农村水系综合整治。深入开展村庄清洁和绿化行动，实现村庄公共空间及庭院房屋、村庄周边干净整洁。

现代农业农村建设工程提出了八项重点任务[①]。

1.高标准农田：新建高标准农田2.75亿亩，其中新增高效节水灌溉面积0.6亿亩。实施东北地区1.4亿亩黑土地保护性耕作。

2.现代种业：建设国家农作物种质资源长期库、种质资源中期库圃，提升海南、甘肃、四川等国家级育制种基地水平，建设黑龙江大豆等区域性育制种基地。新建、改扩建国家畜禽和水产品种质资源库、保种场（区）、基因库，推进国家级畜禽核心育种场建设。

3.农业机械化：创建300个农作物生产全程机械化示范县，建设300个设施农业和规模养殖全程机械化示范县，推进农机深松整地和丘陵山区农田宜机化改造。

4.动物防疫和农作物病虫害防治：提升动物疫病国家参考实验室和病原

---

① 摘选自《中华人民共和国国民经济和社会发展第十四个五年规划和二〇三五年远景目标纲要》第二十四章"实施乡村建设行动"。

学监测区域中心设施条件，改善牧区动物防疫专用设施和基层动物疫苗冷藏设施，建设动物防疫指定通道和病死动物无害化处理场。分级建设农作物病虫疫情监测中心和病虫害应急防治中心、农药风险监控中心。建设林草病虫害防治中心。

5. 农业面源污染治理：在长江、黄河等重点流域环境敏感区建设 200 个农业面源污染综合治理示范县，继续推进畜禽养殖粪污资源化利用，在水产养殖主产区推进养殖尾水治理。

6. 农产品冷链物流设施：建设 30 个全国性和 70 个区域性农产品骨干冷链物流基地，提升田头市场仓储保鲜设施，改造畜禽定点屠宰加工厂冷链储藏和运输设施。

7. 乡村基础设施：因地制宜推动自然村通硬化路，加强村组连通和村内道路建设，推进农村水源保护和供水保障工程建设，升级改造农村电网，提升农村宽带网络水平，强化运行管护。

8. 农村人居环境整治提升：有序推进经济欠发达地区以及高海拔、寒冷、缺水地区的农村改厕。支持 600 个县整县推进人居环境整治，建设农村生活垃圾和污水处理设施。

《"十四五"规划纲要》为新时代现代化农村的发展与建设提供了纲领性指南，也为第一书记在实际中的驻村工作指明方向。第一书记要切实巩固党在农村执政基础，引导农村基层党组织进一步加强战斗堡垒作用，持续在党组织的领导下不断健全自治、法治、德治相结合的乡村治理体系，进一步提高村"两委"干部的政治素养、服务意识、工作水平，以党建统领乡村发展建设的全局。要协助村"两委"建设切实有效的乡村综合服务体系，围绕农民迫切需要解决的生活、生产问题提供有效的帮助，打造符合乡村实际的致富项目，规划合理的发展路线，推进网格化管理新模式，丰富农民业务文化生活，加强技术培训、法律咨询、电子商务、快递物流等综合服务的建设不断增强农村群众的幸福感和获得感。要引导村"两委"大力提升乡村精神文明建设，深入践行社会主义核心价值观，传承弘扬中华优秀传统文化，强化村规民约、红白理事会的管理功能，充分发挥农家书屋、乡村大舞台的引导作用，注重文明乡风、良好家风、淳朴民风广泛培育，形成移风易俗、邻里守望的和谐融洽新局面。要帮助村"两委"扎实推进基础设施建设和人居环境的改善，寻求多方政策和资助持续推进道路、水电等基础公共服务设施建设，持续推进乡村绿化、美化、亮化工程，持续推进垃圾分类、厕所革命，营造设施完善、干净整洁、人杰地灵的宜居生活环境。

【案例】扎实推进现代农业农村建设，夯实乡村振兴发展基础

（一）

古劳镇新星村驻村第一书记以党建引领践行"践初心、强服务、促振兴、暖民心"四步走，建强基层组织堡垒，谱写了乡村发展新篇章。一是致力新星村党建阵地建设，打造新星红色宣传品牌，传承新星红色历史，将原广东省常务副省长杨德元同志于1947年任中共鹤山县特派员时在新星村从事革命斗争的经典事迹，融入古劳水乡推广打造新星红色水乡旅游路线，建设杨德元革命事迹展览馆，还原鹤山市党组织的发展经历以及鹤山群众支持人民武装斗争、解放鹤山的革命历史，使得新星村党建传播力、影响力全面提升。二是带领村"两委"干部深入学习党章党规，学史明理；重温初心使命；培训村"两委"干部规范做好村集体三资管理、文件研读、公文文本、材料归档和迎检考核等工作；将"清单思维"运用到村委会工作，将"法治精神"融入村规民约，将"风险意识"运用到各项工作中，全面提升村"两委"干部为民服务意识、为民服务能力、为民服务质量，当好村发展致富的"主心

骨"和服务群众的贴心人。三是以调整传统发展思维、融入水乡建设为切入点，细化发展规划，引入借助市镇规划实施减少投入、降低成本，搭便车走快车道的理念，以提升养殖技术、搭建供需平台、河道清淤增效、鱼塘低产改造系列为举措，引导新星村水产养殖业发挥更大优势，挖掘村集体资产潜力增加更大效益。四是深入推进民生建设工程，就村民最为关切的就医问题筹集资金、选址谋划，将新星村卫生站进行升级改造，进一步提升乡村医疗服务建设。

（案例来源：党建引领"四步走"，谱写村级发展新篇章 http://www.heshan.gov.cn/jmhswjj/gkmlpt/content/2/2448/post_2448665.html#2511）

（二）

临洮县站滩乡庙背村第一书记，始终坚持把政治建设放在首位，把"抓党建、促振兴"作为一切工作的基础，提升村党员干部的政治觉悟、综合素质和工作能力，充分激发村党支部的政治功能和战斗堡垒作用。强调"乡村振兴，产业先行"理念，以"书记党建项目"为抓手，按照"一块土地、一个产业、一个品牌、一个党委"的发展思路，针对庙背村马铃薯产业大而不强的问题，确定马铃薯产业提"质"升级的发展目标，按照"支部＋合作社＋基地＋农户"的新发展模式，把党员中心户作为重点，把五千亩高标准农田建设作为发展马铃薯产业的基础工作，结合撂荒地整治工作，引导群众主动复垦种植马铃薯，并成功打造站滩乡电商直播标杆店铺。筑牢基层治理"微堡垒"，积极推行"党建引领、党员入格、一网兜底"的治理模式，将全村 40 名党员编入 20 个网格中，不断延伸党建触角，依靠网格员采取周密精准管用的管理措施，同时在防溺水、防返贫监测、矛盾纠纷调处化解等工作中，积极发挥作用，有效保证了全村的安全稳定，增强了群众的幸福感和获得感。积极整合党员、巾帼志愿服务队、青年志愿服务者等力量，以村党支部为龙头，定期开展关爱特殊困难群体志愿服务活动、人居环境综合整治志愿服务活动及义诊等活动，有效拓展服务村民群众和创新基层治理的途径。

（案例来源：第一书记在乡村振兴路上传"雁声" 乡村发展有"良方" https://www.163.com/dy/article/HEVGOGLN0514S6S5.html）

（三）

阳信县四合新村第一书记，积极帮助四合村理路子、建机制、强班子、促发展。通过"党日活动""党课""双联共建""我为群众办实事"等活动，借力阳信县打造铸牢中华民族共同体意识试点县契机，与民族团结进步示范村（居）共联共建，探索适合本村实际的民族团结进步示范单位创建模式，促进各民族共同团结进步，共同繁荣发展。在广泛了解帮包村实际情况及产业发展现状基础上，广泛调研产业项目，了解网络销售、电商平台等新模式，立足阳信县产梨特色，深入挖掘梨产业历史文化背景，研究产业链发展及规划情况，重新研究制定了《四合新村发展规划》，提出"依托梨产业，发挥合作社作用，壮大集体经济，带动产业发展"的发展模式，准确定位、广泛宣传、开拓思路、创新发展，以村党支部领办合作社果树种植专业为依托，实现长臂管辖，力求将产品向全省及全国推广，转变了村民思想，更新了经营理念，拓宽了销售渠道，拉长了产业链，促进了产业升级，为村民致富、村集体增收提供了有效渠道。加强科技与村传统产业相融合，研究引进适合村里发展的集体经济项目，发展生态农业、绿色旅游，不断增强村集体"造血"功能。

（案例来源：走好共同富裕路，铸就乡村振兴梦 https://www.sohu.com/a/519987688_121123720）

第五节
农村管理体制机制改革

2021 年 4 月，农业农村部在安徽小岗村召开全国农村集体产权制度改革工作推进会暨农业农村政策与改革工作会议。会议指出，"三农"工作重心已历史性地转向全面推进乡村振兴，务必用好农村改革这个法宝，清除制约农村社会生产力发展的体制机制障碍。务必坚持把处理好农民与土地的关系作为新发展阶段深化农村改革的主线，在坚持农村土地集体所有、家庭经营基础性地位、现有土地承包关系三者不动不变的基础上，通过两个"三权分置"改革和社会化服务体系等建设，探索土地经营权流转和农业经营方式的多样多变。务必始终坚持农村改革的正确方向，多算政治账、长远账，坚守农村改革底线，处理好改革、发展、稳定的关系。务必始终保持历史耐心，把握好时度效，战略上积极进取，战术上稳扎稳打，确保农村改革扎实推进、行稳致远。

会议强调，要积极稳妥推进新一轮农村改革，不断创新乡村振兴体制机制。着眼于农业现代化，加快构建小农户和现代农业有机衔接体制机制，提高新型经营主体联农带农能力，推动农业社会化服务扩大覆盖范围、提升服务质量，加强对小农户发展的政策支持。着眼于农村现代化，加快构建县域内城乡融合发展体制机制，建立健全县乡村一体规划机制、公共基础设施一体化建设管护机制和基本公共服务一体化供给机制。着眼于农业农村优先发展，加快构建乡村振兴要素投入保障机制，引导各类人才支持、服务乡村，保障乡村振兴合理用地需求，拓展乡村振兴资金渠道。着眼于激发农村内生活力，加快构建现代农村产权制度，把握好确权、赋权、活权关键环节，进一步明晰各类资产的产权归属，丰富产权权能，促进要素市场化配置，更好盘活农村各类资源资产。着眼于加强党对农村工作的领导，加快构建乡村振兴工作推进机制，建立健全党委农办、农业农村部门、乡村振兴部门协同高效的运行机制，完善健全乡村振兴责任体系，探索建立常态化督查检查机制，把党对"三农"工作的领导落到实处。

目前农村发展不充分主要受土地要素单项外流、人力资源单向流出、资金单向流出的影响，存在城乡二元壁垒，现存劳动力数量逐年递减，乡镇企业发展动力不足，基础设施、公共服务建设投入不足，农民多元化利益需求，以及传统管理方式弱化、僵化等问题。因此，农村管理体制机制改革，能够为推进农村政治、经济、社会建设提供良好的制度基础，全面提高农村治理制度化、科学化，摆脱行政化、碎片化的误区，进一步提高新时代社会主义新农村建设水平，发挥市场在资源配置中的作用，促进乡村和谐稳定，维护好农民切身利益提供根本性保证。

因而，第一书记要协助乡村进一步做好基层组织建设，做好乡镇政府行政管理与农村自我管理的有效衔接和沟通桥梁，配合乡镇政府在一定的行政管理范围内做好"放管服"工作，指导村"两委"从管制理念向服务理念转变，切实完善村民自治制度，充分发扬基层民主，依法发挥村民自治组织职能作用，充分发挥"双带头人"的引领功能，这也是新时代进一步完善乡村治理体系建设的现实要求。第一书记要切实坚持农村管理体制机制改革要以人民为主体，坚持人民主体地位，注重村民意见表达和监督的作用，建立健全村民利益诉求和意见建议的收集机制，畅通沟通渠道，扩大农民参与决策的范围，指导村"两委"在新形势下构建共治共管、共建共享的新格局。要帮助村"两委"提高"善治"的能力和水平，完善新时期农村"善治"的组织架构，理清乡镇党委、乡镇政府与村基层党组织、村委会的相互关系，厘清村基层党组织，集体经济组织、村民自治组织以及其他农村社会组织在乡村治理中的关系，建立起以党的领导为核心，各组织之间职责清晰、任务明确、相互促进、相互协同的工作架构，加强对农村社会组织的扶持和监管，切实发挥各个组织在乡村治理中的关键作用。要进一步坚持和完善村民自治的配套制度，健全村民议事、民主决策、村务监督、财务监督、应急处理等制度和程序，推进法律顾问、网格化管理等创新工作方式，进一步提高乡村民主管理水平。寻求多种渠道帮助农村建立新型的、多样化的公共服务供给体制，争取政府部门的建设投入，争取民间资本的参与，让更多的资金、人力、物力参与进来，为村民提供更多更优质的公共服务。挖掘农业科技人才，完善农业人才的培养方式，完善科技创新的奖励机制，切实发挥农民科技创造力，充分发挥农业大户的"传帮带"作用。注重强调"法治""德治"的关键作用，突出法治保障和法治约束，推进移风易俗。此外，第一书记还要以农村要素市场化配置为重点，激活农村经济要素，激活农村经济市场，激活农村经济主体，促进城乡要素平等交换，将外部资金引到农村，充分盘活农村的资源，激发农村经济活力。

【案例】以农村管理体制机制改革，稳步提高乡村振兴发展效能

（一）

2022 年 6 月 26 日，镇平县遮山镇举行管理体制改革揭牌仪式，遮山镇"八办二中心、一站一大队"机构改革新设置党政综合办公室、党建工作办公室、经济发展办公室、乡村建设办公室、公共服务办公室、综合行政执法大队、行政审批服务中心等 12 个机构。当前，镇平县遮山镇、石佛寺镇等全县

19 个乡镇已全部完成乡镇管理体制机制改革内设机构的挂牌工作。

（案例来源：镇平：率先完成乡镇管理体制机制改革挂牌工作 http:// www.zhenping.gov.cn/newportal/yxzx/jrzp/webinfo/2022/06/1655984907398423. htm）

（二）

广东省惠州市农业农村局主动作为，坚守初心、勇担使命，着眼新时代"三农"工作重点任务，以实施乡村振兴战略为抓手，以农民群众的利益为落脚点，以全域推进人居环境整治为突破口，坚持问题导向，结合主题教育开展专项整治，立行立改，攻坚克难解决乡村振兴的突出问题。一是强化要素保障和产业引导，发展壮大农村产业。二是狠抓创新建立省定贫困村创建示范村工作机制，改革农村建设项目管理体制，改革农村宅基地和农房建设管理三项改革，破除体制机制障碍。三是实施"厕所革命"和"垃圾治理"两项行动，全面开展人居环境整治。四是推进"头雁工程"，提高乡村基层组织水平，形成担当作为、扎根基层的鲜明导向。通过一系列整改落实，村民主体作用有效激发，农民从传统的"等靠要"和被动参与乡村振兴转变为积极了解国家政策法规，主动投身乡村振兴各项事业；农业产业亮点纷呈，农民增收渠道进一步拓宽；村风民俗明显好转，形成了有新房有新村、有新村有新貌的良好导向；农村社会事业不断进步，乡村基础设施和公共服务明显提升。

（案例来源：守初心担使命 全力推进乡村振兴综合改革 http://www. huizhou.gov.cn/zwgk/snxx/content/post_2095974.html）

（三）

浙江省宁波市鄞州区以"首届天南海北鄞州人发展大会"为契机，成立发展顾问团，聚焦党建引领打造乡村全域治理标杆区目标，主动对接第一书记 2.0 平台，探索启动乡贤"领头雁"工程。通过顾问团成员任职第一书记的方式，直面问题、扎根一线，开展基层治理现代化和乡村振兴实践，将新乡贤优势直接接入基层治理"最前沿"，破解新乡贤参事等治理方式存在的位置超脱、缺少着力点等问题，补齐基层治理涉及面广、村"两委"班子成员构成相对单一、传统的思维方式难以适应新战略的短板，以第一书记身份显著增强乡贤责任感，并以此为着力点，把广大乡贤更紧密地凝聚在党的周围，真正让乡村振兴领域的"精兵强将"到村社一线"精耕细作"，赋予新乡贤更大平台，实现突破式助力发展。通过"领头雁"工程，任职新乡贤严格对照鄞州第一书记工作要求，带领团队不折不扣开展村内党员、村民代表及重点对象户走访，并立足专业优势，挖掘村内及周边自然历史文化资源，科学设计内容，清晰发展蓝图，同步开展乡村优质资源、政策落地效果、村民发展意愿"三调查"，为基层治理能力提升提供数据支撑，扭住"农业综合体"这一发展模式，重点转化"老祖宗经济"（乡村文旅底蕴）和"老天爷经济"（自然农创禀赋）两大领域，合力突破"技术关、市场关、效益关"三大难题，最终实现"发达、美丽、微笑、安心"四大图景。

（案例来源：鄞州：乡贤"领头雁"工程——乡贤担任村社第一书记助力基层治理现代化 https://www.thepaper.cn/newsDetail_forward_7889957）

第六节
数字乡村

数字乡村是伴随网络化、信息化和数字化在农业农村经济社会发展中的应用，以及农民现代信息技能的提高而内生的农业农村现代化发展和转型进程，既是乡村振兴的战略方向，也是建设数字中国的重要内容。

一、弥合城乡数字鸿沟

2018 年 1 月 2 日，《中共中央 国务院关于实施乡村振兴战略的意见》（2018 年中央一号文件）明确提出，要实施数字乡村战略，做好整体规划设计，加快农村地区宽带网络和第四代移动通信网络覆盖步伐，开发适应"三农"特点的信息技术、产品、应用和服务，推动远程医疗、远程教育等应用普及，弥合城乡数字鸿沟。

2019 年 5 月，中共中央办公厅、国务院办公厅印发了《数字乡村发展战略纲要》。其战略目标为：到 2025 年，数字乡村建设取得重要进展。乡村 4G 深化普及、5G 创新应用，城乡"数字鸿沟"明显缩小。初步建成一批兼具创业孵化、技术创新、技能培训等功能于一体的新农民新技术创业创新中心，培育形成一批叫得响、质量优、特色显的农村电商产品品牌，基本形成乡村智慧物流配送体系。乡村网络文化繁荣发展，乡村数字治理体系日趋完善。到 2035 年，数字乡村建设取得长足进展。城乡"数字鸿沟"大幅缩小，农民数字化素养显著提升。农业农村现代化基本实现，城乡基本公共服务均等化基本实现，乡村治理体系和治理能力现代化基本实现，生态宜居的美丽乡村基本实现。到 21 世纪中叶，全面建成数字乡村，助力乡村全面振兴，全面实现农业强、农村美、农民富。

二、以数字化为开启乡村振兴新模式赋能

数字乡村建设是落实乡村振兴战略的具体行动，也是推动农业农村现代化的有力抓手。2022 年底，中央网信办、农业农村部联合启动了对 2021 年 7 月《数字乡村建设指南 1.0》的修订工作，并广泛征求修改意见和建议。《数

字乡村建设指南 2.0》将围绕信息基础设施、农业全产业链数字化、乡村建设治理数字化、乡村公共服务数字化、乡村数字文化、智慧绿色乡村等方面，进一步完善内容、丰富案例，更好地指导各地建设数字乡村。这也为第一书记如何充分发挥乡村数字化建设的重要作用，以数字化为开启乡村振兴新模式赋能提供了重要而可靠的参考依据和行动指南。

第一是协助做好乡村信息基础设施的完善工作，夯实数字乡村的发展根基。虽然今年来国家逐步加大了农村地区电信光纤、基站等信息基础设施的建设力度，但与城市相比仍存在较大的差距，尤其是在偏远地区优质基础信息网络的建设仍很单薄，需要第一书记明晰所驻村现有信息基础设施的短板，针对现有设施情况充分发挥自身优势，充分争取相关政策，充分协调各方参与到农村基层网络设施建设中来，将乡村信息基础设施建设作为巩固脱贫攻坚成果、改善农村民生的重要内容之一。

第二是积极推动农业农村产业链数字化发展。充分利用移动社交、农村电商等网络平台，结合大数据信息的应用，加强农业农村数字化转型，让现代化技术和农村各领域各环节能够深度融合，推动农村生产的智能化，经营的网络化，推动农产品的多样化衍生，进一步提高农业生产的产出率和获利率。

第三是积极推动乡村治理数字化的场景应用。充分发挥数字应用方便快捷、互动性强、存储量大等优势，与乡村治理体系相结合，与农村公共服务相结合，与乡村文化展示相结合，打破空间、时间上的壁垒，在发展集体经济、民主监督、服务管理、资源共享、移风易俗等方面发挥积极作用，这也应是数字乡村发展需要重点探索的建设内容。

第四是以数字化智慧推动乡村绿色生态发展。积极推动现代农业设施和农业物联网的应用，以信息技术对农村生态环境进行全程实时监测，推广农业绿色生产方式，提升乡村生态保护信息化水平，倡导乡村绿色生活方式。

【案例】智慧"数字乡村"引领乡村创新发展

（一）

2022 年，南部山区高而办事处核桃园村着力打造成乡村振兴齐鲁样板村，小山村发生了大变化。同时，由帮扶单位济南联通公司倾力打造的数字乡村样板村也初显成效，数字化应用点亮了这个"小山村"。济南联通公司投资 30 多万元，在核桃园村先后新建联通 5G 基站 2 个，不但解决了自然村小核桃园村没有网络信号问题，也建成了南部山区第一个 5G 网络全覆盖村。为村民提供高速上网的同时，也为后期村里 5G 信息化应用奠定了基础。驻村第一书记牵头建立村级数字乡村手机平台，通过平台政策、信息及时发布，干部、村民及时沟通，矛盾、纠纷及时解决，"三会一课"、主题党日活动、党员量化积分管理及时公示，新上的"数字大屏"云平台，上接下连，集中展示，实现了数字管村。最高处兴建的高清全景监控摄像系统，整个村包括山体全部覆盖，远防火近看家，实现了全村重点安防区域无死角监控，并在村委办公场所，产业厂房，红色基地等重要场所安装智慧烟感，实时监控用火安全，实现了平安护村。数字室外大屏，进一步加强了党的各项为民政策的宣传和疫情防控、森林防火、夏季防汛等信息的发布，也丰富了村民的文化生活，"码上游"线上宣传，也形成了一道亮丽的新风景，实现了文化兴村。投资壮大核桃产业，在新建核桃加工厂房安装数字监控和智慧烟感，为产业发展保驾护航，实现了产业强村。

（案例来源：数字乡村建设让"小山村"大变样 http://jnns.jinan.gov.cn/art/2022/12/12/art_20396_4774900.html）

（二）

桂林市毛村第一书记黄某，依托后盾单位中国电信的雪亮工程的支持，把毛村打造成"数字乡村"，并以此为乡村振兴赋新能。他通过雪亮工程，为村民安装"天翼看家"摄像头，建设"百姓天网"，帮助村民提升安防治理水平和公共安全感。通过村委办公楼安装的乡村智慧大屏，可以看到毛村11个自然村的治安情况，这块智慧大屏，只是毛村正在建设的"数字乡村"项目中的一部分。随着时代的发展，数字乡村既是乡村振兴的战略方向，也是建设数字中国的重要内容。他又依靠后盾单位支持，在"百姓天网"的基础上开展"数字乡村"项目。该项目于2021年12月启动，目前6块智慧屏幕已陆续安装到位，并按照建设计划有序推进。

随着乡村振兴战略稳步实施，新一代信息技术正加速向农业农村领域发展，"数字乡村"平台将为乡村提供一个对外宣传的窗口和渠道，助力"农旅"结合。例如，通过部署于景区的全景摄像头，可以实时采集景区优美景色上传到云台，游客可远程观赏景区美景，获得沉浸式旅游体验。6块智慧屏幕中有一块乡村智慧大屏面向村委，为村委提供灵活便捷的智慧界面，通过多村摄像头接入，形成慢直播界面，展现乡村风光、旅游景点、民宿农趣、生态治理等画面。游客通过这些智慧屏幕就可以事先了解村庄的各种景点，更好地帮助游客规划路线，或者选取自己最中意的景点游玩。

（案例来源：村里安全了、漂亮了，问题解决了，钱包也鼓了！村民为他们点赞 https://www.163.com/dy/article/H9DN6TSA0550FW1B.html）

（三）

山东省枣庄市王开一居第一书记，推动组织振兴，开启数字治理新模式。围绕组织振兴和基层社会治理，积极探索"党支部＋股份合作社＋实体公司＋网络平台"的运营模式。

王开一居"一手托朝阳"：与入驻滕州大数据产业园的网络教育机构北京学思为联合，推出了大数据＋脱贫攻坚@扶志扶智项目，为83名学生提供免费教育。各年级平均所有课程费用5000余元全部免费开放。疫情防控期间，很多驻居孩子通过网络学习更加得心应手，也是实现了停课不停学。"一手托夕阳"：在滕州市大数据中心大力支持下，王开一居与滕州市居家养老信息服务平台、移动通信运营商等洽谈对接，推出了大数据＋脱贫攻坚@智慧养老项目，免费配发居家养老智能手环56个，发放安装"扶贫电话卡"140余张。"中间保就业"：积极探索并推进党支部领办合作社，成立了王开一居富农专业合作社，谋划依托特色产业和新一代信息技术发展壮大，进一步应对疫情影响、巩固脱贫攻坚成果。

同时，王开一居加强对电商服务的探索力度，与滕州的华维研究院合作，建立了滕州地域特产营销大数据平台，进一步扩大山东名小吃"王开猪头肉"的名气，并打通网上销售渠道，并吸纳了包括王开猪头肉、滕州微山湖湿地咸鸭蛋、滕州辣子鸡等滕州当地特产20多个，初步统计可辐射带动贫困群众就业100多人。

（案例来源：山东乡村广播直播连线滕州脱贫攻坚一线第一书记王延平 https://mp.weixin.qq.com/s?__biz=MzA4MDc1NTExMg==&mid=2653288632&idx=6&sn=6774b3d32c9af2cf53904b3fa6d5dfa4&chksm=844e387fb339b16983b5d096d28f21a097e74950fa6222743224a237e0a48c488827ab0e3bd5&scene=27）

第七节
美丽乡村

　　美丽乡村建设其实质是我国社会主义新农村建设的一个升级阶段，它的核心在于解决乡村发展理念、乡村经济发展、乡村空间布局、乡村人居环境、乡村生态环境、乡村文化传承以及实施路径等问题。

一、美丽乡村建设的历史进程

　　2005 年 10 月，党的十六届五中全会提出建设社会主义新农村的重大历史任务，提出了"生产发展、生活宽裕、乡风文明、村容整洁、管理民主"的具体要求。2007 年 10 月，党的十七大胜利召开，会议提出"要统筹城乡发展，推进社会主义新农村建设"。这一时期，美丽乡村建设行动开始萌芽。2008 年，浙江省安吉县正式提出"中国美丽乡村"计划，出台《建设"中国美丽乡村"行动纲要》，正式提出了"美丽乡村"一词。"十一五"期间，全国很多省市按照十六届五中全会要求，为加快社会主义新农村建设，努力实现生产发展、生活富裕、生态良好的目标，纷纷制订美丽乡村建设行动计划并付之行动，取得了一定的成效。原国家农业部于 2013 年启动了美丽乡村创建活动，于 2014 年 2 月正式对外发布美丽乡村建设十大模式，分别为：产业发展型、生态保护型、城郊集约型、社会综治型、文化传承型、渔业开发型、草原牧场型、环境整治型、休闲旅游型、高效农业型，为全国的美丽乡村建设提供了范本和借鉴。2017 年 10 月，习近平总书记在党的十九大报告中提出了乡村振兴战略。2018 年的一号文件提出乡村振兴战略的指导思想是按照产业兴旺、生态宜居、乡风文明、治理有效、生活富裕的总要求，建立健全城乡融合发展体制机制和政策体系，统筹推进农村经济建设、政治建设、文化建设、社会建设、生态文明建设和党的建设，让农村成为安居乐业的美丽家园。美丽宜居乡村建设是社会主义新农村建设的升级版，是美丽中国建设在广大农村地区的具体实践，是推进生态文明建设的新工程、新载体，是统筹城乡发展中的一次重大创新。它更注重农业的可持续发展，更注重农村居民的幸福体验，更注重乡土文化的传承和繁荣。2021 年 4 月 29 日，第十三届全国人大常委会 28 次会议上通过了《中华人民共和国乡村振兴促进法》，会议同时决定该法于 2021 年 6 月 1 日正式施行。《乡村振兴促进法》第五章第三十四条提出："国家健全重要生态系统保护制度和生态保护补偿机制，实施重要生态系统保护和修复工程，加强乡村生态保护和环境治理，绿化美化乡村环境，建设美丽乡村。"这一表述，使得建设美丽乡村有了法律依据，无疑为美丽乡村的建设提供了更有力的制度保障。

二、美丽乡村建设的重要引导作用

美丽乡村建设是改变农村资源利用模式，推动农村产业发展的需要；是提高农民收入水平，改善农民居住、完善公共服务设施配套和基础设施建设等改善农村生活环境的需要；是保障农民权益，民主管理，民生和谐的需要；是保护和传承文化，改善农村精神文明建设的需要；是提高农民素质和新技能促进自身发展的需要。建设美丽乡村不仅仅是农村居民的需要，也是城市居民的需要。农村所有问题，包括生态问题、环境问题、文化问题，影响的绝不仅仅是农村人口的生产生活问题，实际上从各方面影响到城市产业发展和城市居民的生活。比如，水土流失问题，土壤污染问题，沙尘暴问题，水污染问题，等等，都直接通过大气或者食品等影响到城市居民。

三、第一书记与美丽乡村建设

第一书记应该将美丽乡村建设作为推进乡村振兴战略的一项关键抓手来开展和落实。实施美丽乡村振兴战略，首要必须加强基层党组织建设，坚持以基层党组织为领导核心，充分发挥基层党组织战斗堡垒作用，在思想上做好引领，在行动上做好带领，发动群众、凝聚民心，做美丽乡村建设的"排头尖兵"。第二要因地制宜、因时制宜、因势制宜，立足当前经济社会发展实际，顺应地区的发展变化形势，充分挖掘本村的风格特色，秉持"绿水青山也是金山银山"的生态理念，而不是一味地追求大拆大建，才能使美丽乡村建设工作具备良好的发展基础，确保美丽乡村建设取得实效。第三要深化开展乡村环境整治工作，结合"垃圾分类""厕所革命"等政策，发动村民奉献热情，对垃圾点、河道、水渠、道路沿线、养殖区、房前屋后等地开展综合清洁、净化、绿化工作，充分夯实村内环境基础。第四要谋划产业布局，加快发展现代农业，加强规模化农业生产、现代农业园区等的建设，鼓励和引导农民从事来料加工、农家乐等二三产业，大力发展"一乡一业，一村一品"、家庭农场、乡村休闲旅游等特色产业，以发展物业经济盘活集体资产，构建多元化的乡村产业发展格局。第五要加速构建集管理、教育、服务、活动等功能于一体的公共服务体系，完善农村文化教育、卫生、养老、扶困等制度保障和水电安全等公共设施，有序推进危旧房改造、违建拆除等管理，改善和提高公共服务水平。第六要形成优良的民风，不断加强基层民主管理，不断推进农村移风易俗，持续深化社会主义核心价值观教育，传承弘扬中华优秀传统文化，为美丽乡村建设奠定坚实的精神基础。

【案例】持续开展"美丽乡村"建设，打造宜居、宜游、宜商的社会主义新农村

（一）

2020年，山东省枣庄市滕州市在开展农村人居环境千村整治"集中攻坚行动"中，充分发挥第一书记"尖兵"作用，对两级市派第一书记村实施美丽乡村示范村创建全覆盖，其中，1个村创建省级美丽乡村示范村，4个村创建枣庄市级美丽乡村示范村，20个村作为美丽乡村重点建设村。

滕州市广大第一书记发挥模范带头作用，按照市选派第一书记工作领导小组要求，聚焦"组织依靠、群众信任、乡村振兴、生态环保、精准扶贫"五个战斗堡垒，坚决扛起派驻村美丽乡村创建之责。第一书记们坚持一线工作法，想在前、干在前、冲在前，同村"两委"干部并肩战斗，加强组织领导，强化责任分工，狠抓措施落实，扎实推进美丽乡村建设。运用"党建＋网格化"模式，充分发挥党员先锋模范作用，探索采取党员街长、划定"党员责任区"等方式，发动本村党员包街包户，实现分片管理、定点联系、责任细化。对工作中的痛点、难点、堵点，组建以党员为主体的人居环境整治"突击队""工作队"，集中力量，齐心协力，攻坚克难，破解多年难啃的"硬骨头"。注重激发群众"主人翁"意识，组织农户自己动手，以自家庭院、房前屋后为重点，开展卫生大扫除，清理生活垃圾、整理庭院杂物等，通过村规民约，建立农户"门前三包"责任制，坚决守住"街、巷、邻、户"环境整治效果，营造干净整洁的居家环境。充分利用自身资源优势，积极争取派出单位和相关部门支持，动员企业家、新乡贤等社会各界捐资赞助，凝聚美丽乡村建设强大合力。依托美丽乡村建设，推动村级把美丽经济融入农村发展的各个领域，有效整合村级集体资源，探索发展壮大集体经济新路子。

（案例来源：滕州第一书记帮扶村实现创建美丽乡村示范村全覆盖 https://www.163.com/dy/article/FBP2OQJ40548DRQL.html）

（二）

山东省临沂市兰陵县尚岩镇惠东社区在第一书记工作组的带领下，围绕"既让群众住上好房子，又让群众过上了好日子"的目标，依托产业，分类施策，精准脱贫，确定了"美丽乡村＋特色小镇"的新理念、新定位，整合搬迁相邻8个村建设新型农村社区的方案。

惠东社区建设按照"旅游小镇"的标准设计，景观效果按照AAAA级景区定位，功能有社区综合服务中心、商业街、农家乐、超市、学校、卫生院，配套齐全，整个建筑体现了中国北方的建筑风格，与周围环境融为一体，配套建设农家乐、农业观光采摘园等产业，生态生产生活一体，宜居宜业宜游。同时，惠东社区处于鄫国古城、文峰山风景区、会宝岭水库风景区等景区的旅游路线上，汇集了尚岩镇发展旅游及相关产业的区位、交通、自然资源等众多优势元素，尚岩镇政府结合该村实际及兰陵县旅游总体规划进行了充分的论证，以惠东文化旅游开发有限公司为投资主体，依托社区建设旅游特色小镇。在原桃李村旧址保留了石头民居农家四合院、打谷场、村落附近的小森林，还有张庄村的石海自然景观，都成为惠东美丽的风景。解决了"住得好"后，如何激发经济活力，促进村民和村集体"双增收"便是第一书记工作组的下一个目标。立足惠东社区的优势，加快形成以旅游产业为引领发展格局成为第一书记与群众的发展共识。第一书记协调相关部门，投资1800万元，修建文峰山道路18公里，为惠东社区旅游业的发展奠定了基础。与代村签订"强村带弱村"合作协议，引进代村社区人才、技术，投资1000万元，建设现代农业示范园和冬桃基地种植园。成立旅游公司、物业公司、产业合作社，壮大村集体经济活力。在此基础上，充分利用会宝山流域4万亩山场的优势，并连接会宝湖及周围旅游资源，将惠东打造成为"玫瑰小镇"的旅游特色小镇，集观光、采摘、垂钓、度假、娱乐于一体，创造了美丽乡村建设与休闲农业、乡村旅游紧密结合的新型功能综合体。惠东社区以"美丽乡村＋特色小镇"的理念，实现新型农村社区、特色经济园区、乡村风光休闲区相结合，走出了美丽富裕新家园的好路子。

（案例来源：临沂第一书记：美丽乡村＋特色小镇让环山村换新颜http://linyi.iqilu.com/xyxw/2017/1009/3705303.shtml）

第八节
农村电商

农村电子商务通过网络平台嫁接各种服务于农村的资源，拓展农村信息服务业务、服务领域，使之兼而成为遍布县、镇、村的三农信息服务站。作为农村电子商务平台的实体终端直接扎根于农村服务于"三农"，真正使"三农"服务落地，使农民成为平台的最大受益者。

一、发展农村电商的现实价值

2014年，农村电商就被正式写入中央一号文件，成为推动农业农村经济发展新引擎、帮助贫困地区实现跨越式发展重要手段的角色。

第一，发展农村电子商务有利于加快农村市场转型，促进农业产业化发展。随着社会的进步，家庭联产承包责任制所推行的土地经营分散化，难以协调农民在商品生产经营中产生的利益矛盾，使农业生产经营经常处于一种不稳定的震荡之中。农村电子商务化，是"互联网+"在农村的一种模式转型，能够端到端地整合现有资源，从源头上把农产品汇聚在一起，屏蔽了农民信息的不对称性，有效降低了农产品交易风险，为农村生产经营方式的转变提供了一条捷径。大力普及农村电子商务，有利于优化农村产业结构、降低农产品的流通成本、提高农产品的市场竞争力、规避农产品的销售风险，促进农业产业化的发展。

第二，发展农村电子商务有利于拓宽农产品交易渠道和范围，丰富市场经济体系。中国社会主义市场经济体系中一个非常重要的组成部分就是农业市场，其对于推进社会主义新农村建设有着举足轻重的作用。发展农村电子商务，可以突破时间和空间的限制，使交易主体多元化。同时，农民也可以通过电子商务系统，整合与共享农业信息，减少不对称信息的比重，快速找到合适的贸易伙伴，加快农产品流通。从而帮助农民科学地决策、指导生产，尽量减少不必要的经济损失。

第三，发展农村电子商务有利于促进农村物流的快速发展，加快农村剩余劳动力的转移，增加农民收入。发展农村电了商务，可以有效促进农民返乡创业和就业，遏制农村"空巢现象"的蔓延，促进农村就业和社会稳定，提升农民生活幸福指数，也能有效缩小城乡数字鸿沟。

二、当前发展农村电商存在的问题

虽然第一书记们能够着眼于当前农业农村发展形势和实际，能够充分认识农村电商对于农村产业发展的积极作用，也有在所驻村发展农村电商的想法，但是部分第一书记通过实地调研，也发现存在诸多阻碍农村电商发展的客观原因。

第一是农户对电商的认识不高，知道通过淘宝、拼多多以及快手、抖音等渠道可以进行农产品的销售，但是接受程度并不普遍，同时担心电子商务的风险性，有的农户对电子商务并不信任，导致农村电子商务的普遍发展缺乏一定的现实基础。

第二是农村地区物流成本相对较高，当前大部分农村地区位于距离城市较为偏远地区，而且农村地区相对于城市成员较少，快递、物流无论是收取还是发送难以形成规模，因而大部分快递、物流仅仅在乡镇设立了常驻网点，而在每个村都设立网点的情况并未普及，导致农民通过电子商务买来的东西，还得到乡镇去取；通过电子商务卖出去的东西，还得到乡镇去发出。再加上大部分农村农产品生产规模小，销量不大，订单也不集中，无法形成规模效应，导致物流单价成本过高，消费者和农民都难以接受。

第三是大部分农产品生产，尤其是农户单独个体的农产品规模相对来说产量较小，附近居民的购买就能给予消化，或者说仅能够满足周边的销售需求，无需再通过电子商务的方式"舍近求远"，所以很多农民对电子商务并不"感冒"。

第四是缺乏"龙头"品牌和产业支撑，以个体为基础的生产分销模式是很难适应电子商务需求的，没有"龙头"的支撑，当地好的农产品只能是赚取了好的"口碑"，但是难以形成好的"品牌"，没有"龙头"的支撑，当地农产品也仅仅只能称为"产品"而不是"产业"，难以保证电子商务的货量需求。

第五是缺乏电子商务人才，尚未构建农民深入了解电子商务的有效渠道和培训体系，多数农民、村干部和第一书记都不具备农村电商具体应该怎样开展的知识基础，也就缺乏了对农村电商发展的助推动力。

三、第一书记助推农村电商发展的路径

第一要加强自身的学习，要深入了解农村电商的基本知识、原理和运作

模式，在结合自身专业能力、工作经验和所驻村的实际情况，寻求较为合适的电商项目；第二要引进或扶植本村特色农产品，借助"一乡一业""一村一品"建设打造属于自己的品牌，形成规模效应，为农村电商的发展奠定坚实的产业基础；第三要加强对农村电商人才的培养，尤其注重吸引对互联网较为认同的年轻人加入农村电商队伍，为农村电商的发展注入新鲜活力；第四要发挥政策引领作用，积极争取政策扶持，进一步完善互联网建设、合作社建设、物流体系建设等电子商务基础设施，完善农村电商双创、培训、孵化、运营等公共服务体系建设，整合多方资源，统筹好服务升级改造，为农村电商的发展建立服务保障；第五要充分利用网络平台，结合当地特色，做好宣传和推介，如当前诸多第一书记已经成为"网红书记"，第一书记的出面更加有说服力，更加容易让消费者信任和接受，从而形成更加良好的宣传效应；第六要不断强化法律法规效力，依托《电子商务法》协助做好相关的管理工作，做好农产品质量的安全监督，保证农产品及电商服务的安全质量体系完善、健全。

【案例】网红第一书记助推打开农副产品新销路

（一）

在辽宁省新民市金五台子镇金五台子村村委会电商工作室，有这样几位特殊的"网红"主播。为了带动当地农副产品销售，帮助村民增收致富，几位驻村干部和第一书记纷纷化身带货主播，帮助村民集中销售农产品。在镇党委的支持下，全镇各村的第一书记们利用自身软件技术储备，创建微信公众号对接线上商城，研究制定线上营销模式，开发出拼团、秒杀、预售、短视频带货、直播带货、会员充值等营销功能，通过线上商城挂载直播、微信群等推广渠道，于2022年5月将"金耕源"线上商城搭载完成，开创域内电商发展新局面。这样的"直播带货"不仅为农产品打开了销路，提高了产品知名度，还让农民实现了从"外出务工"到"家门口就业"的转变。

兴隆镇弓匠堡子村作为新民市电商示范村，致力于农村电子商务，通过延伸电商产业链，让农产品销售跑出"加速度"。2022年6月，吸引本村5名具有新媒体电商公司运营经验的专业人才回归，与村集体合作成立电商公司运营项目。以大果榛子为主打产品，在抖音、快手等多个平台开设网店，为村民直播带货提供精准服务，降低门槛，持续广泛发动本村及周边村群众参与，打造电商直播宣传矩阵，推动本村土特产品搭乘电商"快车"出村进城。"榛子加工＋电商"项目为300余名村民提供榛子炒工、销售、直播员、揽件员、打包员、客服等岗位，实现了"村有特色产业，户有致富门路"的发展新格局。

（案例来源：新民市第一书记助力农村电商发展 激活乡村振兴新平台 https://liaoning.news.163.com/22/1117/11/HMCD2FSN04229BRM.html）

（二）

2022年9月1日，山东省淄博市沂源县第一书记和工作队产业振兴电商联盟在鲁村镇张家石沟村揭牌成立，首批16个联盟成员签订了合作协议。淄博市商务局总经济师胡方敏、沂源县委常委张文出席签约仪式。据了解，该电商联盟是淄博市第一个由第一书记和工作队发起成立的县级产业振兴电商联盟。联盟依托"沂源第一书记直播间"，联合当地直播网红、第一书记，采取自愿加盟，分工合作，公益助农的方式进行，积极打造"电商＋直播＋短视频"等营销新模式，帮助销售农特产品，助推当地特色农业提质增效。联盟以"订单生产、规模种植、品牌效益"为目标，目的是不断提升沂源农产品的附加值，探索适合山区农业产业振兴的电商之路，不断为村民增收、村集体增收作出第一书记和工作队的贡献。为了让电商联盟推介的产品高品质、高质量，沂源县的第一书记和工作队员们都行动起来，深入一线，了解农特产品产前、产中、收获、包装各个流程，同时建立了产品溯源机制，让每一单产品都能"寻根溯源"。截至2022年9月，联盟组织各单位直播15期，累计在线收看7万余人次，通过直播带动帮助销售苹果、桃、大樱桃60余万斤，芦笋1.8万余斤、小米等杂粮1.7万余斤，帮助相关村实现村集体增收43万余元。

（案例来源：淄博首个！沂源县第一书记和工作队产业振兴电商联盟成立 http://sd.zhonghongwang.com/show-56-66443-1.html）

第六章

巩固脱贫攻坚成果、推进乡村振兴战略的保障要素

民族要复兴，乡村必振兴。实施乡村振兴战略是党的十九大作出的重大决策部署，是新时代"三农"工作的总抓手。"十三五"期间，我国为实施乡村振兴战略做好了开局，而"十四五"期间乡村振兴仍是重中之重。实施乡村振兴战略，既需要加强顶层设计，积极主动顺应社会主要矛盾变化和人民美好生活需要，想群众之所想，行群众之所盼，充分利用好一切发展资源，举全党全社会之力共同写好这篇大文章。

第一节
农村劳动力

农村劳动力是农村人口中在劳动年龄以内，具有劳动能力并经常参加社会劳动的人数。包括乡村企业的劳动力，集体统一经营的劳动力，联户企业的劳动力和农民家庭经营的劳动力。按农村经济部门分为：农业（农、林、牧、副、渔业）劳动力、工业劳动力、建筑业劳动力、交通运输业和邮电业劳动力、商业饮食业劳动力、服务业劳动力、科教文卫及社会福利事业劳动力等。

一、农村劳动力的类型

1. 从事农林牧渔业、农村工业、建筑业、交通运输业、商业、饮食业等各种生产活动的劳动力，从事采集、捕猎、农民家庭兼营工业等副业生产劳动并从中直接取得实物、现金收入的劳动力。

2.从事农村房地产管理、公用事业、居民服务和咨询服务业，卫生、体育和社会福利事业，教育、文化艺术和广播电视业，科学研究和综合技术服务业，金融、保险业，以及乡镇经济组织（政务）管理等项工作，并取得实物、现金收入的劳动力。

3.国家向乡村调用的建勤民工，由集体经费支付工资或补贴的乡村脱产干部，到全民所有制单位或城镇集体所有制单位工作，并取得实物、现金收入的合同工、临时工。

4.自行外出就业但没有转走户口的劳动力。

二、农村劳动力的特点

1.2021年5月，第七次全国人口普查主要数据公布，居住在乡村的人口为50979万人，占全国总人口的36.11%。虽然与2010年相比，减少16436万人，但仍然相对数量巨大，尤其是农村人口老龄化远超过全国平均水平。

2.素质参差不齐。劳动力素质是指劳动者的身体素质、文化技术素质、思想素质和劳动经验等素质的统一，也叫劳动质量。现阶段素质急待于提高：一是思想观念落后，处于"外出找钱无技，在家致富无门"的状况；二是劳动力的文化素质普遍不高，以体力型为主，技能型较少，智能型更少。

3.农村劳动力过剩，出现自主流动与转移。农村剩余劳动力是现有农村劳动力人数多于农村各项生产工作实际需要的劳动力人数，一般来说包括完全无业的劳动力和工作不饱和、有剩余劳动时间的劳动力两种情况。超过农业需求的农业劳动力称为农业剩余劳动力，有两种含义：一是超过农业需求量的劳动力，即供给大于需求的那部分；二是超过社会需求的农业劳动力，即已从事非农产业的农村劳动力和农村后备劳动力。

三、切实发挥农村劳动力的创造价值

无论是打赢脱贫攻坚战、进一步巩固脱贫攻坚成果，还是持续推进乡村振兴战略，农村劳动力都是最为关键的支撑要素，也是创造了一切价值的来源。从宏观上来看，农村劳动力的不断付出推进了乡村整体的发展建设；从微观上来看，农村劳动力的工作为其所在的家庭带来一定的经济收入，这也是乡村稳定和谐发展的必要保证。

作为第一书记，无论是在巩固脱贫成果方面，还是推进乡村振兴方面，都要重点关注农村劳动力的价值创造问题，充分发挥农村劳动力的客观改造功能。同时，第一书记也应该充分理解，在农村发展的不同时期，要对农村劳动力采取不同的激活方式。例如在脱贫攻坚时期，要激活农村劳动力为自我家庭带来收益，改变家庭贫困的状态，而这里的关键抓手在于促进农村劳动力的稳定就业，可以采取加强农业技能培训或改变传统农业生产形式的方式，帮助农村劳动力在有限的土地资源上实现农业生产升级，充分利用单位资源获取更多的收益；也可以采取农村劳动力转移的方式，推动农村劳动力在企业进行就业，以务工的形式实现稳定的经济收入，劳动力转移是相对既可容易实现，又可获取较高收入的农村劳动力有效激活方式。

但在当前推进乡村振兴战略的过程中，第一书记也更应该充分认识到，农村劳动力对于农村整体发展的关键作用，如果一味地简单追求农村劳动力转移，那势必会更加加重当前农村的"空心"现象，有能力的农村劳动力、农村中青年纷纷离开农村走进城市，留守的多为"386199"，即妇女、儿童和老人，农村发展动力势必严重下降，对农村的治理也势必会存在诸多的问题，没有劳动力的支撑，乡村振兴又从何谈起。因此第一书记的工作既要满足乡村振兴的宏观整体发展要求，也要满足农村劳动力微观的家庭收入要求，那么就必须要以农村劳动力的更新作为主要抓手，目的在于解决农村劳动力和农村人才的回流问题。而只有进行农业升级和产业升级，农村劳动力在农村能够获得与到城镇务工同样的，甚至更多的收益，农村的"空心"现象才可迎刃而解。农业升级可采用"大农业"与"小农业"双核驱动的方式，"大农业"以"规模农业、现代农业"为出发点，充分整合地区农业资源，打造规模化、集约化生产，实现"藏粮于地、藏粮于技"；"小农业"以"特色农业、精品农业"为出发点，注重三产的叠加与整合，打破农耕惯性。产业升级在于结合乡村实际特点，通过打造或引进，鼓励社会资本投向农村，进一步丰富农村一二三产业集群。农业升级和产业升级，将有力地增加农民的稳定收入，相关配套设施不断完善，农民的幸福感和生活质量也不断提高，也势必会使农村蕴藏着更大的投资机遇，从而吸引更多的农村劳动力回流，实现促进农村振兴发展的良性循环。

【案例】第一书记帮扶贫困劳动力解决就业务工难题

（一）

重庆市开州区某村第一书记，积极开展"就业扶贫"工作，通过对村民的走访，建立了贫困劳动力的就业需求信息台账，并积极需求多方渠道为贫困劳动力提供适合的就业岗位。

村民张某是建卡贫困户，因为要照顾家中老人，不能离家太远。第一书记帮助他联系了当地电子厂，向电子厂介绍了张某的基本情况和求职需求。当月中旬，张某如愿到电子厂上班，每个月的工资为1800元。村民邓某，年近50岁，身患矽肺病，家中还有3个正在上学的子女，无法外出务工，种地收入便是他家中唯一的收入来源。在了解到邓某家中的情况后，第一书记为其申请了清扫公路的公益性岗位，每个月补贴1800元。该第一书记还在派出单位的支持下，依托茶叶和中药材产业成立茶叶种植专业合作社，打造成了开州区就业扶贫示范基地，为16名当地村民提供了稳定就业岗位，其中包括6名建卡贫困户和1名低保户，在基地务工的贫困户每个月的收入都在1500元以上。驻村两年多的时间里，该第一书记通过搭建就业服务平台，为37名村民找到了合适工作；通过组织开展技能培训，让210名村民提高了就业能力；通过打造就业扶贫示范基地和开发公益性岗位等措施，解决了20余名贫困劳动力就业难题。

（案例来源：扶贫第一书记帮就业促脱贫 http://www.cqkz.gov.cn/qzfjz_238/hfjdbsc_81980/zwxx_73109/dt_73111/202008/t20200803_7746184.html）

（二）

面对突如其来的新冠疫情，劳动力无法外出务工，眼看着在家坐一天就少一天收入的状况，江西省赣州市某村贫困户们急得团团转。该村第一书记本着"不能让乡亲们'因疫返贫'，得帮着大家吃上'定心丸'，长效稳定脱贫"的理念，在贫困劳动力受新冠疫情无法出门就业的情况下，逐户摸排贫困户家中的劳动力，并了解他们的就业需求。打电话、找信息、发公告……每天东奔西跑当起了对接全村贫困劳动力和为招工企业招工需求牵线搭桥的"媒人"。他在贫困群众的家中与他们拉家常，将工业园区招工企业的效益、报酬以及务工人员的食宿等基本情况进行了详细的介绍，成了一名专业的职业介绍人。在县工信局领导的大力支持下，40余名有意愿在本县务工的人员，登上大巴车出发前往招聘现场，并免费发放了口罩，消除他们的顾虑。通过努力，最终10名务工人员与企业签订了就业合同。"驻村帮扶工作任重而道远，除了安排这一批人员就业之外，还要继续发动宣传，落实第二批尚未外出打工的贫困劳动人员，从根本上解决贫困户收入问题。"该第一书记说。

（案例来源：第一书记成精准扶贫"精准力量"https://www.163.com/dy/article/F7HL62KR0514T96R.html）

（三）

就业是民生之本，要让村民在家门口端稳端牢"饭碗"。山东省济宁市鱼台县唐马镇某村第一书记"筑巢引凤"，带领村民家门口实现就业致富增收。2022年，其牵头引进的乡村振兴车间正式揭牌运行。十余名附近的村民在车间内作业，通过裁剪、缝制、检验等多道工序，合格的防火网、防火布、防音布等成品生产出来，产品将出口日本，广泛用于建筑防火、隔音。乡村振兴车间的设立，解决了女工董某的大问题，董某是一名聋哑人，丈夫身体不佳，常年在家休养，生活的重担落到了她一个人的身上，以往董某也会在附近打工，但工作不稳定，一出门就是一天，家里的事完全顾不上，现在岗位设在家门口，出门步行几分钟就到，时间更加灵活，家里的事一件也没落下。乡村振兴车间的建设投资全部由公司出资，村集体不出一分钱，每年还有6000元集体收入入账；车间建在村内，工人塌下心来工作，生产的稳定性更高，也充分解决了企业的用工难题，实现了群众、企业、村集体的"三赢"局面。

（案例来源：鱼台：第一书记筑巢引凤　助村民家门口致富 https://www.sohu.com/a/569561513_114775）

第二节
农民增收

农民富、国家昌。农民问题的核心是农民利益，农民利益的核心是农民收入，增加农民收入是"三农"工作的中心任务，也是农业强国建设的内在要求。党的十八大以来，以习近平同志为核心的党中央高度重视"三农"工作，围绕农民增收问题发表一系列的重要论述，科学指出了新时代为什么要增加农民收入、农民收入增加的标准以及如何增加农民收入等问题，为新时代"三农"工作提供了丰富、深刻的理论指导。2023年2月13日正式发布的《中共中央 国务院关于做好2023年全面推进乡村振兴重点工作的意见》(2023年中央一号文件)把农民增收放在了一个很重要的位置，提出拓宽农民增收致富渠道，并从促进农民就业增收、促进农业经营增效、赋予农民更加充分的财产权益三方面进行了部署。

一、拓宽农民增收致富渠道

按照中央一号文件的任务部署，2023年农业农村部将重点从四方面拓宽农民增收致富渠道。

一是稳定就业增加。工资性收入占农民收入的41.96%，是农民增收贡献的大头。农业农村部将推动强化各项稳岗纾困政策落实，提高就业技能，增加就业岗位，创造就业机会，稳定农民工就业。目前，超过四分之三的农民工在省域内就业，超过一半在县域内就业，要顺应这种趋势，发展比较优势明显、带动能力强、就业容量大的县域富民产业，带动农民就近就地就业创业。

二是经营增效提升。家庭经营净收入占农民收入的34.63%，其中六成多来自农业经营收入。农业农村部将深入开展新型农业经营主体提升行动，带动小农户合作经营、共同增收。实施农业社会化服务促进行动，通过提供代耕代种、代管代收、全程托管等社会化服务，带动小农户实现节本增效、提质增效、营销增效。

三是财产收入挖潜。财产净收入占农民收入的2.53%，还有很大的潜力和空间可以挖掘。农业农村部将深化农村土地制度改革，扎实搞好确权，稳步推进赋权，有序实现活权，赋予农民更加充分的财产权益，创造条件增加农民财产性收入，让农民更多分享改革红利。

四是转移收入拓展。转移净收入占农民收入的20.88%，是农民特别是脱贫人口、农村低收入人口收入的重要组成部分。农业农村部将持续推动加大强农惠农富农政策力度，逐步提高农村社会保障水平，稳步增加对农民的补助补贴，筑牢社会安全底网，让农民群众腰包越来越鼓，日子越过越红火。

因此，要以依靠科技进步和深化改革作为增加农民收入的动力来源；以建立健全城乡融合发展体制机制和政策体系作为增加农民收入的制度保障；以发挥亿万农民主体作用和首创精神作为增加农民收入的重要原则。

二、促进农民增收的现实路径

第一书记更应清楚地认知脱贫攻坚成果来之不易，必须要进一步巩固脱贫攻坚成果，真正夯实乡村全面振兴的现实基础，这是"固本"；同时，还要积极拓展这一成果，精准高效培育乡村振兴新动能，这是"培元"。群众对脱贫攻坚成效最直观的感受，是通过发展产业、增加就业使收入明显增加，所以"强'双业'、促增收"仍然是乡村振兴的主要任务。切实做好两大战略的有效衔接，关键是将实现减贫战略和工作体系平稳转型，统筹纳入乡村振兴战略，建立长短结合、标本兼治的体制机制。从聚焦贫困这样一个相对集中的乡村发展，向宽阔的乡村振兴转变，这是一个连续工作的过程。

当前，已取得的脱贫攻坚成果基础还不牢固，农村基础设施和公共服务还存在短板，脱贫村和脱贫户的自我发展能力和内生动力不强等问题，也是第一书记必须正视的现实困难。为此，第一书记要合理筹划，努力构建多重目标和结构下的农民增收路径。

第一要围绕农民生计保障和能力提升，强化产业扶持和就业扶持，持续推进"一乡一业、一村一品"形成差异化发展格局，强化地域品牌效应的核心竞争力；推动形成三产融合的特色产业集群，纵向形成农产品生产、加工、销售等价值收益链条，横向形成旅游、文化、服务等价值收益链条，充分释放农业产业的经济活力，进而推进农业产业从粗犷向精细的转变，以提高农业产业的附加价值和衍生价值提升农民收入。

第二要围绕社会经济主体开展联农带农工作，充分发挥社会企业的"龙头"作用，形成社会经济主体与农业生产的合作关系，以生产托管、股份合作、保底分红等方式带动农户联户经营、联耕联种，实现了农户经营成本降低、产品销路稳定，社会企业货源充足的双赢局面，农户家庭经营性收入也得到进一步的保障。

第三要围绕完善农村公共服务，降低农村发展成本，强化农村发展平台。要不断加强农村基础设置建设，不断促进城镇基本公共服务向农村地区延伸，不断提高农村教育水平，以改善农村经济发展环境为措施，进一步增强农村和农民的经济发展能力；加大对农民普惠金融、信贷、保险等措施扶持和优惠力度，为农民创业增收做好充足的保障。

第四要围绕对农民的劳动保护、福利政策的社会保障，协调政府部门建立更为完善，农民更受益的兜底保障体系和社会救助制度体系；进一步优化农村医疗资源布局，以及农村老人、儿童、残疾人的帮扶机制，减少农村居民的刚性支出成本。

【案例】强"双业"，为农民增收赋能

（一）

信丰县某村第一书记，以"乡村振兴、抓产业促增收、为群众办实事"

的工作思路，建强基层组织，提升治理水平，协助村党支部严格党内组织生活，落实"三会一课"、组织生活会等制度，开展了一系列主题教育活动，引导全体党员在乡村振兴工作中充分发挥先锋模范作用。为兴产业促增收，其组织村干部结合"党支部＋合作社＋脱贫户"的产业发展模式，带动脱贫户自主发展烟叶种植区 18 亩，年收入达 5 万元以上。2022 年该村依托烟叶合作社吸收脱贫户 6 户 6 人务工，引导 40 户脱贫户发展种养殖业，第一批申报并发放了各类产业奖补资金 10.835 万元。其积极与信丰县高新产业园区企业、辖区企业对接，为脱贫户、监测户就业人员拓宽就业渠道。2022 年，已助力该村在园区企业落实脱贫户 3 人稳定就业，本镇企业落实脱贫户 5 人稳定就业。他还积极落实教育帮扶政策，为大学生、职校生、中学生、小学生等申报春季教育资助，资助了 22 名脱贫户、监测户的孩子，资助金额共计13537.5 元，并发放中、高职"雨露计划"补助金 0.6 万元。积极帮助村里同时，他还在村里开展健康帮扶和金融帮扶，2022 年 1 月至 6 月，他对全村一般户、脱贫户中的住院治疗自费部分超 1 万元以上的进行了核实，集中研判后拟不纳入三类监测对象。在金融帮扶方面，他为全村有意向发展产业的，分别申报了小额贷款 5 万元。

（案例来源：助力乡村振兴 https://baijiahao.baidu.com/s?id=1744169612644271589&wfr=spider&for=pc）

（二）

沈阳市苏家屯区十里河街道大范屯村第一书记，与村党支部书记积极调研、论证，在沈阳市贸促会的大力支持下，决定将光伏发电项目扩展到农户。大范屯村引进光伏发电项目始于 2018 年，经多方努力，辽宁起点新能源有限公司在大范屯村成立分公司，引进分布式光伏发电项目，辐射十里河街道 18 个行政村，计划总投资 1.2 亿元，装机容量 34285 千瓦，年发电能力

4800 万千瓦时，每年为村集体稳定增收 2 万元。

大范屯村光伏发电项目不需要村民承担任何费用，仅需提供闲置的屋顶和宅基地范围内的建设用地用于安装太阳能光伏发电设备，当地夏季光照时间长，采用的是"自发自售，全额上网"模式，光伏发电效益好，每户每年可增加 2000 元至 5000 元纯收入。截至 2022 年，十里河街道共有 985 户村民有安装意愿，其中大范屯村就有 308 户。对此，十里河街道党工委坚持实施农村新能源行动，推进光伏发电，逐步扩大农村电力、燃气和煤改洁项目建设，倡导村民充分利用土地资源，种植、发电两不误，在农民增收的同时为乡村振兴蓄积新动能。

"不用掏一分钱，在屋顶、房后提供地方就行。咱家安了 90 块板子，一年能挣 5000 元。板子下面还可以种点喜阴的小菜，啥也不耽误！"村民刘大爷高兴地说。

（案例来源：第一书记引来光伏发电 农户一年最多增收 5000 元 https://baijiahao.baidu.com/s?id=1738912227333204402&wfr=spider&for=pc）

（三）

武城县郝王庄镇某村第一书记发挥派出单位职能优势，在该村原有的"莲藕＋小龙虾"特色种植养殖业基础上，鼓励扩大产业规模，形成规模优势。主动争取政策支持，获批乡村振兴接续资金 100 万元，新建了 80 亩藕塘，实现了本村"莲藕＋小龙虾"种植养殖面积突破 450 亩，还带动周边乡村形成过千亩的特色水产养殖业，真正实现了"一水双收"，让藕虾田成了实实在在的"聚宝盆"。为了拓展村民收入，拓宽增收渠道的新门路，她又敏感地察觉到让一二三产业"抱团"能破解长久发展的难题。于是，她便结合草一村现有为农服务中心基础，确定发展为周边乡村提供托管服务的新型农业服务业。积极争取政策资金购置了 40 多台套农用机械和粮食收储设备，为周边乡村提供"种－管－收－储"的全链条农业服务，预计为村集体年增收 20 万元以上。

如今，在她的带领下，该村以产业振兴大力推动乡村振兴，进一步发展了特色产业，还带动周边乡村共同发展，实现特色产业带动，集中连片发展，推动实现村集体收入大幅增加，让村民的日子不仅有了"甜头"还有了"奔头"。

（案例来源：驻村第一书记的"产业振兴梦"https://baijiahao.baidu.com/s?id=1744234773481931544&wfr=spider&for=pc）

第三节
社会保障

我国是传统农业大国，"三农"问题始终是我国国民经济发展的重要组成部分，发展和完善农村社会保障制度，完善农村社会保障体系则是解决好"三农"问题，巩固脱贫攻坚成果，实现城乡和经济社会协调发展的重要途径，更是实现乡村振兴的关键前提。

一、农村社会保障的社会分配调节功能

加强农村社会保障能够作为政府调节社会分配不均的主要手段之一，其再分配功能有助于进一步实现社会公平，同时也促进农村居民养老风险、医疗风险等的降低，保证农民的最基本生活。社会保障的一些福利可以为农村特殊居民提供生活必备的实物与服务，节省生活的必要支出，进一步减轻农

民的经济负担，从而提升其可支配收入，提高农民的生活水平和生活质量，提升农村居民的幸福感。诸多农村优秀人才从农村走向城市，究其根本在于城市务工能够获得更多较为稳定的经济收益，以及城市具备较为完善的保障体系与医疗、教育等基础设施，都是吸引农村人才外流的关键原因。因此，农村希望为发展建设留住人才和吸引人才回流，就必须要进一步完善和提升农村社会保障，不仅为农村土生土长的人才建设家乡解决后顾之忧，提高人才建设家乡的热情，也能够吸引外来人才在农村地区落地生根。农民承受风险的降低，农民消费需求的扩大，高质量人才的回流和引进，将进一步为农村新农业的发展注入活力，并进一步反哺农村社会保障体系建设，从而为农村产业发展提供广阔的市场空间。因此在新时代进一步巩固好脱贫攻坚成果和全面实施乡村振兴战略的背景下，必须要高度重视和加强对农村社会保障的建设工作。

二、农村社会保障建设存在的问题

当前，在党和政府的领导下我国农村居民的社会保障水平逐年提高，为决胜脱贫攻坚及乡村振兴战略的实施起到了巨大的作用，也取得了巨大成就。但不可否认的是农村社会保障制度和体系仍有诸多不完善之处。如在农村养老保险方面，缴纳的保险金额个人需承担较大的部分，因此导致出现有经济能力的农民乐于参保，富人参保率高；反之，经济能力差的则不愿意参保，贫困农民参保率低的现象，整体参保率不高和参保人员极端化则使得保险制度并没有起到应有的效果。在农村医疗保险方面，新型农村合作医疗制度，虽然在一定程度上缓解了农民看不起病和因病致贫的情况，但是报销范围窄、报销额度低的现象普遍存在，面对重疾的保障和支持力度不甚明显。在农业保险方面，保险范围相对有限，理赔金额仅限于作物损失，即便是参与保险的农户也依然面临着一定生产风险，保险的补偿额度难以兼顾生产经营秩序的维持和恢复，导致农民参保农业保险的意愿较低。在基础建设方面，农村地区依然较为落后，自来水、路灯、监控、健身娱乐设施依然不完善，科普讲堂、农家书屋等建设和使用也需要进一步加强。

三、完善农村社会保障体系的工作思路

要建立公平公正的社会保障体系，助力乡村社会治理能力现代化。首先，要提升农村社会保障水平，完善落实城乡居民养老保险待遇确定与基础养老金正常调整机制，规范个人账户记账利率办法，统一农民工和城镇职工失业保险参保缴费办法，使其享受同等待遇。其次，优化社会保障资源配置，将社会保障工作重心向农村倾斜，加大对农村社会保障财政投入力度，重点缓解社会保障资源紧缺问题，稳步实现城乡公共服务均等化。

要建立可持续的社会保障体系，助力农村居民增收。促进农民增收是乡村振兴战略的重要指向，社会保障制度能够显著提高农村居民的转移性收入，其不仅能够拓展农村居民收入来源渠道，而且能保证农村居民稳定增收。发挥社会保障助力农村居民增收功能，首先，需要解决社会保障支出占财政支出比重过低问题，政府财政重点向民生倾斜，重点关注"一老一小"需求，优化社会保障支出，稳步增加农村居民转移性收入，从而让社会保障成为农村居民增收最直接有效的保障机制。其次，社会保障要聚焦农村低收入群体，对参加城乡居民养老保险的低保对象、重度残疾人等缴费困难群体，政府为其代缴部分或全部最低缴费档次养老保险费，同时支持和鼓励有条件的集体经济组织和其他社会经济组织、公益慈善组织、个人为其提供资助。减轻农村困难群体负担，增加相对贫困人口收入，尽快实现农村共同富裕。

要构建项目完备的社会保障体系，助力乡村产业发展。首先，尽快实现城乡社会保障一体化，以户籍改革为抓手，实现城乡社会保障制度的有效衔接，形成城乡统一的劳动力市场，确保城乡之间劳动力自由流动，为乡村产业提供坚实的人力资源。其次，完备农村社会保障项目，逐步建立与新型职业农民相适应的失业保障制度，消除劳动者的后顾之忧。按规定落实失业保险参保职工技能提升补贴政策，通过就业培训和就业指导，培养一支乡村产业亟须的高素质人才队伍，巩固乡村产业发展人力资源基础。

因此，当前农村社会保障建设完善工作还有很长的路要走，需要第一书记在政府主导的背景下，积极发挥自身主观能动作用，充分调动周围资源，寻找措施和切入点在一定程度上做好农村社会保障的政策宣传引导工作，做好农村社会保障的政策落实工作，做好农村社会保障的监管实施工作，做好农村社会保障的补充协调工作，以确保农村社会保障工作平稳有序、公平公正地开展，确保农村社会保障制度和体系真正落实到助力农村发展建设的实处。

【案例】完善农村社会保障体系，化解农民养老、医疗后顾之忧

（一）

农村养老保险对合理解决农村养老顾虑，确保农业农村发展、构建社会主义和谐社会有着重大的意义。云南省怒江州福贡县鹿马登乡鹿马登村为实现 60 岁以上的群众实现老有所养、老有所依，有效化解农村养老后顾之忧，集全村之力开展农村养老保险的收缴工作。

鹿马登村通过召开全村养老保险收缴工作推进会，对养老保险的收缴工作进行再部署、再加强。成立了以乡人大主席、村党总支部书记、驻村第一书记为组长的三个工作组，和以村党支部副书记、副主任、武装干事、宗教干事、村务监督委员会主任、驻村队员为成员的养老保险收缴宣传动员小分

队，对全村 14 个村民小组进行分片区开展宣传动员。养老保险宣传动员小分队根据各村民小组的地理位置、家庭情况等进行综合分析，对未上缴养老保险的农户存在的顾虑、困难和问题等进行综合分析研判，并对其进行区分归类，将存在相似问题和困难的农户进行汇总，并针对各类问题给出相应的应对和解决措施，安排有群众工作经验的村干部带队到其家中做其思想工作和收缴的宣传动员工作。

养老保险宣传动员小分队共分为线上和线下 2 个收缴小组并进到村组，线上小组由驻村第一书记带队，对在手机上缴纳养老保险的群众进行耐心教授和指导，并对群众遇到的问题和存在的疑惑一一进行解释和教授；线下宣传动员小组则由懂当地民族语言的乡人大主席和村党总支部书记带队，挨家挨户上门宣传动员，动员成功一户则现场上缴一户。未来，鹿马登村将继续加大宣传动员力度，分类施策、合力攻坚，继续组织县、乡、村三级干部全力推进农村养老保险的收缴工作。

（案例来源：鹿马登村：干部齐心收保险，百姓养老有保障 https://mp.weixin.qq.com/s?__biz=MzI0NTM0MTgwOQ==&mid=2247690096&idx=3&sn=b1cf29026ce8d1729900316242eed598&chksm=e95dac6ede2a257826e41a1d77a96774aec0204f76ba540a727b16ca0bb0ce1321e3e61557c5&scene=27 ）

（二）

陇县东关村第一书记具有 20 多年的保险工作和多个工作岗位的经历，不仅参与和见证了保险业的进步和变化，更是对保险的功用和意义有了深刻的体会和理解。担任第一书记之后，他在建档立卡过程中发现，因病致贫、因残致贫和因病返贫在贫困户中占比较高，而且越是家庭情况不好就更应该有份保险以防万一，但由于多方面原因，村里贫困户的人身保险保障还是个空白。为了尽早帮助贫困户解除人身安全上的后顾之忧，他和扶贫主任自掏腰包，为全村 52 户 140 人出资购买了农村小额保险，他还个人出资为村上 56 名 60 岁以上老人办理了老龄保险。先后为 5 位村民通过保险理赔解决了疾病和意外住院医疗费用，在村民当中产生了不小的反响，保险工作也受到当地政府的重视。恰好农村小额保险可以补充新型农村合作医疗、大病保险、新型农村养老保险等社会保险在意外保障方面的不足，能够解决因意外风险导致的贫困问题，而且适合低收入人群。在他的多方努力下，终于有效地探索出了一条通过小额保险支农惠农的发展之路。到目前，村里贫困人口全部参加农村合作医疗保险和大病保险，为了方便村民看病和相关保险理赔手续的处理，他和村委们一道争取资金配套和完善了公共卫生室基础设施，配备基本药品，安排村医常态化门诊，方便群众就医。对 65 岁以上老人进行定期健康体检，对因病致贫的 6 户贫困户建立健康档案，定期服务；对慢病患者 19 人确定专人，进行签约服务，有效解决贫困户了的后顾之忧。

（案例来源：第一书记驻村更驻心 满腔热忱温暖全村人 http://finance.sina.com.cn/roll/2019-08-06/doc-ihytcerm8837993.shtml）

（三）

近年来，江苏省人社厅高度重视城乡居民养老保险在保障城乡老年居民基本生活、调节收入分配、促进社会和谐稳定、增强参保居民的获得感幸福感安全感等方面的积极作用，立足职能，将城乡居民养老保险作为巩固拓展脱贫成果、有效推进乡村振兴的重要抓手，多举措帮促滨海县有关工作上台阶。

2016 年至 2019 年期间，江苏省城乡居民养老保险基金管理中心的两名科级干部接续参加省委驻滨海县扶贫工作队，挂任县人社局副局长、挂钩帮扶镇党委副书记和村第一书记，扎根滨海深入工作，为滨海县城乡居民养老保险和脱贫攻坚有关工作发展作出直接贡献。2020 年，省中心向滨海捐赠一批价值 15 万元的社保自助查询终端设备，投放到包括沙浦村在内的省委工作队挂钩帮促村，居民凭身份证不出村就可以自助完成城乡居民养老保险参保登记、个人权益查询、缴费记录查询、信息变更、资格认证、待遇支付查询等业务。指导滨海县开展扩面征缴春季突击活动和百日行动，严格考核督查，精准分类推进，强化经办服务，健全核销台账。调整保险待遇，加大补贴力度，加发高龄补贴，落实对困难群体代缴保费政策，增强保障功能。积极处理历史遗留问题，切实维护被征地农民社会保障权益。

（案例来源：城乡居民养老保险助力盐城滨海乡村振兴 https://m.163.com/dy/article/GSFS7A6J0514TTJH.html）

第四节
社会救助

社会保障兜底扶贫是我国国家治理体系中保障和改善民生的基本制度安排。习近平总书记在不同场合多次对兜底保障作出了重要指示批示，并对社会救助兜底保障工作作出一系列重大决策部署，要求各项工作聚焦脱贫攻坚、聚焦特殊群体、聚焦群众关切，着力保基本兜底线，织密扎牢民生保障"安全网"。当前，我国识别出来的建档立卡贫困家庭中老弱病残人口占比较高，与农村的一般家庭相比，他们的劳动能力明显不足，缺乏稳定可持续的收入来源。要解决部分或完全丧失劳动能力的老弱病残等弱能群体的贫困问题，必须通过社会救助来保障这些群体的基本生活，发挥社会救助在脱贫攻坚中的兜底保障作用。

一、农村低收入和返贫风险较大的群体仍然长期存在

当前"两不愁三保障"（即不愁吃、不愁穿，义务教育、基本医疗、住房安全有保障）的突出问题已得到解决，绝对贫困现象得到消除。但低收入人口、返贫风险较大的群体还会长期存在，他们的自我发展能力和抵御风险能力较弱，其生活和发展的质量则与社会救助兜底保障政策的实施情况紧密相关，完善困难群众兜底保障的相关配套政策要与人民群众的基本需求相吻合。因而，在脱贫攻坚与乡村振兴的有效衔接中，要围绕有效防止返贫和减少返贫致贫风险，建立健全分层分类的社会救助体系，通过基本生活救助和专项救助政策的有效组合，如发放精准的社会救助金、创新多样化的社会救助服务等，切实提高了不同困难群体接受救助的精准性和有效性。同时，在实践中探索发展商业保险救助项目，实现了基本民生兜底保障的高质量发展，推动改革发展成果更多更公平惠及困难民众。

"十四五"时期是巩固拓展脱贫攻坚成果的过渡期，应做好脱贫攻坚与乡村振兴的衔接工作，全面推进乡村振兴工作。要保持社会救助政策的连续性和稳定性，全面推进乡村振兴，不断创新农村社会救助体系，把社会救助体系有机地嵌入到乡村振兴战略中，切实巩固脱贫攻坚成果。2022 年 11 月民政部会同中央农办、财政部、国家乡村振兴局联合印发《关于进一步做好最低生活保障等社会救助兜底保障工作的通知》（民发〔2022〕83 号）。《通知》提出要进一步加强急难临时救助，包括加强对生活困难未参保失业人员的临时救助，即对受疫情影响无法返岗复工、连续 3 个月无收入来源，生活困难且失业保险政策无法覆盖的农民工等未参保失业人员，未纳入低保范围的，经本人申请，由务工地或者经常居住地发放一次性临时救助金。加强对其他基本生活陷入困境群众的临时救助，即将受疫情影响暂未就业、基本生活面临困难的大学生，以

及其他因疫情导致基本生活陷入临时困境的家庭或者个人纳入临时救助范围。

二、补齐兜底保障服务的问题和短板

在社会转型的大背景下，相对于人民群众日益增长的多层次多样化的民生需求，当前我国的兜底保障服务仍然存在可行性不强、服务质量不高和发展不均衡等问题和短板。尤其是在 2021 年我国宣布脱贫攻坚取得全面胜利之后，面对贫困治理进入新的历史阶段，社会救助工作也需要发生历史性的转变，主要表现在脱贫攻坚任务完成后，众多政策性脱贫群众具有极大的脆弱性，在社会多重风险条件下，仍然存在较大的返贫的可能，脱贫成果亟待进一步的巩固。因此还是要继续以社会救助，确保困难群众基本生活，防止返贫情况的发生，如落实好最低生活保障、困难户帮扶、五保供养、孤寡救助等民政保障。其次还要充分满足困难群众的多元化救助需求，如大病医疗、危房改造、教育帮扶、灾害救助、法律援助等内容，从而使社会救助项目不断完善，将社会救助总体向制度化、规范化、常态化方向发展。

三、切实保证救助政策落细落实

第一书记是脱贫攻坚战的主力军，也是实施乡村战略的可靠前行动力，因而，第一书记要切实发挥主体责任，注意做好"后脱贫"时代工作重心和着力点的转变。第一是以社会救助做好由扶贫向防贫的转变，尤其是对长期严重依赖政策帮扶、自身致贫原因复杂的贫困人口，习惯以向政府求助的方式解决问题，因此社会救助不仅要发挥其救助帮扶的功能，更要发挥其促进内生动力的作用，缓解传统救助观念救助"重生存、轻发展"的问题。第二是要由消除绝对贫困向改善相对贫困方向转变，更加编制严密的社会救助兜底保障安全网，提高救助水平，尤其是对于因病、因灾造成的支出型贫困，以及农村失独老人、残疾人、留守儿童等特殊群体，不仅要及时缓解困难，更要以长效的机制，建立有效的救助帮扶体系，实现老有所养、幼有所教、病有所医，并切实做好生活保障和心理重建工作。第三要由物质需求向多元化发展需求转变，动态调整救助的覆盖面和救助范围，第一书记要对贫困人口做出详细的调查，及时了解困难群众需求，着力解决"缺失救助"与"重复救助"并存的问题，及时将救助政策惠及确实有需要的人群，一方面确保贫困人口脱贫后不再返贫，另一方面也要注重之前未纳入脱贫攻坚范畴的边缘困难人口，以防范出现新的大规模致贫群体，最大限度地实现救助的供需平衡。第四要充分发挥农村产业的扶困造血功能，以产业发展提高困难群体的稳定就业收入，打破传统救济观念，强调"自助自强"，为新发展背景下的社会救助制度注入变革动力。

【案例】落实农村社会救助政策，及时有效为困难群众排忧解难

（一）

2022年以来，山东省济宁市嘉祥县、经开区第一书记和工作队会同嘉祥县民政局出台了"嘉·快救"制度，针对扶贫户、生活困难边缘户及受疫情影响困难家庭，突出快速办理，建立了主动发现、快速响应、"N+1"帮扶机制，快速给予困难群众救助，确保全面小康路上不落一户一人，实现了"嘉·快救"快速救，跑出社会救助"嘉"速度。

为突出"嘉·快救"快速办理的特性，专班会同民政等部门多次深入基层调研，走进群众家中，摸实情，减流程，想方设法提高办件速度。一是压缩审批时限，下放审批确认权限，在帮扶村全面落实临时备用金制度，对于3000元以下的小额临时救助由镇（街道）直接审批，充分发挥备用金第一时间救助的时效性作用。二是推行"掌上办""指尖办"便民服务模式，实现救

助事项网上申请，网上公开，网上平台审核，真正实现让"数据多跑路，群众少跑腿"。三是全面梳理整合医保、教育、住建、人社、残联等社会救助职能部门救助政策，统一印制服务二维码，实现社会救助二维码县乡村三级全覆盖，各类救助政策"码"上知晓，为困难群众架起社会救助"最多跑一次"甚至"一次不用跑"的便捷路。四是对发现的困难群众或救助线索，及时快速地纳入相应救助范围，做到随发现随救助，对遭受意外事故、突发重病等紧急情况造成生活困难的，开通"绿色救助"通道，确保救助时效。五是广泛发动驻村工作队员、网格员、志愿者、老党员等建立村级社会救助志愿服务队，常态化开展困难群众走访排查行动，重点对收入较低、支出较大、重病重残、受疫情灾情影响、突发重大意外事故等易致贫返贫家庭进行摸排，做到了及时了解掌握辖区群众困难情况，重点人员信息及时更新、及时掌握，及时预警，"主动发现"救助对象，将"人找政策"转为"政策找人"。

（案例来源："嘉·快救"让民生兜底更暖心——嘉祥县、经开区驻村第一书记和工作队帮扶纪实 http://sd.dzwww.com/sdnews/202207/t20220707_10502367.htm）

（二）

青海省河南蒙古族自治县民政局依托驻村第一书记扎实做好社会救助基础调查取得实效。重点围绕家庭成员重病造成支出过大，需要列入支出型贫困家庭认定范围；低保户家庭中有无劳动力，以便及时调整救助档次；近期重病或重大事故造成生活困难符合低保条件的家庭；建档立卡户中生活困难需要申请临时救助的家庭；符合特困人员救助供养条件尚未纳入保障范围的孤寡老人、重度残疾人、贫困儿童等；低收入家庭中16岁以上重度残疾人、重病患者可单独纳入低保的困难群体等六个方面开展社会救助基础调查，并将发现的困难家庭或个人及时上报乡镇和民政部门核查落实救助政策。此外，按照社会救助专项治理要求，对低保对象中的"人情保""关系保""错保"等问题进行了排查，将不符合低保条件的低保户清退出列。由于政策宣传和工作到位，全县累计有493户低保家庭生活好转后主动退出保障范围，民政局对主动退出低保的家庭在全县进行了表彰宣传，主动退出低保的诚信家庭发展产业可由扶贫局担保享受5万元贴息贷款，有效激励了其他城乡低保对象通过自身努力摆脱贫困。

（案例来源：河南县依托"第一书记"做好社会救助 https://baijiahao.baidu.com/s?id=1649964484449695896&wfr=spider&for=pc）

（三）

为充分发挥慈善资源在困难群众救助帮扶中的重要作用，进一步巩固拓展脱贫攻坚成果，2022年7月，山东省民政厅派驻菏泽市定陶区黄店镇第一书记联合省民政厅慈善社工处举办"传党恩、送关爱"慈善捐赠救助活动。省扶贫开发基金会、省残疾人福利基金会、省教育基金会、省妇女儿童发展基金会、省青少年发展基金会、齐鲁制药公益慈善基金会、深圳壹基金公益慈善基金会等7家慈善组织共为黄店镇和省民政厅第一书记帮包村捐赠物资、项目37万余元。

开展这次慈善救助活动，是汇聚慈善资源助力巩固拓展脱贫攻坚成果与乡村振兴有效衔接的重要举措，也是慈善组织坚持党建引领，发挥第三次分配作用，进一步促进社会公平的一次生动实践。未来更要充分发挥优势，将更多的慈善资源向乡村振兴重点帮扶地区倾斜，扎实开展帮扶工作，为深入贯彻党中央、国务院实施乡村振兴重大战略贡献慈善力量。

（案例来源：省民政厅联合省派第一书记开展慈善捐赠救助活动，捐赠物资、项目37万余元 https://baijiahao.baidu.com/s?id=1738348328848533195&wfr=spider&for=pc）

第五节
农民素养

农民兴则乡村兴，农民是乡村振兴的主体，新时代现代化农村的建设需要具备现代化思维的高素质农民去推动，提升农民整体素质也就成了乡村振兴战略实施的关键。目前，我国农村高素质人才和人力资源存量和质量都不够。让有知识、有文化的农村青壮年参与新农村建设、引流城市人才到农村就业创业，以及对现有农村人力资源进行有计划、有针对性的培训，则是增加农村人力资源存量和提升农村人力资源整体水平的主要手段。通过教育提升农民的整体素质，是提高农村人力资源质量的唯一路径，更是为乡村振兴提供更强的人才"第一资源"支撑，是厚植现代农业农村高质量发展根基的长久之计。

一、提升文化素质，培育有知识、有能力、有理想的新农人

党的十九大提出了"产业兴旺、生态宜居、乡风文明、治理有效、生活富裕"的乡村振兴战略总要求。振兴使命需要有知识、有能力、有理想的新农人来担当。只有农民的文化素质强起来，农业才会强起来，农村才能富起来，农民才能够真正获得成就感和幸福感。教育扶贫比经济扶贫更重要，因此，乡村振兴战略的重中之重是优质教育资源向农村转移，使更多的农民能够享受到中高等教育，使农村的孩子能够享受到相对优质的基础教育。随着农村各项改革事业的不断推进，新型农业生产经营主体不断涌现；数字化、

机械化、自动化、智能化在农业生产中频繁应用，知识、技能的更新迭代速度逐步加快。因此，第一书记尤其要注重适时地、有针对性地根据不同农业生产经营主体的特点，开展各种知识和技能培训，能让农民及时掌握各种"既解渴又实用"的最新农业科技知识，并有效运用于农业生产，跟上时代发展节拍。

二、提升思想道德素质，培育爱党、爱国、爱农村的新农人

提升农民素质，不仅要在提升能力上下功夫，还须在铸魂上下功夫，提振精气神。大力实施培育和弘扬社会主义核心价值观的铸魂行动，有效地引导农民摒弃和远离低俗、庸俗的陈规陋习，推进移风易俗，推动形成文明乡风、良好家风、淳朴民风，牢记"幸福都是奋斗出来的"，展现新本领、新作为，展现时代精神新风貌。知恩感恩、富有爱心是中华民族的传统美德和社会公民的基本道德，更应在新时代农民身上发扬光大。农民是新农村的主人，也是乡村振兴的最大受益者，因此，爱党、爱国、爱农村是对新农人思想道德的基本要求。第一书记要引导和引领农村优秀文化的复兴、振兴，使更多的乡土人才成长起来；要让城市的优秀文化下乡、驻乡，使更多的乡贤投身到农村；要把农民的爱心培育起来、把创造性调动起来，让亿万农民群众成为乡村文化兴盛的主角。

三、提升职业素质，培育懂农业、懂技术、懂管理的新农人

未来的农业需要有职业素养的农民，新型职业农民是振兴乡村的生力军。目前，大部分农村青壮年劳动力流向了城市，农村农业劳动力结构以留守中老年人为主力，这种现状不利于乡村振兴战略的实施。因此，吸引城市人成为职业农民、引导农民返流，并全面提升农民的职业素质，造就亿万懂

农业、懂技术、懂管理的新型职业农民，这将是乡村振兴的重要保证。加强广大农民的科学思维、培养开拓创新的能力，更是能否将农民群体从"人力资源"转化为"人才资源"的关键所在，也极大影响着农业农村现代化进程。因而第一书记要有清楚的认知，当前农业农村现代化对新时期的农民提出了更高的要求，既要引领农民群众善学习、懂技术、文明守法，又要引领他们勇于开拓、善于创新、崇尚科学。因此，培养适应农业农村现代化要求的高素质新型农民，不单是对他们进行生产技术的普及，还须凸显人的现代化，突破农业传统思维、开拓创新职业新思维。如此，才能让农民立足于田间地头但不局限于田间地头，立足农业但不局限于农业，才能把思路谋划在发展的前头。

四、提升数字素质，培育会网络、会直播、会销售的新农人

当前，互联网和数字技术的不断拓展，为高素质农民的培养提供了更多可靠、便捷的路径和手段。在乡村振兴战略中强化和优化制度供给，整合各种资源，通过线上与线下相结合的方式，能够更有效地培育新型职业农民。第一书记既要充分发挥线下农民培育的政策福利和资源优势，依托农业技术推广服务体系、新经济组织、农业示范基地和龙头企业，开展岗位培训、技术指导、技术交流、科技示范和成果展示；也要充分利用线上农民培育的技术红利和时空优势，畅通信息获取和参与渠道，拓展农民培训内容，尤其是借助互联网共享功能打通农技入户的最后一米距离，将互联网打造成为新型职业农民培育的另一个重要阵地。此外，短视频等自媒体的兴起，也为农民充分利用零碎时间进行"充电"提供有效途径，第一书记要充分利用好自媒体平台，将打造农业技术短视频分享交流平台，以更加贴近农户需求的方式潜移默化地提升农民的素质和能力水平。同时，互联网也为农产品的销售提

供了更加广阔的市场空间。

农民素养的提升，不仅能够带动农村产业升级，促进农村产业发展，更能改变传统农村陈旧思想观念，营造更加和谐稳定的风气和氛围，为乡村振兴战略和美丽乡村建设注入更多的活力。

【案例】培育高素质农民，助力乡村振兴发展

（一）

为进一步巩固拓展脱贫攻坚成果，建设美丽乡村，助力实施乡村振兴战略，2021年6月，新疆维吾尔自治区工信厅驻麦盖提县吐曼塔勒乡托盖墩村"访惠聚"驻村工作队联合自治区中小企业服务中心组织开展了以"培育高素质农民 助力乡村振兴"为主题的培训班，来自麦盖提县吐曼塔勒乡托盖墩村的村干部及村民一行10人前往乌鲁木齐市参加培训。在新疆中小企业公共服务平台、新疆华凌农牧科技开发有限公司、新疆农业博览园等地，通过课堂教学、现场教学、观摩交流等方式，对党史学习教育、现代农业技术、农业生产经营、农产品电子商务、农民素养与现代生活等内容进行了系统的学习。

"访惠聚"驻村工作队队长表示："希望通过一周的培训，使广大群众学有所得、学有所获、学有所长，开阔广大群众眼界，增长知识，加深村民对学习先进知识和技术的向往和憧憬，从而坚定他们建设富美家乡、振兴乡村的信念。目前来看，此次培训效果良好，大家收获和感触颇多，我们希望把此项培训活动继续做下去，不断优化和丰富培训内容，真正为群众办实事，为巩固拓展脱贫攻坚成果贡献力量。"通过此次培训，为群众"指点迷津"，面对面讲解"技术良方"，有效解决村民在农业生产中遇到的技术难题，为农业增产、农民增收提供技术保障。同时，也培养了一支有文化、懂技术、善经营、会管理的高素质农民队伍，以高素质农民引领现代农业高质量发展，

做好乡村振兴中的人才支撑。

（案例来源：培育高素质农民为乡村振兴"蓄"人才 https://www.163.com/dy/article/GD4V03H805372WNC.html）

（二）

乡村振兴、产业兴旺是重点，做大做强特色产业，是促进农民稳定增收、实现可持续发展的重中之重、长远之策。为培育壮大特色优势产业，激发乡村振兴内生动力，提升脱贫群众致富信心，2021 年 7 月，广西药用植物园驻桂林市龙胜各族自治县乐江镇独镜村第一书记，在独镜村村部组织召开巩固拓展脱贫攻坚成果的政策培训会，驻村工作队员、村书记及独镜村生产队共 30 余人参加会议。该第一书记传达了龙胜县 2021 年雨露计划政策解读和《龙胜各族自治县人民政府关于做好 2021 年巩固拓展脱贫攻坚成果产业以奖代补有关事项的通知》的文件精神，并带领全体人员学习脱贫攻坚工作、乡村振兴工作上的成功经验和做法。同时，结合独镜村发展面临的新形势新任务，为打造罗汉果等特色中药材产业发展提出对策和建议。以此次培训为契机，独镜村村干部、生产队深刻领会乡村振兴战略的丰富内涵和重要意义，立足独镜村实际，进一步贯彻落实龙胜"两茶两果＋特色养殖"特色农业产业发展规划的要求，切实落细落实上级各项工作部署，把促进产业增收和实施乡村建设行动作为巩固脱贫成果全面推进乡村振兴的根本之举和重要抓手。广西药用植物园将充分发挥专业优势，派遣专家队伍指导独镜村制定中药材种植规划并给予专业的种植技术培训，为实现巩固拓展脱贫攻坚成果同乡村振兴有效衔接提供强有力的技术支撑。此次培训会也进一步提升了村民对乡村振兴战略的认识，促进独镜村加快走出一条发展优势特色产业、助推乡村振兴的新路子。参加培训的村民纷纷表示，在驻村第一书记、驻村工作队员和村干部的带领和帮助下，更加坚定了致富的信心，今后将不断提高自身素质，提升中药材种植管理技术，做一名优秀的高素质农民，做大做强独镜村中药材种植产业。

（案例来源：广西药用植物园驻村第一书记在独镜村开展巩固拓展脱贫攻坚成果政策培训 http://zyyj.gxzf.gov.cn/xwdt/GZDT/QZJG/t9484298.shtml）

（三）

徐州市铜山区何桥镇庄里砦村驻村第一书记，结合自身在农业领域专长，坚持广泛开展农业新技术的推广教育培训工作，本着为乡村振兴和现代农业发展提供一支有文化、懂技术、善经营、会管理的基层队伍，为保证小麦等作物的稳产，及时开展了冬春科技培训活动，召开动员大会，分别展开早春的小麦田间管理、科学施肥、病虫草害防治等技术培训，让更多的高素质农民掌握关键技术，提高种养殖综合技术水平，从而确保粮食稳产丰产，培训取得了明显的成效。

（案例来源：退伍不褪色 他带领群众走在振兴乡村之路上 https://www.163.com/dy/article/H270S0G10514HDHA.html）

第六节
就业培训

随着我国农村城市化进程的逐步加深和农业生产结构的不断调整，我国农村劳动力结构也发生了巨大的变化，伴随着人口增加、土地资源有限的现实情况，不仅现有农村土地已经不能够满足农村现存劳动力的生产需要，而且"靠天吃饭"的传统农业模式也远远不再能满足农民发展致富的现实需求。当前农村富余劳动力的就业问题已经凸显，因而将大量富余的农村劳动力转移到就业市场，通过稳定的就业途径实现稳定的经济收入，则成为农民改善生活质量，提高生活水平的重要途径。

一、农村劳动力的就业困境

长期以来，我国农村劳动力整体教育文化水平不高是不可回避的现实问题，这也使得农村富余劳动力在实现就业转移过程中存在诸多的困难，也面临着巨大的阻碍。主要表现在以下几个方面：第一是就业过程的无组织性，部分农村劳动力外出就业关键的渠道就是投奔亲朋，依托亲朋在某地或某行业内寻求一定的就业机会，而大部分农村劳动力则因为缺少适当的接洽关系，从而就业没有门路；第二是就业的盲目性，农村劳动力受制于教育文化水平不高、缺乏专业技能，导致择业空间狭小，不知道自己应该干什么，适合干什么，没有明确的就业方向，以至于在择业上较为盲目性，随遇而安，未来发展更是受到严重的限制；第三是工作条件差、薪酬待遇低、权益保障难，多数农村劳动力文化教育程度低，缺乏技能的限制，难以满足诸多用人单位设置的门槛要求，无法从事技能型或是脑力劳动的工作，只能选择从事重体力劳动或技术含量较低的流水线作业工作，尽管工作很辛苦，但是获得的劳动薪酬却相对于技能劳动或脑力劳动低得多，而且拖欠劳动报酬的情况也时有发生，很多劳动力在权益受到侵害时，也寻找不到自我保障的有效途径；第四是工作稳定性不强，部分用工单位，例如建筑工地，在承接工程的时候需要招聘用工，工程结束也就不再需要工人了，劳动力还需要再去寻找新的就业机会。

二、农村劳动力就业培训的价值作用

要实现农村富余劳动力的稳定就业，农村劳动力素质和质量的提升就是必须要考虑和面对的问题，加强农村劳动力的就业培训，不仅可以为农村劳动力提供具有较强需求针对性的技能提高途径，也能够进一步提高农村劳动力的整体文化素养，形成良好的就业氛围，不仅就业成功率得到提升，劳动效率也得到切实的提高。而且加强农村的就业培训，农民群众的就业方向将不再局限于劳动强度大、技术含量低、经济收入差的体力工作，还有机会广泛地从事较为高级的工作，择业时间和择业成本缩短，对于就业目标也有了更多的选择机会，以往"等、靠、盼"的尴尬局面会随之改变，因找不到工作而长期没有经济收入的困境也自然能够得到解决。

三、农村劳动力就业培训的着力点

第一书记要切实将对农民群众的就业培训作为巩固脱贫攻坚和乡村振兴战略实施的有效抓手，帮助农民掌握一技之长，引导农民群众树立"多学会一项技术就多一条出路"的理念，将技能学习作为发展的重要基础。培训要注重实际效用，充分考虑农村劳动力的实际情况和现实需要，根据农民群众的接受程度，开展具有较强针对性和使用性的培训科目，使农民群众真正在培训中掌握知识、学到本领、得到收获。也要紧密结合就业市场，以市场需要为导向，针对市场需求量大，人力资源紧缺的行业，为农村劳动力量身定制适合的培训内容。还要注重考虑农民的成本投入，既包括资金成本，也包括时间成本，力争使农村劳动力以最低的成本投入快速地获得培训收获。

就目前农村劳动力的现实情况和乡村振兴战略的实施进展，现阶段，第一书记筹划开展农民群众就业培训应该主要是以三个方向作为着力点。一是职业技能的培训，主要是针对有外出务工需求的农村劳动力群体，开展符合第二、三产业相应需要的专业技能或职业技能培训，如缝纫、电工、钳工、驾驶、修理、手工、家政服务、计算机应用等，使其在外出务工过程中能够很好地找到就业机会，更快地适应务工操作需求。二是新农业技能的培训，主要是针对没有意愿外出务工，但希望通过本地自然条件实现就业的农村劳动力群体，开展符合提高第一产业生产力相应的新品种、新技术、新设备的务农技术培训，如农机、嫁接、种植、养殖、栽培等，通过掌握农业的多种功能知识，延长农业产业链条，合理利用当地资源条件，发展旅游、观光、休闲等农业新产业，以农业综合效益的提高促进农村劳动力的就业。这两个方向对应的是农民群众对就业目标的不同需求。三是寻求行业合作，开展订单式培训，与有关行业协会或企业建立长期合作关系，依托这些行业协会或企业联合开展定向培训和订单培训，使农村劳动力培训与就业实现"无缝接轨"，既满足了企业用工的需求，也满足了农村劳动力就业需要，形成双赢的就业培训格局。

此外，第一书记在开展就业培训的过程中，还要注重对农村劳动力行为习惯的引导，帮助农村劳动力注重养成良好的生活细节、礼仪风貌，诸如不在公共场所吸烟、喧哗、吐痰，遵守交通规章等；也要注重对农村劳动力维权意识的引导，树立法律维权思维、了解法律维权途径，当权益受到侵犯，既不能忍气吞声，也不能上访报复，要寻求合法解决问题的方式。

【案例】开展实用专业技能培训，促进农民高质量稳定就业

（一）

近年来，西藏自治区农业农村厅围绕"科教兴农、人才强农、新型职业农民固农"战略要求，充分发挥各级农业农村部门的教育培训职能，利用冬

春季农闲时间，多层次、多形式开展农牧民技能培训，努力为西藏培养一支农牧业科技服务队伍、农村人才带头人队伍和有文化、懂技术、会经营的高素质农牧民队伍，为发展现代农业和乡村振兴提供强有力的人才支撑。2016年以来，区农业农村厅累计培训技术人员和农牧民 3.8 万余人次，其中高素质农民 2.1 万余人，为广袤的田野注入了新鲜血液。"十三五"期间，西藏农业农村部门充分利用国家基层农技推广体系改革与建设项目，集中培训基层农技人员 5744 人。每年每名基层技术人员直接服务农牧民科技示范户 10 户，辐射带动农户 10 户，全区共有 9 万多户农牧民家庭接受技术培训和服务。根据自治区统一安排，近年来，区农业农村厅直属技术推广单位利用技术优势，先后培训农牧民 9350 人次；同时，利用中组部、农业农村部为农村实用人才带头人和大学生村官示范培训项目，举办相关培训 20 期，培训大学生村官、村"两委"班子成员和农牧民合作组织负责人 2000 多人。受训农民学到一技之长，一方面可使农作物产量和效益提高，另一方面可让解放出来的劳动力外出务工增加收入。如今，"依靠科技，发展生产，致富增收"的观念已植根于广大农牧民心中，培养的一批拥有一技之长的致富能手、农村经纪人、"土专家"正引领更多的农牧民走上致富路。

（案例来源：西藏多措并举开展农牧民技能培训——"培"出一方新天地
https://www.163.com/dy/article/GD3JAB7S055019NV.html）

（二）

为帮助农村剩余劳动力有效转移，提升农村妇女创业就业能力，山东省济宁经开区马集镇市派第一书记服务队在戏楼村举办了月嫂培训班，来自各帮扶村共计 20 余名适龄妇女参加了培训活动。为办好这次培训班，服务队特地邀请了济宁经开区立大职业学校的专业培训师为学员进行授课。培训师结合自己多年的工作经验，就新生儿护理、孕产妇健康保健等月嫂所需的基础知识进行了专业讲解。课堂上学习气氛浓厚，讨论热烈，培训师讲得生动易懂，学员们听得津津有味，老师与学员之间不时进行着互动问答。此次月嫂培训，受到了帮扶村妇女同志的广泛关注，适龄妇女踊跃报名，积极参与。她们表示，通过专业培训，进一步提高了大家对月嫂服务工作的认识，不仅提高了专业技能，还增强了就业的信心，鼓舞了干劲。通过举办培训班，开展"为民办实事"系列活动，引导广大农村妇女充分发挥"半边天"的积极作用，真正使她们能够走出家门，勤劳致富，让"娘子军"也成为助力乡村振兴的一道亮丽风景线。

（案例来源：家门口来学"月嫂"http://www.jn001.com/paperpc/content/content_88020.html）

（三）

云南省砚山县通过探索以"地方具有产业基础，妇女具有发展愿望，市场具备发展潜力"的工作思路；以妇女居家灵活就业为抓手；以精准扶贫与发展特色产业为攻略，搭建了妇女经济发展的大平台；激活了广大城乡妇女就业创业的热情；蹚出了"以产业带动就业，以就业促进创业"可持续发展的妇女就业之路。该县充分挖掘全县民族文化资源和旅游资源，有组织地开展富有民族特色的文化旅游产品、刺绣、服装、饰品免费技能培训等，引导贫困劳动力居家从事传统手工艺制作、农产品加工、来料加工。鼓励和支持县内外企业带动贫困劳动力居家就业，把适于居家加工的产品、工序委托贫困劳动力加工制作。同时，充分发挥企业和致富带头人、技术能人的引领作用，引导企业采取"公司＋农户""公司＋合作社＋农户""能人＋基地＋农户"等模式，组织农村贫困劳动力居家稳定就业。利用对口帮扶地的市场、电商平台等组织销售，使贫困家庭实现居家灵活就业增加收入。此外，对居家灵活就业人员参加职工社会保险并缴纳社会保险费的，按规定给予社会保险补贴。对居家灵活就业人员自主创业的，按有关规定给予创业贷款扶持。通过一系列的措施鼓励妇女开展居家灵活就业，砚山县破解了农村留守妇女、失地失业妇女、残疾妇女就业创业的难题；化解了农村留守人员面临的困难；解决了新农村建设的城镇化与农业产业化的空村现象；构建了党政全力支持，社会普遍认同的女性手工业经济发展的大格局。

（案例来源：云南砚山：妇女居家灵活就业破解农村留守大难题 https://www.sohu.com/a/284389545_120047127）

第七节
健康保障

脱贫攻坚是我国实现全面建成小康社会目标的重大任务，健康扶贫是打赢脱贫攻坚战的关键战役，农村卫生事关亿万农民身体健康，是乡村振兴的应有之义。党的十八大以来，国家卫生健康委围绕基本医疗有保障的目标，会同相关部门精准施策、合力攻坚，推动健康扶贫取得决定性成就，并积极与乡村振兴有效衔接。

一、农民健康保障的政策部署

脱贫摘帽不是终点，而是新生活、新奋斗的起点。按照党中央、国务院决策部署，2021 年 6 月国家卫生健康委、国家发展改革委等 13 个部门联合印发《关于巩固拓展健康扶贫成果同乡村振兴有效衔接的实施意见》，目标到 2025 年，农村低收入人口基本医疗卫生保障水平明显提升，全生命周期健康服务逐步完善；脱贫地区县乡村三级医疗卫生服务体系进一步完善，设施条件进一步改善，服务能力和可及性进一步提升；重大疾病危害得到控制和消除，卫生环境进一步改善，居民健康素养明显提升；城乡、区域间卫生资源配置逐步均衡，居民健康水平差距进一步缩小；基本医疗有保障成果持续巩固，乡村医疗卫生机构和人员"空白点"持续实现动态清零，健康乡村建设取得明显成效。该《意见》明确目标任务，完成工作机制、政策措施"两个衔接"，坚决守住防止规模性因病返贫、保持乡村医疗卫生服务全覆盖"两个底线"，聚焦全面提升农村医疗卫生服务水平、全面提升农村群众健康素养和健康水平"两个提升"，持续接力奋斗，为乡村振兴提供更加坚实的健康保障。

2023年2月，中共中央办公厅、国务院办公厅印发了《关于进一步深化改革促进乡村医疗卫生体系健康发展的意见》，目标到2025年，乡村医疗卫生体系改革发展取得明显进展。乡村医疗卫生机构功能布局更加均衡合理，基础设施条件明显改善，智能化、数字化应用逐步普及，中医药特色优势进一步发挥，防病治病和健康管理能力显著提升，乡村重大疫情和突发公共卫生事件应对处置能力不断增强。乡村医疗卫生人才队伍发展壮大，人员素质和结构明显优化，待遇水平得到提高，养老等社会保障问题有效解决。乡村医疗卫生体系运行机制进一步完善，投入机制基本健全，基层首诊、双向转诊、急慢分治、上下联动的分级诊疗格局初步形成。该《意见》指出要通过优化乡村医疗卫生机构布局、强化和拓展县域医疗卫生体系服务功能、加强乡村医疗卫生体系疾病预防控制能力建设、加快推进县域内医疗卫生服务信息化，强化县域内医疗卫生资源统筹和布局优化；通过多渠道引才用才、创新人才使用机制、完善收入和待遇保障机制、盘活用好县域编制资源、分类解决乡村医生养老和医疗保障问题，发展壮大乡村医疗卫生人才队伍；通过加快构建紧密型县域医共体、健全乡村医疗卫生体系投入机制、建立健全城市支援健康乡村建设机制，改革完善乡村医疗卫生体系运行机制；通过巩固拓展医疗保障脱贫攻坚成果、加大医保基金支持力度、优化农村医保管理服务，提高农村地区医疗保障水平。

二、完善农民健康保障的有效抓手

在实际工作当中，第一书记更是要切实将农村卫生健康保障作为巩固脱贫成果、有效促进乡村振兴的重要策略和抓手，摸清乡村卫生健康保障体系中存在的不平衡、不充分的矛盾所在，积极推进农村基层卫生健康服务能力的全面提升。第一书记要注重发挥乡村基层党组织的政治引领作用和发展"领头雁"作用，依托乡村网格化体系建设，压实村干部、网格员、小组长责任，确保农村卫生健康保障政策要求落细落实，及时掌握村民的卫生健康水平，及时了解妇女、儿童、老人等重点人群的卫生健康需求，做到乡村卫生健康保障工作有人抓、有人管。着重开展重大疾病筛查、防治工作，合理运用相关政策充分落实重大疾病临时救助帮扶工作，最大限度减轻患者的医疗负担，坚决避免因病致贫和因病返贫情况的发生。大力推进"互联网医院""远程会诊"进乡村工作，积极推动村民健康档案的电子化管理，稳步推进"家庭医生"签约工作，定期组织开展"义诊"活动，使村民足不出户就能得到大型公立医院专家的诊疗服务。健全乡村卫生室基础设施建设，积极推动乡村医生进修培训，提高乡村医生对一般性疾病和常见病、多发病的诊治能力，以及对传染性疾病的筛查和防治能力，充分发挥乡村医疗卫生机构的前哨功能，切实发挥乡村医生村民"健康守门人"的作用。进一步优化乡村卫生健康环境，结合美丽乡村建设，立足乡村实际，落实乡村卫生健康环境整治工作，聚焦重点场所、薄弱环节，加大农村垃圾、污水、厕所等环境卫生基础设施建设力度，持续开展村庄清洁行动，建立长效管理维护机制。提高农村居民的卫生保健意识和健康管理意识，全面落实健康知识普及、合理膳食、全民健身、控烟等健康促进行动，提倡科学文明健康的生活方式和行为，发挥爱国卫生运动文化优势与群众动员优势，引导群众主动参与到改善生态环境中来。促进人口健康文化与传统文化、地方特色文化的有机结合，大力建设健康文化广场、健康文化墙和体育健身设施等，让村民既能休闲娱乐，也能获得健康知识和健康技能，营造出健康优美的宜居人文环境，让健康元素融入村民日常生活。

【案例】打通农村医疗健康服务"最后一公里"

（一）

2019年11月7日，国家卫健委在四川广元召开贫困地区健康促进三年攻坚行动专题发布会。发布会上，郑州人民医院派驻到新郑市观音寺镇前河刘村第一书记，介绍了健康促进助力脱贫攻坚的具体做法。

驻村走访过程中，他看到一些家庭因为一人生病、全家致贫。不良生活习惯普遍存在，很多群众也没有健康体检的习惯，不关心疾病的预防，这些都是小康路上的拦路虎、绊脚石，于是他和驻村工作队就把"健康"作为前河刘村六大发展目标之一。

前河刘村在郑州人民医院、当地党委、政府和卫健委的大力支持下，依托村卫生所建设健康小屋，配备了健康一体机、心电图机等医疗设备，可以完成血压、血糖、血脂、尿酸等十余项检测。郑州人民医院在选派专家义诊、讲座、健康指导、捐赠医疗设备的基础上，还免费开通了远程门诊、远程心电检查，村民足不出村就能得到省会三甲医院的专家诊疗。强化健康科普，就村里常见病、多发病的防治进行宣传，广泛收集大医院专家的健康科普音频进行播放、开通微信公众号，定期推送健康科普、设立健康活动室、开办健康教育大讲堂等。村里还修建了文化广场、健康步道，健康教育宣传栏，在墙体上彩绘健康素养66条。也通过沙画、古装剧、动画片等生动形象的健康科普视频、健康书柜近千册医学科普刊物和"三减三健"科普教育等易被群众接受的形式进一步加强健康教育宣传。在每个家庭选一个有文化、明事理的人当健康"明白人"，对"明白人"进行指导和培训。"明白人"对家人的生活习惯、生活方式进行指导和监督。并实施一家一张明白纸、一家一份实用工具、一人一份"健康教育处方"举措，关口前移，把村民"有病治病"的观念转到了"没病防病"。

在驻村工作队的努力下前河刘村村民的健康意识、行为习惯和健康水平都有了极大提升，很大程度上遏制了因病致贫、因病返贫，也推动了前河刘村的整体发展，面貌焕然一新，成为先进村党支部、新郑市文明村、国家级健康村，村民的获得感、幸福感、自豪感得到增强，发展的信心也更足了。

（案例来源：郑州市驻村第一书记在国家卫健委新闻发布会上发言 https://baijiahao.baidu.com/s?id=1649549313124385954&wfr=spider&for=pc）

（二）

基本医疗保障是贫困户退出标准"三保障"之一，健康扶贫是精准扶贫、精准脱贫的一项重要内容。2018年以来，山东省参照第一书记做法，在全国首创"业务院长"机制，向贫困与薄弱乡镇卫生院选派497名"业务院长"，实现全省200个扶贫重点乡镇和297个薄弱乡镇卫生院全覆盖。2020年8月，中介机构对山东"业务院长"进行全面评估，认为"业务院长"补短板、提能力，帮扶工作成效显著，获得了社会各界和群众广泛好评。

赶走因病致贫"拦路虎"，健康扶贫是有力武器。健康扶贫，首先要解决谁来扶的问题，就是谁给贫困人口看病的问题。基层医疗水平不高、医疗条件较差，是普遍性问题，没有业务过硬的医务人员，就没有较高的医疗保障水平，也难以从根本上保障贫困人口看得好病、防得住病，基层缺少高水平医务人员，已成为健康扶贫的最大"绊脚石"。从山东实践看，从城市大医院选派"素质过硬、专业急需、能力全面"的医务人员，到贫困地区担任"业务院长"，较快提升了乡村医疗水平，贫困人口也有了新"医靠"，在家门口就享受到了更优质、便捷、价廉的医疗服务。不仅如此，每名"业务院长"还带动培养近 10 名骨干，一人带一科、一科带一院，为基层卫生院留下了一支带不走的骨干队伍。"业务院长"还将技术帮扶与管理帮扶、设施帮扶相融合，变"外部输血"为"内部造血"，被帮扶的基层卫生院都已具备开展二级手术能力，同时发挥好远程医疗网络作用，互通上下级医院资源，基本做到了"小病不出村、大病不出乡"。事实证明，拔掉"病根"，既要有农村医保、大病保险、医疗救助、政府兜底的政策保障，也要增强帮扶针对性，以贫困人口需求为导向，瞄准问题进行"靶向治疗"，打通贫困人口健康服务"最后一公里"。

（案例来源："业务院长"治病，打通健康扶贫"最后一公里" https://baijiahao.baidu.com/s?id=16760361833324071 22&wfr=spider&for=pc）

第七章

第一书记与乡村产业

乡村若要振兴，首要是产业要兴旺，产业振兴是乡村振兴的基础。本部分主要阐述乡村振兴发展与产业振兴要素的主要内容。现阶段发展乡村产业，首先要掌握我国现阶段乡村的基本经营制度和现阶段乡村产业体系构成与发展方向。乡村产业发展历来是"三农"工作的重中之重，产业发展事关乡村经济发展，经济发展仍然是首要任务，乡村振兴发展必然依靠乡村经济高质量发展。中国共产党始终致力于产业发展，尤其党的十八大以后，加速农业现代化进程，推进中国式现代化飞速发展。党的二十大报告系统总结了近十年以来我党带领中国人民取得了历史成就，为下一步如何发展指明了前进方向，报告中关于乡村产业如何发展给予了明确的答案。党的二十大报告提出了要加快构建新发展格局，着力推动高质量发展，其中对全面推进乡村振兴做了全面论述。

第一书记要做好脱贫攻坚向乡村振兴有效衔接工作，扎实推动乡村振兴战略的实施，首要面对的就是带动乡村经济发展问题。《中共中央 国务院关于实施乡村振兴战略的意见》（2018 年中央一号文件）指出："到 2035 年，乡村振兴取得决定性进展，农业农村现代化基本实现。"为实现这样的目标，需要乡村产业高质量发展驱动，《中共中央 国务院关于做好 2023 年全面推进乡村振兴重点工作的意见》（2023 年中央一号文件）中进一步明确：强国必先强农，农强方能国强。今后一个时期"三农"工作要坚持农业农村优先发展，推动乡村产业高质量发展，在农产品加工流通、现代乡村服务业、乡村新产业新业态、县域经济发展等方面做足文章，下大力气。在发展乡村产业同时，要掌握好我国乡村现行的基本制度问题，在落实农村基本经营制度、培育各类新型农业经营主体、大力发展村集体经济等方面谋局促发展。

第一节
乡村基本经营制度

在新的时代背景下，党中央开启了全面推进乡村振兴的战略部署，这既是对我国乡村经济社会发展阶段的深刻把握，也是对历史经验的全面总结和升华，更是与时俱进、顺应时代潮流的新的奋斗目标。在全面推进乡村振兴战略的过程中，既要不断融入新的思想内涵，也必须要尊重历史经验，尤其是坚持农村基本经营制度不动摇。

一、乡村基本经营制度概念及重要论述

乡村基本经营制度指的是家庭承包经营作为基础，统分结合的双层经营体制，农村基本经营制度属于党的农村政策的基石。依据农村基本经营制度的构成要素，可以将不同地区的实现形式分为四种基本类型：合作经营型、统一服务型、高度集体型、承包经营型。自新中国成立以来，乡村基本经营制度有着翻天覆地的变化，由家庭经营制，到合作制，再到人民公社后到统分结合的双层经营体制。党的十八大召开后开启了新的篇章，逐渐促进小农家庭经营转型，在家庭经营的基础上发展多元化乡村经营制度。坚持完善和巩固农业农村基本经营制度，关系农业农村现代化与乡村振兴。《中共中央 国务院关于实施乡村振兴战略的意见》（2018 年中央一号文件）深入指出："保障乡村振兴制度支撑，完善产权和要素市场化配置，激活主体、要素和市场，改革系统、整体和协同，要求进一步巩固和完善农村基本经营制度，农

村土地承包保持长久不变，完善农村土地承包'三权分置'，保护集体土地所有权、承包权、经营权，深化农村土地制度改革和农村集体产权制度改革，完善农业支持保护力度。"党的二十大报告指出：到 2035 年我国要基本实现农业现代化，要求构建高水平社会主义市场经济体制，坚持和完善社会主义基本经营制度，在农村就要毫不动摇巩固和落实乡村基本经营制度。进一步明确了构建新发展格局，推进高质量发展，要全面推进乡村振兴战略，巩固和完善农村基本经营制度。《中华人民共和国农村集体经济组织法（草案）》的实施，更对于巩固完善社会主义基本经济制度和农村基本经营制度，对于维护好广大农民群众根本利益，实现共同富裕等具有重要意义。

二、乡村基本经营制度发展阶段及基本内涵

中国乡村基本经营制度的发展分为四个阶段：第一阶段，中国共产党成立初期到新中国成立阶段；第二阶段，新中国成立初至改革开放前期；第三阶段，改革开放前期到新时代初期；第四阶段，新时代时期。

中国共产党成立初期到新中国成立阶段，当时处于半殖民地半封建社会的中国，占统治地位的是封建土地所有制，封建地主私有土地、佃农租地经营是当时乡村基本经营制度。农民所有耕地仅有 10%。而后《中国土地法大纲》等文件依次出台，使当时的乡村基本经营制度逐步过渡。新中国成立初至改革开放前期，新中国刚刚成立不久，百废待兴，第七届三中全会首先提出要求，团结全体人民，废除封建剥削。后来《中华人民共和国土地改革法》成功出台，根本上消灭了封建剥削制度，农民土地私有私营逐步形成，也促进后来土地集体所有同集体经营的产生。改革开放前期到新时代初期，召开十一届三中全会后，以经济建设为中心，这也对农业提出了新要求，出现了家庭承包制。新时代时期，中国特色社会主义新时代时期土地问题得到了有

序推进，乡村振兴逐步实施，农业经营主体逐渐演变为家庭经营为基础，同时多元经营。

新时代时期我国乡村基本经营制度具有其特殊的时代内涵，一方面我们要明确农村土地属于农村集体经济组织成员集体所有，2020 年我国完成了新一轮农村土地集体经济的确权工作，进一步明确农村土地既不属于国家也不属于个人；另一方面农村集体土地通过农民家庭承包经营，家庭承包制确立农户为独立生产经营主体，充分调动并且保护了农民生产经营的积极性，极大促进了粮食生产的内生动力，稳定了我国粮食生产红线要求，进一步解放了农村劳动力，农村大量剩余劳动力转化为"农民工"等职业，为加快我国城市化建设提供了大量生产力，农民扩宽了增收渠道的同时也保障了整个城市化建设，促进了经济和社会双重发展。另外在推行家庭承包制过程中，我国人多地少的客观条件，加上农村基础薄弱，形成了农业经营规模小，集体经济组织建设滞后，农村集体经济薄弱等影响农村农业经济发展的弊端和障碍，在推进农村基本经营制度的同时要清醒地认识到促进土地流转、培育新型农业经营主体、大力发展村集体经济等方法和措施，推动乡村基本经营制度不断创新发展，更加符合农业农村现代化建设的需求。第一书记在落实农村基本经营制度的同时，注重推进农村土地流转，是做好乡村振兴发展的基础性工作。

三、全面落实家庭承包为基础的土地承包基本经营制度

当前我国实行农村土地家庭承包经营的基本制度，是在总结我国农业发展历史实践基础之上，依据我国农业生产特点和具备的生产力水平客观实际，实行家庭承包为基础、统分结合双层经营体系，符合我国公有制为主体，多种所有制共同发展的基本经济制度要求。

我国实行农村土地家庭承包经营的基本制度基于正反两方面的历史经验总结。党领导土地承包制度变革是在实行人民公社体制下背景下，吸取了人民公社制度阻碍农业生产力发展的失败教训，开始探索包产到户、包干到户。1983年中央一号文件《当前农村经济政策的若干问题》开始对人民公社进行体制改革，推行生产责任制，特别是联产承包责任制，以土地承包经营为核心的家庭联产承包经营责任制雏形开始形成。土地家庭承包责任制开始施行至今，已经经过了两轮，并在第二轮基础上再延长30年。1984年中央一号文件《关于1984年农村工作的通知》确定了第一轮土地承包期限为15年，这一时期按照"大稳定，小调整"的原则，极大地保护了人民群众生产积极性，稳定了家庭承包基本政策。1993年《关于当前农业和农村经济发展的若干政策措施》中提出了在第一轮土地承包基础上，再延长30年不变。这一时期按照"增人不增地，减人不减地"原则，家庭联产承包制度开始新一轮探索并为下一步政策实施提供实践经验，继而1997年《关于进一步稳定和完善农村土地承包关系的通知》明确了土地承包再延长30年的政策，我国家庭土地承包的政策趋于成熟稳定，1998年为进一步适应农村生产力水平和农业生产特点，将家庭联产承包经营改为家庭承包经营，至此，我国农村土地家庭承包经营的基本制度已经形成。2002年《中华人民共和国农村土地承包法》的颁布，标志着我国集体所有制前提下的家庭承包制度以法律形式确定下来，承包法的出台从根本上保障了家庭承包制的落实，是近些年我国推进土地改革所取得的重大成果，极大地解放和发展了农村生产力，党的十九大提出第二轮承包到期后再延长30年，这种保持土地承包关系长久不变的举措，顺应民心，保障民生，为乡村振兴夯实了基本的制度基础。

《中华人民共和国农村土地承包法》以法律的形式确立了土地承包的方式和保护。土地承包法规定了农村土地承包的当事人、合同期限及权利义务，承包方式主要有家庭承包和其他承包两种方式。家庭承包方式针对耕地、草地和林地，发包方为村集体经济组织，以家庭为承包单元，户户平等承包，承包方为本村集体经济组织内农户，根据承包农户家庭人口和土地级差确定承包数量。其他承包方式主要针对果园、茶园、鱼塘、荒山等专业承包，一般通过招标、拍卖、协商等确定承包对象，兼顾效率优先，公平原则，承包对象可以是村集体经济组织内农户，也可以是其他非集体经济组织内成员。土地承包法的实施，使得土地承包经营权得到了根本上的保护，坚持农村土地的集体所有制不动摇，不否定农村土地集体所有制，不搞平均主义，不得买卖农村集体土地，承包期内不得随意收回已被承包土地，不得随意调整农民承包的土地，不得因承办人或负责人变动或集体经济组织变化而变更或解除已有的土地承包合同，当承包发生纠纷可以采取不同方式解决纠纷，一般经过双方协商，村委会、乡镇政府调解，法院起诉，市、县土地承包机构申请仲裁等程序解决矛盾纠纷。随着我国农业现代化的不断进展，老龄化人口社会到来，农村人口大量流失，农村劳动力不断减少，推进土地所有权、承包权和经营权分置改革迫在眉睫。"二权"分置是在依法保护集体土地所有权和农户承包权前提下，平等保护土地经营权的制度和理论创新，农村土地权益包括所有权、承包权和经营权，"三权"分置实现了所有权明晰，承包权稳定和经营权灵活，所有权明晰从根本上确定了土地为村集体经济组织所有，承包权稳定了农民家庭生产生活，经营权灵活促进了土地要素与市场配置相结合、相互促进发展的关系。我国已经完成了第二轮土地确权工作，为进一步搞活土地经营权，制定相关登记、抵押贷款等制度是下一步重点工作。

四、农村土地承包流转的条件、原则、方式和措施

农村土地家庭承包经营方式导致了全国大部分土地都是小规模经营，这

就很难在规模化发展上创造经济效益，随着老龄化社会出现，农村劳动力人口大量流出，农村劳动力减少，农业人口比例下降等客观原因的出现，农村闲置土地开始出现，为了解决这一问题，我国开始推行健康有序的土地流转。从2017年开始，中央农村会议开始推动土地流转工作，创新土地流转形式，鼓励农民自愿交换土地，进一步完善农村基本经营制度，适应农村农业发展。从根本上来说，土地流转是在家庭承包基础上进行的，部分承包农户放弃土地经营权，部分农户或组织愿意经营更多的土地，从而实现土地市场化资源再配置的过程。

土地流转的条件。土地流转条件可分为主观因素条件和客观因素条件，在土地经营权流转过程中，客观因素起主动作用，主观因素通过客观因素采取措施，促进土地经营权发生转化。客观因素条件主要表现在以下五个方面，一是农户平均承包土地规模较小，我国人口基数庞大，户均承包规模仅1.4亩，分布极不均衡；二是当地经济发展水平，随着农村劳动力逐渐减少，农业收入在农业家庭收入比重并没有减少；三是农村社会保障水平，随着我国社会保障水平的不断升高，土地经营权流转需求也越高；四是农业效益水平，规模小导致效益低，达不到农民需求，促进土地流转；五是农业劳动强度，相比较农业劳动量大，劳动力却减少，客观上需要土地经营权流转。主观因素条件主要包括农民意愿、地方政策、引导机制等，这些都能主观上促进土地经营权流转。

土地流转的原则。土地流转系指土地经营权流转，从造成土地流转的主客观因素来看，主要包括了自愿原则、有偿原则和依法原则。一是自愿原则，土地流转是指土地经营权从流出方转向流进方，流出方与流进方二者都是在自愿的前提下，双方平等协商，决定是否流转土地，流出方有权决定是否流转及流转的方式和对象，任何单位及个人不得以任何方式强迫或阻碍流出方依法进行土地流转。二是有偿原则，流出方与流进方协商确定土地流转费用，可按照流转期限、经营范围确定流转有偿费用，费用归流出方所有。三是依法原则，按照土地承包法规定，流转的是土地经营权而非所有权，土地性质不发生改变还是村集体经济组织所有，仅限于农业生产范围。

土地流转的方式。当前我国农村土地经营流转方式多样，这符合市场调节需求，在保持土地所有权和承包制不变基础上，逐步发展以转包、出租、互换、转让、入股、委托等方式的土地流转。土地转包是指土地以一定期限转给同一集体经济组织其他农户从事农业经营生产，转包是现阶段农村土地流转主要形式，主要由于劳动力减少，农村人口流出，避免土地闲置并且增加一定收入的流转方式。土地出租承包方以一定期限将土地租赁给非本人所在集体经济组织成员，从事农业生产经营活动。互换是指承包方之间根据自身从事农业生产需求，对属于同一经济组织的承包地进行交换，双方承包户自愿互换土地经营权。转让是指承包方有其他的收入来源或稳定的非农职业，经承包方申请和发包方同意将土地承包经营权转让给其他从事农业生产经营的农户。入股是将土地承包经营权作为股份加入其他组织，合作生产。

土地流转的措施。家庭承包制虽然客观上导致了小规模经营的事实，但是家庭承包基本经营制度从根本上保障了农村家庭的根本利益，在解决生产规模小，推广先进科学技术，实施大型机械化生产，保障基本农田耕种，提升农产品质量现实问题下，土地流转就成为解决问题最直接有效的方式。土地流转主要采取鼓励支持的政策，镇村干部、驻村第一书记在土地流转过程中要讲好政策，做好宣传，既要帮助流出户算好成本账，也要帮助算好经济账，在自愿原则下实现收益最大化；政府有关部门在流出户收益一定费用外还应有一些直接补助，例如粮食直补等政策性收益应该归流出户所有。加强对乡村各类新型农业经营主体推进土地流转，新型农业经营主体可以改变家庭承包小规模经营模式，更加有利于推广先进科学技术，便于大型机械化生产，按照种植标准提升农产品质量。同时，要加强土地流转的服务和管理，帮助协调流转价格、签订合同、调解纠纷。

第一书记在落实农村基本经营制度工作中，要严格落实执行家庭承包制度，推进"三权"改革，在土地流转工作中，立足于为百姓谋求最大利益，利用好村集体土地经济制度，整合好下派村的土地资源，引导、培育好新型经营主体，保护人民群众土地利益，扩增增收途径，有效利用好土地资源，助力乡村振兴，百姓富裕。

第二节
新型农业经营主体

新型农业经营主体是指在完善家庭联产承包责任制度的基础上，职业农民有文化、有技术、懂经营，还有大规模经营、较高集约化程度和市场竞争力的农业经营组织。加速新型农业经营主体高水平，高质量发展，对于完善基础制度、加强能力建设、深化对接服务、健全指导体系非常有利，加快农业农村现代化、全面推进乡村振兴。

一、乡村新型农业经营主体的发展现状

新型工业、信息、城镇化进程逐步加快，农村人口加速流动，大量劳动力涌进城镇寻求工作，农业劳动力结构性矛盾越发突出。"谁来种地，怎样种地"的问题逐渐显现，各类新型农业经营主体与服务主体服务于农村，服务

于农户与农业，在解决谁来种地、怎样提升生产效率等方面发挥着越来越重要的作用。近些年，政府出台各种支持政策，投入资金加大，社会积极参与到新型农业经营主体发展中并同时发展服务主体培育，加快构建立体式复合型现代农业经营体系。家庭农场经营范围愈加多元，农民合作社经营愈加规范。党的十八大召开后，各级政府以及相关部门十分重视发展新型农业经营主体，出台政策措施，为新型农业经营主体创造有利条件，新型农业经营主体更加具有规模化、集约化、组织化。但目前我国新型农业经营主体仍然不足，发展仍处于不平衡、不充分、质量不够等问题亟待解决。

以习近平新时代中国特色社会主义思想作为指导思想，主线是加速构建现代农业经营体系，重点是内强素质、外强能力，完善基础制度、能力建设、对接服务、指导体系，实现量变质变同时转变，支撑全面推进乡村振兴同时加快农业农村现代化。党的二十大报告指出全面推进乡村振兴要"巩固和完善农村基本经营制度，发展新型农村集体经济，发展新型农业经营主体和社会化服务，发展农业适度规模经营"。新发展阶段要推动乡村高质量发展，乡村高质量发展依靠乡村振兴战略，早在 2018 年中央一号文件《中共中央 国务院关于实施乡村振兴战略的意见》就明确指出了："优化农业从业者结构，加快知识型、技能型、创新型农业经营者队伍，巩固和完善农村基本经营制度，实施新型农业经营主体培育工程，发展家庭农场、合作社、龙头企业等多种形式的适度规模经营。"并在《中共中央 国务院关于做好 2023 年全面推进乡村振兴重点工作的意见》（2023 年中央一号文件）中明确了："深入开展新型农业经营主体提升行动，支持家庭农场组建农民合作社、合作社根据发展需要办企业，带动小农户合作经营、共同增收。"一号文件的颁布成为我国今后一段时期内实施乡村振兴战略的道路遵循。

二、当前乡村新型农业经营主体的主要组织形式

乡村新型农业经营主体是在家庭承包制基础上，为着力解决小规模经营弊端，合理采用土地流转形式，进而为了扩大经营规模而产生的农业新业态，是当前我国落实农村基本经营制度的一条重要途径。我国现阶段主要乡村新型农业经营主体呈多样化发展态势，这种多形式经营主体的出现主要原理在于市场构成要素的多样化，乡村经济活动要素主要集中在劳动力、土地资源、资金投入和科学技术支撑四个方面，四种要素通过一定的组织结构有机组合，从而发展成为具有生产能力的组织机构。新型农业经营主体将各种经济组织制度与农业生产经营相结合起来，进行生产经营活动，现阶段主要出现了专业大户、家庭农场、专业化合作社、农业公司四种组织形式，第一书记在完成助力脱贫攻坚任务中，在新型农业经营主体培育上取得了大量的成绩，总结好、利用好培育过程中遇到的问题和经验，有利于进一步做好农业经营主体培育工作，助力乡村振兴发展。

最早出现的，最主要的新型农业经营主体是专业大户，专业大户实质上就是经过农村土地流转，扩大经营规模而出现的产物，是适应市场需求而发展起来的。专业大户形式较为单一，承包人没有发生任何变化，通过土地流出方进行土地流转即可，无需工商注册，流入方生产经营某一种农产品，投入与生产主要形式还是家庭生产模式。随着专业大户的产生，在家庭扩大经营规模基础上，开始出现家庭农场新型农业经营主体，与专业大户相同点在于都是以家庭成员进行规模扩大化的农业生产经营，不同点在于家庭农场要经过工商注册，但家庭农场并不是独立的农业组织制度，家庭农场的工商注册可以采用个体化注册、个人独资企业注册、普通合伙制企业注册、公司制企业注册等形式出现。农民专业合作社是世界各国普遍采用的一种生产经营

组织制度，是专业化生产、社会化服务的产物，农民专业合作社以新型农业经营主体出现又有其新时代的特征，新时代发展背景下的农民专业合作社更加适应市场要求，其"统分结合、双层经营"的特征更加利于农业抱团经营生产，我国现阶段农民合作社组织成立条件相对简单，需五名出资人共同发起，制定合作社章程，到工商部门免费注册，领取合作社营业执照即可进行生产经营活动。现阶段农民合作社新型经营主体的出现主要基于地域性为特征的"一村一品"主导产业或产品出现，进而出现"一村一社"农业组织化，便于地域性产业或产品规模化生产经营，同时"一社一带头人"带动更多农户共同参与生产经营，第一书记在通过村基层组织培养农村致富带头人，起到"领头雁"作用，带领村民通过农民专业化合作社，实现农业生产经营的生产标准化、社员技能化、品牌经营化、组织运行化、产品安全化。农民专业合作社新型农业经营主体越来越受到农民的重视，这种抱团式实现生产经营规模化的模式越来越被更多农户所接受，很多地方政府加大农民合作社的扶持力度，也大力促进了农民合作社的发展。农业公司，其代表性组织制度是有限责任公司，基本特点即公司化经营，具有产权清晰、运转高效的特点，是工商资本投资农业的主要形式。第一书记在可以通过招商引资，鼓励社会资本扶持农业，增加农民就业途径，扩展农民增收途径，提升农产品生产效能；注重引导农业公司工商资本向种业、技术服务业、农产品生产流通业等领域投资，从而带动专业大户、家庭农场、农民合作社的生产经营能力；同时要争取政府及有关部门对待农业公司与其他形式经营主体要一致，在财政、税收上享有同等的待遇。第一书记在协助农户发展新型农业经营主体过程中，要注重农业生产经营模式的选择。专业大户、家庭农场、农民合作社、农业公司各具有优点和不足，模式的选择原则主要是衡量哪种组织形式更加节约成本，更能提高经济效益，更加有利于农业发展。

【案例】第一书记做好农民专业合作社这篇大文章

（一）

龙州县是广西 28 个国家扶贫开发工作重点县之一，为突破贫困村农民专业合作社组建难、农产品无法形成规模、销售渠道不畅等瓶颈，龙州县结合实际，积极探索，充分发挥全县 33 个贫困村党组织第一书记扶贫主力军作用，组建"第一书记产业联盟"，充分发挥贫困村党组织第一书记引领作用、村干部核心带动作用和致富能人带头发起作用，推动农户成立农业专业合作社 106 家，推行"联盟成员（第一书记）+ 农民专业合作社 + 党支部"模式，壮大产业规模效益。全县共整合项目扶贫资金 3500 多万元专门扶持第一书记扶贫产业开发，分别给予各个贫困村 50 万—80 万元的产业扶持资金，构建了产业化扶贫新格局，走出了一条具有龙州特色的可持续发展的产业化扶贫之路。

（案例来源：王方红 . 龙州县"第一书记产业联盟"破解扶贫难题的思考 [J]. 广西经济 ,2015(05):38-41. ）

（二）

贵州省雷山县南猛村驻村第一书记将部分旅游扶贫资金，作为 44 户建档立卡贫困户的股份，注入农民合作社。村集体以芦笙博物馆和部分集体经济发展资金作价入股，形成了"建档立卡贫困户 + 村集体股权"模式，所得利润按股份比例分红，实现了建档立卡贫困户、村集体和合作社实现共同发展。合作社通过乡村旅游融合一二三产业共同发展，下设芦笙表演组、民族手工艺组、农业经营组和电子商务组，农业经营组通过土地流转，组织村民种植茶叶、采摘茶青。种植大户将自家承包茶园流转到合作社，村民自愿通过土地入股或出租交由合作社管理。合作社最大程度保护村民利益，与当地一家龙头企业签订茶青收购合同，茶青收购价格的三分之二归属村民，三分之一为合作社收入。

（案例来源：原松华. 模式创新＋产业联动＋精准扶贫 驻村第一书记们的"三农经"[J]. 中国发展观察,2016(11):58-61. ）

（三）

农产品销售难问题日益凸显，成为制约长岭镇 5 个低收入村脱贫致富的瓶颈。2017 年 4 月 28 日，长岭镇电子商务服务（孵化）中心正式成立，经过不断地探索和实践，逐渐形成"党建＋电商、引领＋服务"工作格局。突出党委主导，"党员＋电商"让机关党员"聚"起来；突出党支部引领，"党支部＋合作社＋电商"让基层党组织"强"起来；突出电商支撑，"农特产＋电商"让农村经济"活"起来。同时以镇驻村工作队为依托，安排固定的机关青年党员，作为派驻到各村的电商专干。发挥基层党支部"主控"作用，提升本村农产品的规模和品质，打造一村一品。鼓励党员带头率行"触网"，抓点示范，把党员培养成电商骨干，把电商骨干培养成党员。发挥合作社"主营"作用，鼓励成立以党支部牵头组建的专业合作社，充分发挥合作社议价能力和技术、管理、服务保证性的作用，统一协调好农特产品的品质把控。发挥电商"主推"作用，由镇电商平台对本地农特产进行统一标识、统一包装、统一认证、统一质检、统一营销、统一物流，并通过"臻美长岭"政府官方微信公众号、微信服务号、"长岭子"淘宝店等网络平台进行推广销售。目前，长岭镇电商服务中心通过加强品牌策划、建立臻美长岭微信公众号、注册商标、完善"三品认证"、制作产品溯源码等手段，提升本地农特产附加值，促进电商产品向品级化、品牌化发展，既打开了销售市场，也在一定程度上倒逼推动农业产业升级，激发农村经济活力，提升了长岭品牌和地域知名度。

（案例来源：庄河市长岭镇走出扶贫攻坚新路子"党建＋电商·引领＋服务"http://www.agri.cn/V20/ZX/qgxxlb_1/ln/201810/t20181029_6272362.htm）

第三节
发展农村集体经济

农村集体经济亦称"农村集体所有制经济"。我国宪法第八条规定："农村集体经济组织实行家庭承包经营为基础、充分结合的双层经营体制。农村中的生产、供销、信用、消费等各种形式的合作经济，是社会主义劳动群众集体所有制经济。"

一、农村集体经济发展历程及新阶段农村集体经济发展的内涵

研究农村集体经济发展的问题可以追溯到社会主义改造时期，当时存在的初级农业合作社运动，后来初级农业合作社逐渐演变到高级合作社。农民所有制逐渐演变到集体所有制，这时伴随着农村集体经济已经正式形成。后来因为落后的生产力与生产关系是社会主义的基本矛盾，在此后的农业生产过程中也波澜丛生，国家进而对应出台一系列举措，比如乡村改革逐步推行家庭责任联产承包制、流通市场等，发展模式呈现多样化，农村集体经济发展发生了非常大的变化。新中国成立后，农村集体经济经历了从居于农村经济发展的主导地位，再到在农村市场化改革中地位逐渐下降、职能不断被弱化，后来经过不断的探索与调整逐步实现多元化的创新路径。农村集体经济发展路径的多元化创

新，是上下求索、反复错误、反复试验、屡经波折的结果。

农村集体经济发展壮大，是巩固脱贫攻坚成果的重要途径还可以有效衔接乡村振兴战略进一步提升乡村内生发展动力，也是能够引导广大农民实现共同富裕达到更高层面的方式。社会主义市场经济的重要组成部分其中就包括农村集体经济发展，对提高乡村治理水平以及农民组织化水平意义十分重大。实现共同富裕重要保证是发展农村集体经济，必由之路是振兴农村农业发展。我们已经取得了脱贫攻坚战的胜利，历史性地解决了绝对贫困问题，但同时也要清醒地认识到城乡区域发展和收入分配差距仍然较大，尤其广大农村地区人民群众在民生方面面临不少难题，党的二十大报告明确继续全面推进乡村振兴战略，发展新型农村集体经济。《中共中央 国务院关于实施乡村振兴战略的意见》（2018 年中央一号文件）也明确指出："实现乡村振兴，要推进体制机制创新，强化乡村振兴制度性供给，深入推进农村集体产权制度改革，探索农村集体经济新的实现形式和运行机制，研究制定农村集体经济组织法，充实农村集体产权权能。"《中共中央 国务院关于做好 2023 年全面推进乡村振兴重点工作的意见》（2023 年中央一号文件）进一步全面推进乡村振兴重点工作，文件指出："今后一个时期'三农'工作，坚持农业农村优先发展，赋予农民更加充分的财产权益，深化农村集体经营性建设用地入市试点，探索建立兼顾国家、农村集体经济组织和农民利益的土地增值收益有效调节机制，探索多样化途径发展新型农村集体经济。"第一书记一项重要职责就是壮大和发展村集体经济，如何发展好当前农村新型村集体经济是一项必须面对和解决的实践课题，贯彻落实好党的二十大报告精神，全面推进兴村振兴战略，为实现全面建设社会主义现代化新农村，实现共同富裕打下坚实基础。

二、第一书记发展村集体经济的举措

第一书记首先要充分认识到大力发展农村集体经济的重要现实意义，一是发展好村集体经济是完善农村基本经营制度的一项重要措施，农村土地第一生产要素属于村集体所有，实行农户家庭承包制度，这一制度确定了农村集体经济的重要地位；二是发展好村集体经济是增强乡村服务能力的重要途径，村集体经济属于村农户共同所有，村集体经济的良好发展必将更好地实现为民服务；三是发展好村集体经济是提高村基层组织凝聚力和战斗力的重要举措，村级基层组织通过发展壮大村集体经济，充分发挥村基层组织机构领导带头作用，更加凝聚民心，提升乡村发展内生动力。

扶持农村集体经济发展。要想扶持村集体经济发展，首先要确定村集体经济组织及其主体地位。我国主要是通过宪法和相关法律法规确定了农村集体土地等属于农村集体经济组织成员所有，即土地、山地、林地等生产资料归集体经济组织农户所有，第一书记在发展壮大村集体经济工作中，首先要抓住村集体土地这一重要生产要素，结合村集体经济发展情况，精准界定村集体经济组织成员，巩固村集体经济成员主人翁思想，提升组织成员内生动力，消除影响村集体经济发展和导致农村不稳定的因素。村集体经济组织成员的确定是事关村民切身利益的基本要素，同时也是容易发生矛盾纠纷的导火索，这就要求在平等、公平的原则上，正确区分以户口为依据的"村民"和以集体资产相关联为依据的"社员"界限，尤其注意在原集体经济组织成员、新生儿、婚迁人员、政策性移民、合法收养等都是集体经济组织成员，服役、读书户口迁出人口可临时保留其社员资格，除此以外的人员是否享有社员资格应由村集体经济合作社社员全体大会研究决定。其次要注重村集体经济组织机构的建设，一般村集体经济组织合作社与村党组织、村民委员会、村务监督管理委员会同时进行换届选举，第一书记在监督村"两委"换届选举的同时一并做好村集体经济组织的换届选举工作，由村党组织书记依法选举担任村集体经济合作社社长，当前我国鼓励村党支部书记和村主任"一肩挑"，将能够带领百姓共同致富发展的带头人选拔出来，担任村集体经济组织的负责人，起到"领头雁"作用，促进村集体经济组织的建设与发展。扶持村集体经济发展还需要进一步解放思想，拓宽村集体经济发展的思路和途径，不断加大村集体经济发展的政策力度，一是将优质资源进一步向发展农村集体经济倾斜；二是加强政府协调和统筹，优先发展村集体经济薄弱的地区；三是将农业发展项目与村集体经济相挂钩，增加村集体经济收入。第一书记在脱贫攻坚中，结合产业扶贫项目，发展了大量农村产业，进一步巩固和发展好脱贫攻坚战所取得的成果，结合村实际发展业态，解放思想，推动产业发展与村集体经济相结合实践，探索壮大村集体经济与乡村振兴发展的有效衔接机制实现接力发展，是当前第一书记们一项极其重要的工作。

农村集体经济的管理。第一书记在建立和扶持村集体经济发展的同时要注重村集体经济的管理，加强组织监督和民主监督，村集体经济的管理主要包含资产、资源和资金管理，保障资产不流失，资源不浪费，资金使用公开、透明、精准。在保障村集体经济组织和社员利益不被侵犯的同时，严格制定并执行非村集体经济组织的非生产性开支范围与标准，完善村会计委托代理制度，严格执行村务监督委员会监督制度，实现村务全面公开，阳光村务。在落实好村集体经济管理各项工作的同时，推进农村集体经济组织股份合作制改革，完善内部治理机制，探索村股份经济合作社发展途径，转变经营管理方式，提升经济发展效率，效益最大化保障村集体经济快速发展。

消除村集体经济薄弱村。村集体经济薄弱村是以村集体经济年收入小于10万元来界定的，选派在村集体经济薄弱村工作的第一书记要千方百计帮助壮大村集体经济，消除村集体经济薄弱村，主要依靠以下几种途径，一是党政主导，形成有关部门各司其职，合力攻坚的工作机制。二是政策倾斜，加大支持力度，推动人才、资金、资源向村集体经济薄弱村汇聚，引导社会力量助力村集体经济发展。三是实施"头雁"工程，选拔政治过硬，负责担当，能够带领百姓致富，懂得农村管理的人才担任村党组织书记。四是帮扶机制，充分利用好驻村工作队、选派第一书记单位、帮扶单位等资源，扎实落实好"一村一名第一书记，一村一个帮扶队伍，一村一套帮扶方案"。五是发展特色产业，依据各村不同经济基础和产业发展特色，发展村集体特色产业，拓宽村集体经济发展新路子。六是提升村转移支付能力，保障村干部基本补助，提高公益林、基本农田保护经费标准，增加农村环境保护、垃圾分类、道路维护等经费支持。

【案例】第一书记壮大发展村集体经济

近年来，广西河池市天峨县岜暮乡板么村第一书记助力发展村集体经济产业，抢抓乡村振兴机遇，突出党建引领、因村施策、因地制宜，围绕产业布局和资源优势，加大扶持力度，探索多途径、多元化、多模式村级集体经济发展新路子。一是在项目、资金、人才等多方面出台一系列的扶持政策，为村级集体经济发展提供强有力的支撑，实行包片联系制度，强化各级党员干部发展村级集体经济的责任意识，推动村级集体经济健康发展。二是整合资源向贫困村党组织倾斜，持续整顿提升软弱涣散基层党组织，开展农村基层党组织"星级化"管理，提升基层组织凝聚力，发挥引领集体经济发展的战斗堡垒作用。三是多元发展，激活村级集体经济"造血"功能，鼓励村级组织牵头成立专业合作社、村民合作社，采取"支部＋合作社＋农户"等多种形式，增加集体经济收入。四是利用乡村自然资源，发展乡村旅游业，村级集体经济组织通过拓展配套业务，增加集体经济收入。五是引导村级组织对现有闲置或低效的集体资产、资源，通过改进技术、改造面貌、改良基础设施等方式提升品位后，再次租赁、有偿转让等增加经营性收入。六是把选优配强带头人，注重把一批懂经营、善管理、发展集体经济意识强的致富能人培养为村干部。

（案例来源：广西天峨县因村施策壮大村集体经济，农民日报，2019 年 11 月 18 日第 6 版）

第四节
乡村基础的产业体系

产业兴旺是乡村振兴的重要基础。乡村基础产业体系主要包括一二三产业，党的二十大报告明确提出了推进乡村振兴战略，乡村振兴产业兴旺是重点。当前我国提升农业发展质量，培育乡村发展新动能就必须坚持质量兴农、绿色兴农；必须坚持深入推进农业供给侧结构性改革；必须加快构建符合我国基本国情的现代化农业产业体系；必须坚持建构农村一二三产业融合发展体系。深入构建乡村产业体系要符合我国中国式现代化建设基本要求，中国式现代化是新型工业化、信息化、城镇化和农业现代化同步发展的现代化，我国现阶段乡村基础产业体系融合发展主要依靠以下几点，一是要依靠开发农业多种功能，延长产业链、提升价值链、完善利益链；二是要依靠农产品加工业提升，实现农产品转化增值；三是要依靠建设现代化农产品仓储物流业，打造农产品销售公共平台，加快农村流通现代化；四是在传统产业体系基础上发展新产业、新业态，发展乡村共享经济、创意农业和特色产业。对于第一书记而言，要掌握我国乡村基础产业发展态势，尤其要结合乡村具体情况具体分析，对所在服务的乡村开展广泛调查研究，形成乡村产业发展报告，报告要细致梳理出所在乡村产业基础、产业结构、一二三产业发展概况、"三产"融合发展可行性分析、产业体系发展不足、产业未来发展方向等，在调查研究基础上，培育乡村产业发展新动能，促进乡村振兴发展。

一二三产业融合发展，一产业系指乡村现代种养业，二产业系指乡村工业，三产业系指乡村服务业。一产业（乡村现代种养业）主要包括了粮食产业、畜牧养殖业、渔业、特色产业、种业等，二产业（乡村工业）主要包括了与农业生产相关的农产品加工业、饲料加工业、农机装备产业、肥料产业、农药产业等，三产业（乡村服务业）主要包括了与农业相关的农资配送、农技推广、农机作业、农业生产托管、农业废弃物再循环利用、农产品流通交易等。乡村产业体系融合发展，主要是指"三产"融合的发展，一产是基础，二产是增效，三产是服务，乡村现代种养业是乡村产业体系发展的基础，乡村工业与乡村服务为乡村种养业扩增产业、价值和利益，只有坚持一二三产业融合发展才能适应市场需求、产业链越发完整、功能业态多样化呈现、产村融合协调发展。

一、乡村现代种养业

乡村现代种养业是乡村主体产业，带动了大部分乡村人口就业，是乡村经济发展重要支点。传统种养业已经不能满足乡村现代化发展的需求，传统种养业正从单一粗放生产方式向高质量发展转变，按照我国农业供给侧结构性改革的要求，结合国家粮食安全、生态安全发展整体要求，以提高农产品质量为发展方向，按照优化结构、统筹规模、高效特色、区域布局具体要求推进现代种养业现代化发展。

1. 现代粮食产业。我国已将粮食产业地位提升至粮食安全战略，可见粮食产业对于国家发展安全之重。稳定粮食生产、发展粮食产业、提高粮食质量、保障粮食供给、确保粮食安全等，是构建现代乡村产业体系的根本任务。保障现代粮食产业高质量发展主要通过以下几种途径：一是稳定提高粮食生产能力，保证粮食生产依靠"藏粮于地、藏粮于技"，严格落实我国规定的 18 亿亩耕地红线制度，划定粮食主产区，确保基本农田和高标准农田质量提升。二是优化生产结构，稳定水稻、小麦优质蛋白粮食生产，确保口粮绿色安全，合理调整玉米、薯类、杂粮、豆类生产比例。三是先进科技应用推广，注重耕作方式高效的农作制度和生态种养模式，推广先进的农田防治、土壤改善适宜技术，减少农药化肥使用等。四是创新经营机制，随着农村人口逐渐减少，我国步入老龄化社会，农村劳动力不足，不断创新规模经营，壮大培育种粮大户、家庭农场、农民专业合作社、社会化合作组织等乡村新型农业经营主体，发展适度规模种植，机械化作业和社会化服务的种粮产业现代化模式。

2. 现代畜牧养殖业和渔业。现代畜牧养殖业和渔业是现代乡村产业体系重要组成部分，畜牧养殖业和渔业是我国食物链重要组成部分，是人民群众健康必不可缺的营养来源。对于现代农村基础产业而言丰富了食品供给种类，关乎农业生态循环，扩增农民增收途径。从现代畜牧养殖业发展来看，按照生态优先、供给安全、结构合理、富民增收的思路，走出一条生产高效、产品安全、资源节约、环境友好的现代畜牧养殖业发展之路。一是加快推进农牧结合生态循环养殖，实现现代畜牧养殖业与农业协调发展；二是加快推进畜牧养殖业标准化建设，提升畜牧养殖业与农业规模化、特色化发展；三是加快推进先进适宜技术推广力度，引导现代畜牧养殖业与农业科技化、信息化发展；四是加快推进监管服务保障，实现现代畜牧养殖业健康发展。从渔业发展来看，内地大力推广循环水养殖，遵照节能减排、节地节水、环境友好型养殖模式，沿海地区逐步实现海洋捕捞与渔业资源再生相协调发展。

3. 特色产业。我国乡村地域辽阔，南北差异显著，加之文化发展因素，造就了不同地域有不同的特色，各地方都有优势的特色产业，在脱贫攻坚和乡村振兴过程中发挥了独特的作用。第一书记在脱贫攻坚战中大力发展的乡村特色产业，为当地土特产代言销售已经成为一种时尚，发展地域特性的特色产业，是第一书记带动农民增收，做好乡村振兴工作的重要抓手。现阶段我国特色产业品种主要有蔬菜瓜果、茶叶蚕桑、花卉苗木、中草药材、食用菌菇、特色养殖等，围绕这些特色产业，科学划定主体功能区、优势产品区，结合农业产业园、科技园等新型业态，建立标准化生产示范和评价标准体系，建设一批地理标志性农产品，充分发挥特色产品产业优势。

4. 现代种业。种业是国家和地区农业核心竞争力重要标志，也是振兴农业产业重要基础。我国深入实施种业振兴行动，通过现代种业推动现代农业产业高质量发展。一是做好地区农业种质资源普查，建立区域性适宜种质资源谱系；二是实施生物育种重大项目，扎实推进国家育种和禽畜遗传改良计划；三是加快培育高产高油大豆等新品种，加快玉米大豆生物育种产业化发展。

二、乡村现代工业

乡村现代工业与宏观工业化发展概念不同，乡村现代工业是在加快乡村现代农业发展基础上的乡村农业工业化。乡村现代工业是以乡村农业工业化发展、农民主体性参与、促进农村农业发展为特征的集群化、园区化、特色化、绿色化发展，乡村现代工业主要包括农产品加工业、饲料工业、农机装备产业、肥料产业和农药产业等，乡村现代工业与乡村现代农业发展已出现融合性业态，乡村现代工业对乡村现代农业有引领和支撑作用。

1. 农产品加工业。农产品加工业连接农民、工人，链接城市、乡村，行业覆盖面广，产业关联度高，农产品加工业发展要依靠数量向质量转变，依靠要素驱动向创新驱动转变，依靠分散布局向集群发展转变，实现农产品加工业持续稳定健康绿色发展。一是合理布局原料生产与农产品加工业布局，合理布局农业现代化规划和优势特色农产品产业带，合理布局粮食主产区和农产品保护区；二是建设农产品加工商品化产业链，建设农产品精深加工示范基地，建设多元化农产品加工产业集群。三是注重绿色加工体系，大力发展绿色加工体系，大力发展农产品加工园区循环利用。

2. 饲料工业、肥料产业与农药产业。饲料工业是连接种养的重要产业，饲料工业是现代农业产品加工业也是养殖业的生产投入要素。饲料工业要综合养殖业市场要素、环境要素、区域要素和产业要素，合理布局，促进饲料加工业与种养业协调发展；要综合饲料原料供应要素和安全高效环保要素，促进乡村一二产业协调发展。肥料产业发展事关农业是否按照绿色发展，当前肥料产业发展存在产能过剩、发展不平衡、同质化严重、绿色有机肥料发展不足等问题，通过测土配方和利用有机质资源促进肥料产业发展。现代农药产业要以高效、低量、无公害为要求，降低生产分散，支持高效、安全、经济、环境友好的农药新产品研发使用，建设农药技术创新体系，攻克共性关键技术和技术集成。

3. 现代农机装备产业。现代农机装备产业是推进现代农业发展重要因素之一，我国农机装备蓬勃发展，按照创新驱动、市场主导、政府引导方式，不断提升现代农机装备产业适应农业生产规模化、精准化、设施化、机械化，优化农机产业结构，提升制造水平，走"专、精、特、新"之路。

三、乡村服务业

乡村服务业是指服务于农业现代化和农村经济社会发展的产业。乡村服务业包括多种经济形式、经营方式和多环节发展的农业第三产业。乡村服务业主要业态包括农资配送、农技推广、农机作业、农业生产托管、农业废弃物资源化再利用、农产品流通等多个服务内容。乡村服务业是以现代农业为基础，延伸乡村工业服务链，促进乡村农业产业发展。例如在农资配送方面，主要包括种苗、化肥、农药等配送服务，种苗配送要推进"育繁推一体化"和供求信息化建设，肥料和农药配送要推进连锁经营和区域集中配送模式，推行供销合作社和农民专业合作社物联网建设，加强智慧农资网络建设。在农技推广服务方面致力于集成绿色、高产、高效技术推广，促进农技推广机构与经营性服务组织融合发展。第一书记通过提升乡村服务业水平，直接助力乡村农业产业发展，促进乡村振兴。

【案例】延长农业产业，推进乡村振兴

广东省云浮市新兴县通过衔接多元产品需求，引入产品加工业；衔接车间生产需求，引入设备制造业；衔接标准服务需求，引入要素制造业；衔接农业标准制造功能，连入第二产业。开辟农业立体展示功能，农业接入"展厅"，打造特色长廊；农业接入"教室"，打造文化体验区；农业接入"景区"，打造观光旅游业，连接第三产业。激活二三产业引领功能，龙头企业定标准，打造高质量农业；龙头企业引方向，打造高端农业，升级第一产业。

（案例来源：县域农业产业发展案例 https://www.ruralchina.cn/zgxcyjpt/zx/zjgd/484939.shtml）

第五节
乡村新产业、新业态

乡村新产业、新业态是在乡村一二三产业发展基础之上，延伸乡村基础产业链，农业功能拓展，实现现代生产技术要素、管理要素、产业发展要素融合与创新，进而产生新的经济形态。

一、乡村新产业、新业态对促进农业现代化有重大推动作用

乡村新产业、新业态是现代农业飞速发展所产生的必然结果。乡村新业态、新产业的出现，有效解决了现代农业质量发展问题，增加农民收入，促进乡村振兴。《中共中央 国务院关于实施乡村振兴战略的意见》（2018 年中央一号文件）指出："当前形势下，我国加快推进农业农村现代化，走中国特色社会主义乡村振兴道路，让农业成为有奔头的产业，让农民成为有吸引力的职业。并指出了实施质量兴农战略，建设现代农业产业园、科技园，延长产业链、提升价值链、完善利益链。"乡村新产业、新业态就是在一二三产业融合发展提升农业产业、价值、利益的产物。党的二十大报告指出，到 2035 年我国基本实现农业现代化的发展目标，农村基本具备现代生活条件。乡村新产业、新业态的良好发展关系到乡村振兴质量能否高标准实现，发展现代乡村新产业、新业态要在党的二十大精神指导下，深入实施乡村振兴战略，《中共中央 国务院关于做好 2023 年全面推进乡村振兴重点工作的意见》（2023 年中央一号文件）更加具体指出："守好'三农'基本盘至关重要，举全党全社

会之力全面推进乡村振兴，加快农业农村现代化，促进农业经营增收，促进农民就业增收。"第一书记要充分认识到当前我国农业现代化新产业、新业态不断变化的趋势，结合具体乡村农业发展形势，整合有效资源，顶层设计发展方向，注重新产业、新业态与"三产"融合发展，发挥现代农业新产业、新业态巨大的提升潜能，带动大量的劳动力就业，增加农民收入，平稳实现乡村脱贫攻坚胜利后向乡村振兴发展。现阶段我国农村农业新产业主要有农业产业园区、农业产业龙头企业、农业产业上市公司等；新业态主要有休闲农业、智慧农业、农产品电子商务、创意农业、品牌农业、产业化联合体等。掌握现阶段农业新产业、新业态，有利于推进乡村发展、乡村建设，加快建设农业强国。

二、当前乡村新产业、新业态的主要形式

1. 农业产业园区。农业产业园区是指在一定区域内，以独特的农业资源、良好的生态环境以及优越的地缘优势为基础，以现代科学技术为依托，根据市场需求和社会需求发展起来的具有一定规模的高效农业产业园区。特色农业产业园区的设计注重农业与第三产业——旅游业的融合，发展农业观光，以促进农业园区的可持续发展。农业产业园是由其农业的明显物质输出和所形成的相关产业所构成。在带动经济发展的目标上与田园综合体类似，只不过实现的途径有所差别。农业产业园与农业观光园的区别在于农业观光园有明显的空间限定，且其目的是为园区所有者创造利益，不必考虑上位规划的影响，只需发展经济带动园区内的经济增长即可。但是农业产业园有明确的"两园"建设标准和规范，目的是在政府的指导下为地方发展做出贡献。

2. 农业产业龙头企业。农业产业龙头企业是指以农产品加工或流通为主，通过各种利益联结机制与农户相联系，带动农户进入市场，使农产品生

产、加工、销售有机结合、相互促进，在规模和经营指标上达到规定标准并经政府有关部门认定的企业。产业振兴是乡村振兴的重中之重。习近平总书记指出："产业是发展的根基，产业兴旺，乡亲们收入才能稳定增长。"近年来，我国乡村产业有了长足发展，但仍然存在产业链条短、融合层次低和技术水平不高等问题。全面推进乡村振兴，需要进一步拓展农业多种功能，促进农村一二三产业融合发展，加快构建现代乡村产业体系，实现产业兴旺。深入贯彻习近平总书记重要指示精神，落实党中央、国务院决策部署，加强支持引导，强化服务保障，更好发挥大型农业龙头企业对发展现代农业的引领带动作用，加快提升农业现代化水平。

3. 农业上市公司。农业上市公司是指经营范围涵盖农业、林业、牧业、渔业及相关服务业其中的一类或者几类业务，且在我国的证券交易所挂牌进行交易的公司。我国政府为农业发展提供多种便利，如政策扶持、规范管理、公共服务等方式，国家层面出台文件持续关注农业企业问题。中国农业企业逐渐壮大，数量也明显增多。农业企业不断改革创新和发展壮大，更有不少领头企业率先上市，在资本市场十分活跃。

4. 乡村旅游。乡村旅游是旅游业向农业渗透的新形式、新业态，主要依托农村自然资源、农村生活习俗和农业文化，在村庄和田野开展旅游活动，促进农村服务业发展、助推农村经济繁荣。对乡村旅游概念的表述有两点共识：一是乡村旅游的活动空间在乡村地区；二是乡村旅游因其乡土特色而吸引游客。党的十八大以来，以习近平同志为核心的党中央高度重视文化建设和旅游发展，习近平总书记对文化和旅游工作十分关心，作出一系列重要论述和指示批示，推动文化和旅游事业取得历史性成就、发生历史性变革。实施乡村振兴战略是新时代做好"三农"工作的总抓手。发展乡村旅游，是振兴乡村的重要力量，也拓宽了农民的增收渠道。习近平总书记指出，要抓住乡村旅游兴起的时机，把资源变资产，实践好"绿水青山就是金山银山"的理念。

5. 休闲农业。休闲农业是在乡村美丽田园建设基础之上，以自然生态为特色，综合乡村自然资源，与农林牧渔等生产、经营、农村文化、农家生活相结合，提供休闲娱乐及乡村生活体验的乡村新兴业态。休闲农业在我国越来越受到人民群众的喜爱，休闲农业不断丰富和发展产业聚集，越来越多的"花""果""农""特"休闲农业受到大家追捧，不断延伸的农业生产，配套设施完善，休闲娱乐性增强，百姓参与度增加，推动了休闲农业资源共享，优势凸显，信息互通，互利共赢，新产业集聚。在融入新的创意设计和融合发展，不断涌现出了农耕体验、田园景色、文化传承于一体的休闲农业综合体，推进了乡村农业与文化、生态、旅游高度融合。

6. 智慧农业。智慧农业是随着近些年互联网、移动终端、云计算和物联网技术发展，以农业生产为主要服务对象，通过传感技术和无线网络通信，实现农业生产环境的智能化、感知化、决策化、分析化、在线咨询指导化为一体的，为农业提供精准化种植、可视化管理、智能化决策、经营和管理科学化的新业态。随着人工智能技术在农业广泛应用，农业生产自动化系统逐渐普及开来，农业生产自动化系统具有环境生理自动化监控、作物模型自动化分析、精准调解自动化生成的优势，随着自然生态改变。改进生产工艺，进行差异化生产。同时自动化生产体系可以实现农产品溯源。智慧农业通过升级经营方式和精准调控经营领域，大数据化分析市场需求，实现个性化、差异化的市场营销，打破农产品时空局限，结果农产品供应信息不对称，拓宽销售渠道，实现生产经营一体化体系，发展个性化和差异化的私人订制式营销体系。智慧农业还可以提供精准的、动态的、实时的全方位服务，提供精准的管理决策，增强抵御风险的能力。

7.农产品电子商务。农产品电子商务是在农产品生产、销售、管理等环节与电子商务系统相结合，利用互联网、信息技术，通过收集发布供求、价格等信息，以网络系统为媒介，以生产基地和物流系统为链接，实现农产品精准便捷交易。在乡村打造便捷的电子商务公共平台，建设好农村信息化基础设施，创建电子商务农业产业模式，利用电子商务打造创新创业新平台，大力发展农产品电子商务新业态。

8.创意农业。创意农业主要是将农业与文化创意相结合，以文化创意为生产要素，将农业生产消费活动与文化创意活动相融合，进而提升农产品附加值的新业态。创意农业发展借助区域特色资源条件和文化底蕴，有效将生物、工业、农业、信息智能技术与经济、文化、习俗、生活习惯等融合，创意农业将有限自然资源与无限人文资源相结合，扩增农业经济增长空间。

9.产业化联合体。农业产业化联合体是农业产业园、龙头企业、上市公司、农民合作社、家庭农场等新型农业经营主体分工合作，实现规模经营，建立起来的农业生产经营一体化组织联盟，是农业全产业链乡村产业发展的新载体。农业产业化联合体突出龙头企业引领，突出农业专业合作社为纽带，发挥家庭农场基础作用，深化联盟成员高效协作，实现利益共享。

【案例】乡村新产业、新业态发展

眉县国家现代农业产业园聚焦"五化目标"，特色产业规模化、经营方式集约化、生产管理智能化、市场销售品牌化和产业形态融合化，抓好基地建设、质量管控、检验检测、果品流通"四个环节"，构筑科技研发、创新技术推广和标准"三大体系"，强化政策、联农带农、资金"三项保障"。以人民政府作为实施主体，多种新型经营主体相互融合，以区域主导产业为核心，一二三产业融合，推动现代农业产业园规模种养、加工转化、品牌营销、技术创新协调发展，促进县域富民产业发展，带动农民就地就近就业增收。

（案例来源：眉县现代农业产业园实施"五四三三"工程打造富民强县百年产业 http://www.ghs.moa.gov.cn/xdnyjs/201910/t20191023_6330465.htm）

第六节
科技与农业高新产业发展

科技创新引领农业高质量发展，以科技进步与创新为依托，促进农业高新产业发展。21世纪开始，我国农业发展进入新阶段，2000年开始，我国中央农村工作会议中提出："农业和农村经济发展的新阶段，实际上就是对农业和农村经济结构进行战略性调整的阶段。"此后，中国农业发展表现出这样的发展趋势：农业技术高新化，在世界农业发展中，我国农业高新技术发挥的作用日益增加，有着巨大的发展前景，使农业产生革命性变革。20世纪90年代后，我国各类型农业高新技术产业园区蓬勃发展。多种科学技术在农业中成功实践表现出巨大优势，如生物、信息、新材料技术等。通过各种技术将会形成与之相匹配的新兴产业，形成新的生产方式。通过在农业中广泛应用新技术、新产业、新生产方式，使我国迎来新的农业技术高新产业革命。

一、科技推动乡村振兴发展

党的十九大以来，为了贯彻落实实施乡村振兴战略，贯彻落实好中央一号文件中提升农业科技园区建设水平，农业、科技等六部委全面落实《"十三五"国家科技创新规划》和《"十三五"农业农村科技创新规划》要求，制定出《国家农业科技园区发展规划》，对我国接下来一个阶段关于农业科技园区工作如何建设进行了详细部署。《规划》明确表明：至2020年，建设好有层次、功能全面、有特色、有创新的农业科技园区体系，以国家农业科技园区作为引领，以省级农业科技园区为基础。至2025年，把园区建设为创新高地，农业高新技术产业及其服务业集聚的核心载体，成为农村创新创业主要阵地，城乡融合发展与农村改革的示范典型。

科技与农业高新产业发展是复杂的系统工程，它涉及面广、投资量大、周期性长，需要科学部署、统筹规划和不断加强。党的二十大报告指出，全面推进乡村振兴，强化农业科技和装备支撑。《中共中央 国务院关于做好2023年全面推进乡村振兴重点工作的意见》（2023年中央一号文件）中强调："强化农业科技和装备支撑，推动农业关键核心技术攻关，深入实施种业振兴行动，加快先进农机研发推广，推进农业绿色发展。"当前阶段，第一书记应以习近平新时代中国特色社会主义思想为指导，以全面推进乡村振兴重点工作的意见为根本遵循，以实施创新驱动发展战略和乡村振兴战略为引领以深入推进农业供给侧结构性改革为主线，真正推动我国科技与农业高新产业切实发展。

二、乡村科技特点与发展趋势

乡村科技主要是指农业科技，所以乡村科技的特点主要是以服务农业生产和生态环境等科学技术为主体，主要表现在区域性、不确定性、综合性、周期性和公益性。区域性，我国农村幅员辽阔，地理气候环境差异巨大，农业首要受到地域差异影响，所以需要的科学技术存在较大差异；不确定性，农业生产受到自然天气、生物机构、人为作用等客观因素影响，农业生产的可控性充满不确定；综合性，农作物生长，是在基因、土壤、肥料、栽培技术、环境等多种客观因素综合作用下进行的，各种影响因素又相互作用，继而产生了农业科技的综合性；周期性，任何农作物都有其独特的生长周期，科学技术作用于不同农作物的生长周期而产生作用；公益性，受到农业生产需求大、地域广、主体多等因素，农业科技往往以公益形式使用，以便惠及更多的使用主体。当前世界农业科技在农业生物技术、工程设施技术不断发展，信息化、数字化农业不断创新，生物组学、分子育种技术不断突破，节能减排，绿色低碳农业加快发展，我国正处于农业供给侧结构性改革深化期，乡村科技发展主要表现出了加速发展态势，农作物良种化、生产技术适宜化、产品产业化、环境保护生态化。随着我国整体科学技术水平不断提升，农业科技呈现出融合、多元、集成发展态势，继续坚持以满足农业需求为导向，遵循农业发展规律，坚持开放协同、改革创新，促进农业科学技术高质量发展，提升农业整体发展水平。

三、促进农业科技发展的主要途径

实现农业科技发展，促进农业发展的主要途径应该从技术研发和推广应用两个层面同时推进。就技术研发而言，实现农业强国、科技强国战略相协同，科学强国必然加快农业强国建设，总体来说，围绕农业核心竞争力开展农业关键核心技术攻关，支持国家实验室、重点实验室、制造业创新中心等平台建设，加强农业基础性长期性观测实验站（点）建设，完善农业科技领域基础研究稳定支持机制。具体而言，一是要深入实施种业振兴行动，提升种业核心竞争力，加快全国农业种质资源普查，持续做好种子资源挖掘利用与优异育种材料创制；完善育种体系，全面实施生物育种重大项目，扎实推进国家育种联合攻关和畜禽遗传改良计划；做好新品种选育及配套技术研究，加快培育高产高油大豆、短生育期油菜、耐盐碱作物等新品种，加快玉米大豆生物育种产业化步伐，有序扩大试点范围，规范种植管理等。二是推进农业绿色发展，加快生态循环农业技术创新，按照严格控制水资源消耗，减少化肥和农药使用，实现粪便、秸秆和农膜资源再利用要求，加快农业投入品减量增效技术推广应用，推进水肥一体化，建立健全秸秆、农膜、农药包装废弃物、畜禽粪污等农业废弃物收集利用处理体系；加强农用地土壤镉等重金属污染源头防治，强化受污染耕地安全利用和风险管控，建立农业生态环境保护监测制度；打击非法引入外来物种行为，实施重大危害入侵物种防控攻坚行动；推进健康食品开发、特色食品现代化技术、保鲜物流技术和食品加工机械装备的研发；加快农业资源高效利用技术研究、农产品质量安全技术研究、绿色宜居技术研究等。三是加快先进农机研发推广，构建集约、高效、安全、持续的智慧农业科技支撑，围绕数字农业、设施农业、农业装备等方向，满足现代农业产业发展的迫切需求。

第一书记在引进科学技术推进现代农业发展的途径主要集中在现代农业科技的推广应用层面，主要集中在以下几种途径：一是加快农业科技成果的转化。科技成果的转化是有效破除制度障碍的途径，实现生产力转化和提升，具体可以通过引进科技成果实验示范，结合村农业产业发展特点和优势，继而起到典型示范效果；推进现代农业农村信息化建设，为基层提供便利快捷的农业信息化服务；助推农业科技服务，联通农业科技服务机构，延伸服务链条等。二是培育特色农业高新产业。第一书记在工作中要结合地域优势和国家政策扶持，科学规划发展地域特色农业高新产业，向着专业化、规模化企业和产业链发展，可以通过创新农业科研载体，为农业企业、高校或科研院所搭建科研平台，进而拓宽村农业高新产业发展的途径，打造农业科技园、农业科技企业，提升农业科技水平。三是激发乡村创新创业动能。增强内生动力和发展活力，完善科技特派员制度，通过这一载体提高农业生产效率；着眼发展"大众创新、万众创业"，调动农村创新创业发展热情，为科技特派员、返乡大学生、致富带头人营造专业化、便捷化的农村科技创业服务环境；加大科技帮扶力度，广泛开展送科技下乡，科学技术专业培训等帮扶方式，引进适宜技术、品种、农机装备等，提高生产经营水平，推广绿色宜居能源技术等；打造高素质的职业农民队伍，围绕农业农村经济发展和广大农民群众培训需求，探索建立新型职业农民培训机制，切实增强农民的技术培训，提高新型职业农民培训针对性和实效性，推动职业农民专业技能和素质能力提升。四是加强基层农技推广体系建设。农技推广是打通为农民服务最后一公里的重要力量，第一书记依托县域及以上新型农技推广组织，做好衔接工作；健全基层农技推广队伍和责任制度，精准化提供农业技术服务。

【案例】科技兴农助力乡村振兴

（一）

中兴绿丰公司以打造中国柠檬民族品牌为己任，已发展成为集生产示范基地开发、农产品商品化处理、精深加工于一体的现代农业企业。中兴绿丰倡导"科技农业、健康产业"，实行国家绿色食品认证标准种植管理，与多家科研院校、专家团队合作，在产品开发、技术改造、人才培养等方面具有强大的科技支撑，将科技成果转化为经济效益。中兴绿丰实行种植、收购、生产、精深加工、销售、科研等一条龙，生产技术走在同行的前列，以租赁土地、收购农产品、招聘农民工、提供水果种苗和技术服务等方式，带动广大农户增收致富。

（案例来源：广东中兴绿丰发展有限公司：科技兴农，创中国柠檬民族品牌 https://mp.weixin.qq.com/s?src=3&timestamp=1686810880&ver=1&signature=

unRci478XxHKQnYucB80a3LcctEqw3tw5ySdDlTUYppfNGAy4gUx2My-
Alf*hpZcDKaogXdjq-3HMS5*cE1Mfcmdmxq-vDy9vApg2yfSymB*Qo1l*1dHqB
A2zeRHiQdpQRUZj-AycMtAvVtlXzgXvv7bbMpvS7r7CHZZMHLISQo=)

（二）

　　"海纳农业"是一家集优质稻米种植、仓储、加工、销售、研发、文旅等于一体的全产业链发展的农业产业化国家重点龙头企业和高新技术企业。海纳农业坚持走科技兴企、科技强企的发展道路，采用"公司＋基地＋农户／合作社＋农机＋科技＋互联网"的生产经营模式，构建产业融合平台，拓宽农民"双创"渠道为更好地实现农业一二三产融合高质量发展，打造乡村振兴培训学院，引导农民树立"科学发展"意识，带动农民高质量增产增收，建立了"海纳惠民培训中心""新型职业农民培训""广东省高素质农民培训"和"广东省农村实用人才培训基地"等技术培训平台，有效助力农民增收致富，带动农民围绕稻米产业创新创业、实现高质量发展，为促进乡村产业兴旺贡献了海纳力量。

　　（案例来源：广东海纳农业——科技促进产业融合 https://mp.weixin.qq.com/s?src=11&timestamp=1686812089&ver=4591&signature=aIzBkWN1TqifOvxeKfjR4tE3X85oxGDcmMRiYxWCpiJ7P2PVWvDGQ2gVJcBHzALd1VIYj9-uYWeFaivLSDYhJHMpIxzF93gl8lKhpLd-5KljXK-yGOP51xwh2eCFEOJS&new=1 ）

第七节
"一村一品"与县域经济发展

"一村一品"并非指数学意义上的一个村或是单一的一种产品，是代表特定地区的特色产物，也可以是两种及以上的组合。"小商品大市场"是其中突出的发展模式，它要求每村应拥有自己特色的产品，以特色产品为主进行深层次开发，形成主导产业。"一村一品"中所提出的主导产业具有丰富的内涵，既可以是种植业、养殖业、加工业，也可以是商贸、休闲、文化等行业。"一村一品"是由点—线—面整体的发展历程。当地特色资源经过开发变为产品，经由市场销售变为商品，又因其特有的属性变为名品，即以一品带动当地的经济发展。

一、乡村振兴中"一村一品"与县域经济发展

国务院"十三五"脱贫攻坚规划关于实施"一村一品"强村富民工程的要求，切实抓好贫困村"一村一品"产业扶贫行动：一是注重规划引导，二是加大资金投入，三是强化利益联结，四是加强典型示范，五是加强人才培养。通过强村富民工程和产业扶贫行动，有力助推脱贫攻坚。

县域经济，是以县级行政区划为地理空间，以县级政权为调控主体，以市场为导向，优化配置资源，具有地域特色和功能完备的区域经济。县域经济是一种行政区划型区域经济，是以县城为中心、乡镇为纽带、农村为腹地的区域经济。习近平总书记高度重视县域治理，他深刻指出，"在我们党的组

织结构和国家政权结构中，县一级处在承上启下的关键环节，是发展经济、保障民生、维护稳定、促进国家长治久安的重要基础"，并要求准确把握县域治理的特点和规律，"把强县和富民统一起来，把改革和发展结合起来，把城镇和乡村贯通起来，不断取得事业发展新成绩"。习近平总书记关于县域治理的重要论述及其实践基础，深刻阐述了县域治理在国家治理中的重要地位，为县域治理现代化建设指明了前进方向和实现路径。

第一书记要深刻把握打造乡村"一村一品"，促进县域经济发展的内在本质，坚持聚焦"三农"问题和农村农民切身需要，提升县域经济水平，为农民创造就业机会增加家庭收入，推进乡村振兴发展。

二、第一书记打造"一村一品"促进县域经济发展主要做法

在乡村振兴治理当中，经济发展是重中之重，如何因地制宜促进乡村县域经济稳定发展，打造乡村"一村一品"，促进县域经济发展，稳步实现乡村振兴，是第一书记进行乡村治理的首要任务。但是在打造县域"一村一品"的过程中，也有一些重难点和痛点需要着手解决，比如：农产品质量参差不齐，标准化建设程度低；特色产品品牌构建难度大，宣传力度不足；产业发展程度低，融合发展基础差。如何打造乡村"一村一品"，促进县域经济发展，要求第一书记坚持以农村农民切身需求为导向，以自身村情实情为基础，结合自身农业工业发展特色，探索出建设各村"一村一品"的具体做法，不断提升县域经济水平，为群众做实事，给农村农民以真正的幸福感。

首先，政府牵头，党建带动"一村一品"经济建设。产业兴旺是乡村经济蓬勃发展的重要基石，第一书记应当发挥基层党组织战斗堡垒作用，建设"党建＋经济"模式，发挥党建领航作用，走出"党建引领、改革推动、一元多化"的产业发展和村民"共建共享"的乡村治理新路子，带动一个产业，

发展一片经济，大力推进乡村产业振兴战略，结合乡村县域特色产业，整合资源，促进乡村经济发展。同时，在产业融合和绿色产业发展方面第一书记也不能放松，要大力进行政策扶持，发展智慧农业，通过政府和党建的引领，让特色产业成为乡村的智慧名片，真正打造出"一村一品"，促进产业振兴和乡村特色产业可持续发展，打好乡村脱贫攻坚战，并持续焕发乡村经济活力。

其次，提升县域特色产品质量，从源头塑造"一村一品"品质。"一村一品"的基础就是产品质量，质量好则口碑好品牌好。第一书记应当坚持提升特色产品质量，提高特色产品的市场准入水平，从源头严格标准，为市场提供质量更好的特色产品，以质量赢得市场。第一书记在切实提升产品质量的时候，在种植和品种研发上，提升产品种植研发技术，保证产品质量，促进产品种植生产标准化和规模化；加大管理力度，全面推行"五有一追溯"农产品标准化生产管理模式，提升农产品标准和水平；在产地进行基础环境净化和绿色特色农产品生产，推进质量安全追溯体系建设；健全市场准入准出机制，规范市场竞争秩序，强化全程有效监管。在提升产品质量的同时，提升市场认可度，坚持质量优秀，促进乡村产业兴旺。

再次，建设县域地区品牌农业，以品牌促经济。第一书记建设品牌农业，加快特色农业转型升级。在建设地区品牌农业的过程中，也应当强化产品质量，在做好强化产品质量的基础上，一是应当进一步强化主体，在特色农业发展过程中，要加强科技创新，提升品牌优势，企业应当强化主体意识，联合协作建设品牌利益共同体，建设品牌文化，挖掘品牌历史，加强品牌商标建设，多经营主体共同发展，打造特色产业大品牌。二是要拓宽销售渠道，促进营销水平提升，第一书记应妥善利用线上线下双平台，为特色农产品品牌构建完善的营销网络，重视信息一体化建设，在种植、加工销售各方面实现信息互通，建立完善市场信息服务系统，加大品牌宣传力度，推介特色农产品优质合作，推动媒体宣传和品牌建设结合。三是要对其进行政策扶持，做好规划布局，构建法制健全竞争有序的品牌发展环境，强化产权保护，综合运用政策工具，建立各方面奖惩机制，切实用法律保护特色产品形象。

最后，促进产业融合和城乡融合发展。第一书记应当重视产业融合，促进全产业链发展优化，促进多元化兼容发展，使产业链向高附加值高经济效益产业发展，打造复合型产业综合体，实现建设成果多方共享。在信息一体化的基础上，产业融合能够进一步发展，互联网在产业发展中的作用能够进一步扩大，降低成本技术进步，有利于乡村经济现代化发展。以特色产业为依托，发展产业一体化、信息一体化，开发农业数字化管理，定向扶持，促进产业集约化，促使农业增产，农民增收。同时健全城乡融合发展机制，畅通城乡流动，统筹城乡规划，健全基本公共服务水平，合理配置城乡资源。

【案例】发展"一村一品"县域特色产业 助农增收致富 发展新乡村经济

（一）

广东省河源市兴径村开展精准扶贫、乡村振兴、壮大村集体经济。打造新时代文明实践站平台等核心价值观主阵地，运用"腾讯为村"平台开展"党建为村、粤治粤好"项目。该村招商引进农业龙头公司——广东省南茶园生态农业有限公司，在兴径村开展玫瑰花种植项目，以"公司＋村集体＋农户"产业化方式进行经营，并拓展产业链，配套相关乡村民宿旅游文创产业。"一村一品"的收益分配模式是"保底收益＋就业＋按股分红"，解决村及周边农户就近就业增收，优先聘请并最大限度地吸纳本村贫困户劳动力务工就业，保价收购玫瑰花产品，探索激励机制分配给贫困户，实现稳定带贫益贫的长效机制。带领村"两委"干部，主动作为、攻坚克难，推动玫瑰花、鹌鹑蛋两个"造血"项目落户该村，初步形成了"一花一蛋、一种一养、长短结合、均衡发展"特色产业布局，既有农业龙头企业带动和辐射，又有扶持本村青年乡贤返乡创业做示范。该村被列为和平县扶持发展壮大村级集体经济试点村，目前正在申报广东省"一村一品"项目，参加 2020 年河源市第二届乡村旅游文旅融合创新大赛，获评"和平县基层党建示范基地"。

（案例来源：和平兴径村：党建引领发展，美了乡村富了百姓 https://mp.weixin.qq.com/s?src=11&timestamp=1686812472&ver=4591&signature=JdxBwtccKQNVFZiumeqlZxxBmPzgs8Wdwc7WTCC7BK7*FKy6*RNAdClCrqCocUhMzy*UGSiR1oP1SK0v1gbj1d2SFfQ5nuo1e4*j6Ax8za-O0SWARP8WcF2ROgRThBU2&new=1）

（二）

荔县埝桥镇南高迁村第一书记积极探索"党建＋经济"产业发展模式，带领群众发展特色新品种葡萄产业，通过引进技术、跑资金、树品牌帮助群众增收致富，全力巩固拓展脱贫攻坚成果与乡村振兴有效衔接。"产业发展，党建引领"，在村党支部协同下，先后整合资金和流转土地，为群众建成 61 个温室钢架大棚，大力发展名优特葡萄，农民人均可支配收入稳步增加。及时了解群众需要解决的问题，继续发挥党建领航作用，用抓党建引领产业发展，以强产业助推乡村振兴，做强特色化产业，坚持把葡萄作为主导产业，邀请农业专家，采取群众点单的方式定期为农户培训种植技术，全面提高农户综合素质，打响品牌化农业，持续用力做好增收这篇文章，不断优化调整产业结构，推动质量兴农，品牌强农，让南高迁村农业越做越大，产业越做越强，品牌越叫越响。

（案例来源："党建＋经济"发展特色产业　助农增收致富 https://www.163.com/dy/article/HD6REMBL051495SS.html）

（三）

黄陵县桥山街道聂洼村推行"一分田"项目，是促进集体经济发展的采摘园项目，将村上"一分田"共享经济项目提升改造为支部共建"连心田"，主动创新发展，走出"党建引领、改革推动、一元多化"的产业发展和村民"共建共享"的乡村治理新路子，帮助群众解决"急难愁盼"问题，进一步做强"党建＋"文章，发展壮大集体经济资金，修建仓储物流厂房和进村路，带动农家乐等服务业的发展，进一步丰富产业业态，激发振兴活力，促进集体经济步入稳步增长快车道。立足服务县城的定位，围绕打造县城居民的花果山、后花园和物资中转站的目标，坚持一元多化、因地制宜，既加强对已发展产业的管理提升，探索集体经济发展新举措，让群众在家门口实现就业，为聂洼村乡村振兴奠定坚实的基础。

（案例来源：方寸之地　内涵乾坤——黄陵县聂洼村"一分田"共享经济的改革实践 https://www.163.com/dy/article/FV4KBFHO0514UQ23.html）

第八章

第一书记与乡村生态

"生态兴则文明兴，生态衰则文明衰"，这句话深刻蕴含了生态环境是人类赖以生存和进步的根基。中华民族自古以来就有人与自然相和谐统一的中国古代朴素哲学思想，人与自然和谐共生是中华民族一直追求的生态文明。党的十八大以来，中国在生态文明建设取得了重大理论成果，实践经验，为世界生态文明发展提供了宝贵的中国智慧、中国方案。党的二十大报告指出："中国式现代化是人与自然和谐共生的现代化。人与自然是生命共同体，无止境地向自然索取甚至破坏自然必然会遭到大自然的报复。我们坚持可持续发展，坚持节约优先、保护优先、自然恢复为主的方针，像保护眼睛一样保护自然和生态环境，坚定不移走生产发展、生活富裕、生态良好的文明发展道路，实现中华民族永续发展。"

乡村振兴是民族振兴重要组成部分，党的二十大报告指出坚定不移推进乡村振兴战略。乡村生态环境保护是我国生态环境重要的组成部分，生态兴则乡村兴，乡村振兴需要全面振兴。《中共中央 国务院关于实施乡村振兴战略的意见》（2018年中央一号文件）明确指出："农村环境和生态问题比较突出，并提出了2020年之前实现农村生态环境明显好转，农业生态服务能力进一步提高，到2035年农村生态环境根本好转，美丽宜居乡村基本实现，到2050年实现乡村全面振兴，农业强、农村美、农民富全面实现。"第一书记在乡村振兴过程中，深刻认识到生态振兴是一场深刻革命，要不打折扣践行"绿水青山就是金山银山"的生态理念，推进人与自然和谐共生式的中国现代化发展。

第一节
保护自然生态系统

自然生态是指生物之间以及生物与环境之间的相互关系与存在状态。

一、保护自然生态系统意义所在

党的十八大以来，习近平总书记围绕生态文明建设作出一系列重要论断，形成了习近平生态文明思想，把我们党对生态文明建设规律的认识提升到一个新境界。以习近平生态文明思想为引领，亿万人民驰而不息，久久为功，秉持"绿水青山就是金山银山"理念，努力建设人与自然和谐共生的现代化，为共建清洁美丽世界贡献中国智慧和中国力量。生态兴则文明兴——"生态文明建设是关系中华民族永续发展的根本大计"。在 2022 年世界经济论坛视频会议上，习近平总书记用 3 个"全力以赴"，再次表明中国坚定不移推进生态文明建设、实现可持续发展的决心和行动："中国坚持绿水青山就是金山银山的理念，推动山水林田湖草沙一体化保护和系统治理，全力以赴推进生态文明建设，全力以赴加强污染防治，全力以赴改善人民生产生活环境。"党的二十大报告明确提出推进美丽中国建设，坚持山水林田湖草沙一体化保护和系统治理，加快发展方式绿色转型，提升生态系统多样性、稳定性、持续性。《中共中央　国务院关于实施乡村振兴战略的意见》（2018 年中央一号文件）指出："打造人与自然和谐共生发展新格局，必须尊重自然、顺应自然、保护自然，明确要统筹山水林田湖草系统治理，健全耕地草原森林河流湖泊休养生息制度，扩大耕地轮作休耕制度，实行水生态保护修复制度，推行河长制、湖长制，开展国土绿化行动等自然生态系统保护工程。"人不负青山，青山定不负人。良好的人与自然和谐共生环境是乡村最大优势和宝贵财富；是人类赖以生存发展的基本条件。新时代新征程上，在习近平生态文明思想指引下，为全面建设社会主义现代化国家，建设人与自然和谐共生的现代化，要求我们站在人与自然和谐共生的高度促振兴、谋发展。第一书记在促进保护自然生态系统具体工作中，按照党的二十大总体要求，结合兴村振兴战略具体举措，掌握乡村绿色发展方式转型，统筹山水林田湖草系统规划治理等方法和举措，助推乡村振兴。

二、我国现阶段保护自然生态系统主要内容

要想推进美丽中国建设，实现生态宜居，生活富裕的发展目标就要走绿色发展，人与自然和谐共生的发展道路。建设社会主义现代化新农村需要统筹乡村产业结构、乡村污染治理、乡村生态保护，协同推进减污、扩绿、降碳，推进生态优先、节约集约、绿色低碳发展。实现绿色发展，打造人与自然和谐共生发展新格局，需要加强山水林田湖草系统一体化治理，加强农村环境综合治理，建立市场化多元化生态补偿机制，增加农业生态产品和服务供给。这里仅从自然生态系统的保护层面而言，主要内容是加快乡村绿色生态转型，山水林田湖草系统一体化治理，耕地保护、环境治理、生态农业在其他章节详述，不在这里赘述。

1. 加快乡村绿色生态转型。加快乡村绿色发展，要在生产模式、农业供给侧结构、自然生态屏障、消费和生活方式上加以改革。一是进行生产模式改革，主要措施包括严守生态保护红线，加强法律法规约束，增加改革保障；持续实行退耕还林、还草制度，增加退耕还林、还草资金支持政策；继续推

行扩大耕地轮作休耕试点，在保证粮食红线基础上，降低农业资源利用强度，提升农业资源利用率；加大农业水利工程设施投入，提高农田灌溉水利系统利用效能，建立合理农业水价形成机制和节水激励机制；加强土壤保护，推广应用土壤保护适宜技术，减少化肥、农药对土壤污染程度，通过生产模式改革促进山绿、水绿、食品绿色。二是加快农业供给侧结构性改革，主要措施包括：加快引进推广生态种养模式，实现农产品提质增效，破解农业发展不平衡不充分问题；推进畜牧业升级转型，优化现代养殖结构，适应市场宏观调控，调整供给侧平衡，质量、效益、生态共赢；发展节水保水渔业，加大发展推广循环性水产养殖业，以环境友好型、碳汇渔业的生产方式为主要发展方向，调整产业结构，实现乡村高效生态，推进现代化农业绿色、协调、优质、品牌、可持续。三是扩大自然生态屏障改革，不断加强扩大自然生态屏障，国家牵头加快建设生态保护区、水资源保护区、公益林区、公园等为主体的生态保障。四是消费模式和生活方式改革，取缔高量产、高消耗、高排放的粗放型生产方式和消费模式，注重发展资源、生产、消费相协调、相匹配的生产和消费方式；倡导绿色低碳的生活方式，杜绝铺张浪费，引领勤俭节约、健康生活文明新时尚；倡导社区、乡村、学校、企事业单位以及家庭为载体的生态文明单位创建，构建生态文明宣传教育体系，培育崇尚生态、保护环境的社会氛围。

2. 推进山水林田湖草沙系统一体化治理。一体化治理粗略划分为治山一体化，治水一体化，治田一体化，治草一体化，治沙一体化等这里仅就山和水的治理加以概述，田治理分章概述。一是治山一体化，山以林为主，山林是陆地生态为主体，我国森林资源极其丰富，民间也常说"靠山吃山、靠水吃水"，表达了山林是人类赖以生存的自然资源，提供了人类生存的场所，也提供了人类品种多样的食物，森林天然氧吧是现代人修养身心好去处，森林食品也受到人民群众的追捧，山林不仅影响人类的生存，还与水土资源、物种安全、气候安全等人类生存资源密切相关。实现乡村绿化，要依靠持续地推进乡村绿化建设，在保护好乡村生态环境的基础上，将乡村绿化规划与地域特点、产业发展、风土人情、历史遗迹等因素相结合推进乡村绿化；利用好乡村庭院、路边、房前屋后空地、河道、荒山荒地等闲置资源，构建乡村森林生态屏障；要依靠提升森林质量，养育森林需要长时间坚持、国家和地方制定好育林政策，划定好区域，出台好法律法规，建设好森林防护队伍，实行护林员制度，完善森林防护的奖励和惩罚机制，调动好人民群众力量，联合森林防治病虫害专家、森林树种专家、树木保护专家等建成群育群护的森林质量体系，实现藏富于林、藏宝于山，基层党组织、村组织要推动森林生态文化广泛传播，提升人民群众爱护森林意识；要依靠健全乡村绿化长效机制，在做好乡村规划发展的同时加大乡村绿化比重，地方政府通过租用、流转、补助等多种形式保证绿化用地需求，可结合乡村公益性岗位建立管养机制；要依靠林业发展生态效益与经济效益共赢，加快林产品品质提升和品牌培育，推进林业产业融合，带动乡村振兴。辽宁省铁岭市西丰县素有天然氧吧之称，森林覆盖率达到 70% 以上，大力发展了柞蚕、榛子、中草药材、苹果等依托森林生态资源产业，打造独具特色的"一村一品"，促进农民增收，乡村脱贫振兴。二是治水一体化，包含了治理江河湖溪等内容。人的生存离不开水，而我国水资源分布不均，人均水资源分配较低，当前我国正处于加快社会主义现代化建设时期，中国式现代化发展包含了工业现代化、农业现代化、城镇化、信息化综合发展的现代化，中国式现代化是实现人口基数庞大的现代化，发展的同时必然造成水资源的过度开发、粗放利用、污染严重等问题，中国式治水一体化，强调与治山、治林、治田等相结合的一体化，加快构建符合中国国情，适应中国发展的水生态保护、水资源利用和水安全保障体系势在必行。中华民族几千年来亲近水，关心水，爱护水，积累了大量的治水用水的经验，是中华民族智慧的结晶。当前水问题已然成为人民群众所关注的社会热点问题，"因地制宜、治标治本、多策并举、综合施策"才能真正达到治水目的，浙江省是我国水资源丰富的省份，在治水方面取得了成功的经验，实现了水质量提升与产业发展相适应的治水格局，提出了"治污水、防洪水、排涝水、保供水、抓节水"的综合治水方法，建立省、市、县、乡、村五级联动"河长制"，实现了党政主导、人民主体、企业主力、社会主动的共治共享格局。

【案例】生态振兴促乡村振兴

（一）

2015 年 12 月，经海南省委省政府、白沙县委县政府领导及专家组的反复论证，《白沙黎族自治县南开乡道银、坡告村民小组生态扶贫移民实施方案》正式出台。

白沙县南开乡高峰村第一书记、乡村振兴工作队队长郭立兵推动村基础设施建设和产业发展落地项目 7000 余万元，极大改善了高峰村群众的出行条件和人居环境，为稳固脱贫成果、高峰村整体生态搬迁的顺利推进，发挥了突出的作用。根据"搬得出、留得住、能致富和区域生态修复双赢"的总体目标和五大发展理念，通过人口转移、生态修复、政策扶持、完善配套政策等措施，实现"南渡江源头"生态核心区环境的改善和保护。作为海南首个生态移民自然村，高峰村搬迁结束后，将持续推进自然生态修复，逐步恢复区域生态涵养功能。现在的高峰新村，大力实施乡村振兴战略，引入有实力、有经验的市场主体，发展特色种养、民宿、共享农庄等，多渠道增加村民收入，实现"搬得出、稳得住、能致富"的目标，正在努力打造海南乡村建设的标杆。

（案例来源：郭立兵：致力于生态搬迁的第一书记 https://zhuanlan.zhihu.com/p/442330544）

（二）

济南市莱芜区大王庄镇竹园子村驻村第一书记结合竹园子村环境卫生工作实际，多次召开村"两委"会，安排部署环境卫生提升工作，进一步压实责任，明确分工，建立了环境卫生责任机制，确保农村环境卫生状况不反弹。通过充分利用微信工作群、大喇叭循环播放、标语横幅等多种方式进行宣传，提高广大群众对抓好农村环境综合整治工作的思想认识，实行环境综合整治工作常态化管理。竹园子村一直把美丽乡村建设工作作为一项重要工作任务，以环境卫生整治为突破，真抓实干，攻坚克难，人居环境面貌得到了极大的改善。积极动员群众参与卫生整治，缓解了日常保洁压力，解决了环境卫生日常保洁难问题，有效巩固了整治成果。

（案例来源：济南市莱芜区大王庄镇竹园子村：冬季环境卫生整治，我们在行动 http://jidong.sdnews.com.cn/lwqx/202201/t20220106_3012856.htm）

第二节
牢牢守住十八亿亩耕地红线

耕地保护是指运用法律、行政、经济、技术等手段和措施，对耕地的数量和质量进行的保护。耕地保护是关系我国经济社会可持续发展的全局性战略问题。"十分珍惜、合理利用土地和切实保护耕地"是必须长期坚持的一项基本国策。

一、耕地保护在乡村振兴中的重大意义

近年来，我国农业结构不断优化，区域布局趋于合理，粮食生产连年丰收，有力保障了国家粮食安全，为稳定经济社会发展大局提供坚实支撑。与此同时，部分地区也出现耕地非粮化倾向，一些地方把农业结构调整简单理解为压减粮食生产，一些经营主体违规在永久基本农田上种树挖塘，一些工商资本大规模流转耕地改种非粮作物等，这些问题如果任其发展，将影响国家粮食安全。党的二十大报告指出："全方位夯实粮食安全根基，全面落实粮食安全党政同责，牢牢守住十八亿亩耕地红线，逐步把永久基本农田全部建成高标准农田。"在乡村振兴发展指导意见中也着重指出了："夯实农业生产基础能力的要求，藏粮于地、藏粮于技，严守耕地红线，落实永久基本农田保护制度，大规模推进农村土地整治和高标准农田建设。"《中共中央　国务院关于做好 2023 年全面推进乡村振兴重点工作的意见》（2023 年中央一号文件）中确定了"坚决守牢确保粮食安全的重点工作，加强耕地保护和用途管控，严格控制耕地转为其他用地，加大撂荒耕地利用力度；加强高标准农田建设，补土壤改良和农田灌溉设施等短板"。做好 2023 年和今后一个时期"三农"工作，要坚持以习近平新时代中国特色社会主义思想为指导，全面贯彻落实党的二十大精神，深入贯彻落实习近平总书记关于"三农"工作的重要论述，认真落实党中央、国务院决策部署，采取有力举措防止耕地"非粮化"，切实稳定粮食生产，牢牢守住国家粮食安全的生命线。

二、加强耕地保护主要路径和方法

加强耕地保护工作中，首先要明确中国农田紧缺的基本地情，清楚认识

到我国人口众多，人均耕地少的基本国情。在这样的地情国情背景下，加强耕地保护是保住 14 亿人口口粮的基本国策，事关国家安全，具有重大意义。第一书记在助推乡村振兴发展中，如何保护好"祖宗田"，为后代保留好优质可耕的"子孙田"，实现乡村经济社会可持续发展，是一个重要而现实的时代课题。加强耕地保护的主要途径有管控红线、节约集约、占补平衡、提升质量、合理规划。

管控红线。在党的十九大报告中就明确要求划定国家生态保护、永久基本农田和城镇开发边界三条红线。党的二十大报告进一步明确要求牢牢守住十八亿亩耕地红线，逐步把永久基本农田全部建成高标准农田。《中共中央 国务院关于做好 2023 年全面推进乡村振兴重点工作的意见》（2023 年中央一号文件）明确指出了加强耕地保护和用途管控，严格耕地占补平衡管理，实行补充耕地验收评定和"市县审核、省级复核、社会监督"机制，确保补充耕地数量相等、质量相当、产能不降，严格控制耕地转为他用，探索耕地种植用途管控机制。从近些年我国关于管控耕地红线的重要论述来看，持续推进乡村振兴战略，确保中国人的饭碗牢牢端在自己手中，牢牢守住耕地红线，是一项基本国策。全国各地严格按照国家管控耕地红线政策和措施，大力推进和落实永久基本农田划定和保护工作，加快进行高标准农田建设工作，当前全国各地永久基本农田划定工作基本完成，持续推进高标准农田建设。以辽宁省为例，在按照行政村 3000 亩集中连片、土壤优良、适合规模经营和机械化耕作为标准，逐步加强农田水利、交通等设施建设，建设高标准农田示范区和永久基本农田示范区，管控耕地红线取得重大成效。同时，国家规定永久基本农田划定之后，任何单位和个人不得擅自占用或他用，依法查处违法占用行为，制度和法律管控耕地红线；继续进行高标准农田质量提升工程，保证耕地红线数量，确保耕地质量。

节约集约。节约集约是实现乡村耕地保护的必然选择，一是通过节约集约控制农村用地增量，盘活现有存量，以控制增量倒逼存量。现阶段我国乡村土地存量处理饱和状态，随着乡村人口不断流失，专业农民人口老龄化，导致乡村荒地、山地等存量更加减少，这就要求乡村现阶段加大耕地节约集约工作，倒逼乡村土地存量效能。按照中央供给侧结构性改革要求，用市场调节乡村土地供给结构，提高乡村土地供给质量和效率，适应新时代乡村土地供需，更好适应经济发展和民生需求。二是通过调整乡村产业结构，以一二三产融合发展为导向，以规模管控为途径，盘活农村建设用地存量，推进农村土地全域整治。三是依托政府，统一规划，整体布局，结合乡村耕地实际情况，开展以山、水、林、田、路等综合要素的土地综合整治。四是合理安排基本农田建设、现存土地整理、建设用地复垦、生态环境修复等工程建设，形成有序聚集、空间布局合理高效的土地利用格局，有效保障新农村耕地需求。

占补平衡。占补平衡是当前我国有效保护耕地红线的重要举措之一。"占一补一""占优补优""占水田补水田"是保障耕地平衡政策，平衡点在于质量和总量。占补平衡质量在于提升现有存量的质量，按照因地制宜要求旱田改水田，数量上实现"占一补一"；提升耕地质量落实"占优补优"；以"旱田改造水田"落实"占水田补水田"。

提升质量。保障耕地质量，一是要强化土地整治过程管理，对补充耕地项目不能只追求数量忽略质量，补充耕地要符合耕地准入程序，经过立项、设计、实施、验收、报备、复审、监管等程序，确保新增耕地数量保证，质量达标。在准入的同时实施生态保护，按照山水林田湖草沙系统一体化要求，杜绝毁林毁山为代价开垦耕地。二是严格耕地质量评定，在建设基本农田示范区、高标准农田质量提升工程等项目中，牢牢把控工程质量。三是健全耕地生态保护补偿机制，全国地方，尤其探索在乡村实行耕地生态保护补偿机制，能够直接保护农民保障耕地数量和质量积极性，同时通过生态补偿直接扩增经济效益，增加村集体经济和农民增收。四是科学技术提升耕地质量，可以与高等院校、科研院所合作，加大对土壤生态改善，引进适合的轮作休耕，保障耕地质量。

合理规划。合理规划是指合理规划永久基本农田、城镇开发边界和生态保护红线。随着我国城镇化不断加快，城镇人口压力不断增大，城镇资源承载超负荷，一定程度上打破城镇和乡村资源平衡。保证乡村耕地资源，要在城镇化进程中注重顶层设计、合理规划。合理确定城镇发展、农业生产、生态保护空间比例结构，保障生态不被破坏前提下划定开发边界、生态保护线和永久基本农田控制线。坚持运用好"以存量换增量""以效率换用地""以管控保生态"，优化资源配置，促进乡村与城镇协调发展。在划定三条管控线的同时，切实强化空间管控，明确各类空间管控办法和措施，引导空间资源有效配置，制定以功能定位为参考的考核管理办法，强化评价结果应用；制定乡村差异化的环境评价标准及财政与质量评估挂钩的生态补偿政策；推进生态功能转型发展，走生态功能特色化、可持续发展道路，促进乡村生产发展高效，生活空间宜居，生态环境良好和谐发展；探索生态旅游、生态工业转型、生态农业精品化的生态经济体系，发展乡村服务业，促进经济效益与生态效益协同发展。

【案例】第一书记落实耕地保护制度

（一）

山东省济宁市汶上县军屯乡驻村第一书记开展耕地保护宣传，提升群众保护耕地、节约集约和依法依规用地意识，大力营造依法合理用地、切实保护耕地的舆论氛围，围绕耕地保护的主要制度、面临的形势、耕地保护措施落实落地，宣传耕地保护"三平衡"、基本农田"四严禁"、一般耕地"五不得"、违法占用"后果重"等知识，全面提升群众知晓率，提高耕地保护意识。积极协助配合乡党委政府以及帮扶村"两委"落实"田长制"。

（案例来源：军屯乡驻村第一书记和工作队集中开展耕地保护宣传活动 https://www.sohu.com/a/578957598_121123773/）

（二）

广东省茂名市化州市新安镇新安村第一书记广泛征求村民意见，与村委会成员就撂荒地处置方案多次召开研讨会，充分调研的基础上，促成新安镇山合经济合作社与化州市胜文家庭农场达成撂荒地复耕复种流转协议，以促进撂荒地再利用，有效减少耕地撂荒，盘活农村土地资源，落实最严格的耕地保护制度和政策，该举措体现了"村集体整合集中＋生产托管"的农业生产托管模式，能够有效集中土地资源，提高机械化作业效率，将分散的生产模式转变为同一品种进行统一栽培管理，促进节本增收。此外，农户将土地经营权流转到经济社，与经营主体开展合作经营，有助于实现利益分配。

（案例来源：新安：驻村第一书记促成80多亩撂荒地复耕复种 http://www.huazhou.gov.cn/syzl/xzdt23/content/post_999389.html）

第三节
打造生态农业良性循环体系

生态农业，是按照生态学原理和经济学原理，运用现代科学技术成果和现代管理手段，以及传统农业的有效经验建立起来的，能获得较高的经济效益、生态效益和社会效益的现代化高效农业。

一、生态农业良性循环体系

生态农业良性循环体系要求把发展粮食与多种经济作物生产，发展大田种植与林、牧、副、渔业，发展大农业与第二、三产业结合起来，利用传统农业精华和现代科技成果，通过人工设计生态工程、协调发展与环境之间、资源利用与保护之间的矛盾，形成生态上与经济上两个良性循环，经济、生态、社会三大效益的统一。随着中国城市化的进程加速和交通快速发展，生态农业的发展空间将得到进一步深化发展。2021 年，习近平主席在《生物多样性公约》第十五次缔约方大会领导人峰会视频讲话中提出："绿水青山就是金山银山。""绿色农业指的是以可持续发展为基本原则，充分运用现代化科技和先进的管理理念"，构建绿色发展路径，让经济发展和绿色生态共生共融。党的二十大报告指出："我国还存在粮食安全问题，坚持绿色、循环、低碳发展，坚持问题导向，增强问题意识、聚焦实践遇到新问题、改革人民群众急难愁盼问题。"建立乡村生态农业良性循环体系，是从把握全局和局部、当前和长远的前瞻性思考、全局性谋划。《中共中央 国务院关于实施乡村振兴战略的意见》（2018 年中央一号文件）指出："新时代实施乡村振兴战略具有重大意义，农业农村农民问题是关系国计民生的根本问题，当前我国乡村面临着农业现代化发展不平衡不充分矛盾最为突出，到 2035 年建成农业结构根本性改善、生态环境根本性好转、农业农村现代化基本实现。"第一书记要充分认识到，随着时代的快速发展，绿色经济也逐渐走入千家万户，城乡居民的生活品质也被贴上绿色健康的元素符号。这意味着生态农业体系为这种需求产生变化，生产出符合绿色健康的优质农业产品。这是第一书记助推

"三农"发展，乡村振兴的重要途径和举措。保护生态环境系统的同时，促进农业经济和社会效益的良性循环体系，在此基础上，探索发展高效绿色生态农业是我国农业产业经济可持续发展的必经之路，实现乡村振兴的必经之路。

二、第一书记推进生态循环农业建设的切入点

乡村发展生态循环农业主要目标是减少乡村资源消耗和环境污染，进而达到农业经济高质量发展和生态环境高质量建设的动态平衡。推进生态循环农业以减量化、再利用和资源化为基本原则，以高效循环利用和生态环境保护为发展导向，以调整优化农业生态系统生产、消费机构为主要途径，以促进农业经济活动与生态良性循环可持续发展为要求，充分调动生态循环农业高效化、清洁化、循环化、无害化优势，实现农业现代化高质量发展目标。第一书记助推生态循环农业体系建设，助力乡村振兴需结合转变生产方式、优化产业结构、推进科技人才支撑、优化服务组织保障等途径，立足当下，着眼长远。

以转变生产方式为切入点。转变农业生产方式主要是通过转变乡村农业经营主体观念、改善农业生产基本条件、推进清洁生产和农作制度创新。一是转变乡村农业经营主体观念，实现农业经营增收。《中共中央 国务院关于做好 2023 年全面推进乡村振兴重点工作的意见》（2023 年中央一号文件）明确指出，"深入开展新型农业经营主体提升行动，支持家庭农场组建农民合作社、合作社办企业、带动小农户合作经营，完善社会资本流转取得土地经营资格审查、项目审核和风险防范制度"。结合文件意见，培育实施和带动农业经营主体，支持农业专业合作社、家庭农场、种植大户等新型农业经营主体发展生态循环农业是重要举措之一，同时在转变新型农业经营主体观念同时，引入民间资本、实体企业、社会资本等投入生态循环农业开发，加快形

成集农业龙头企业、农民专业合作社、家庭农场和种养大户、社会资本投入为一体的生态循环农业组织体系，发展生态循环产业。二是加强实施农业基础设施建设，农业基础设施建设项目是第一书记转变生产方式的重要抓手。完成高标准农田新建和升级改造工程，补齐土壤改良、农业灌溉设施，推进永久基本农田向高标准农田改造；加强农田水利基础设施建设，推行重大水利工程建设；发展现代设施农业等。三是大力推进清洁生产，探索科学用肥和减少农药用量方法，培育壮大无公害农产品、绿色产品和有机食品产业，提升农产品优质化水平。四是推进农作制度创新，坚持保护为主，用养结合，推广农牧合作、水旱轮作等新生态农作制度，改良农田自然生态系统。

以优化产业结构为切入点。随着我国经济社会的飞速发展，供给侧结构性改革的深入实施，农村产业结构适应时代发展要求，不断发生变化，要求第一书记密切联系乡村发展实际，优化产业结构，推进生态循环农业发展进程。优化产业结构要加快发展农产品加工流通业、现代乡村服务业、乡村新产业新业态；要注重统筹发展生态畜牧业和生物优质产业。在加快农产品加工流通业方面，注重农产品加工业提升行动，推行以家庭农场、农民合作社、中微小企业为主体的农产品产地初加工，提升农产品附加值，引导大型农业企业发展农产品精细加工；注重农产品加工产业园发展，推动以产地延伸、园区集中为特色的一体化农产品产业结构；注重农产品流通渠道，实施集生产、加工、集散、批发市场综合体建设，布局仓储和冷链集配。在加快乡村现代服务业方面，第一书记以县域经济循环发展为主要落脚点，推进县域城镇、乡村一体化发展格局，助推乡村电子商务和快递物流配送体系发展，加强与现代快递业、物流运输业、国有企事业等行业合作，建成以县域采集配送为中心，农村客货物流融合的现代物流服务业；注重乡村食品、休闲旅游、文化体育产业等生活服务，促进乡村现代服务业多方面、全方位发展。在加快培育新产业新生态方面，第一书记要发挥人才资源优势，贡献智慧和力量，在现代农业产业园建设、打造优势产业集群、现代农业现代化示范区建设、文化产业、数字经济、电商直采定制等新产业新业态引进和实施中不断探索，推进生态循环农业发展。在统筹发展生态畜牧业和生物优质产业方面，要统筹合理布局发展生态畜牧业，按照种养结合、资源循环、废物利用、协调发展思路，推广农牧结合的生态养殖模式；统筹发展生态优质产业，提高农业废弃物资源化再利用率，转化废弃物为新肥料、新燃料等资源，例如利用农作物秸秆加工动物饲料或加工生物碳燃料等，实现生态循环农业的循环综合利用。

以科学技术创新引进为切入点。第一书记可以利用原单位的资源，整合高校、企事业单位、科研院所科学技术优势，做好生态循环农业技术标准制定；做好以实践为推动的生态循环农业技术集成；做好科学技术在生态循环农业中的推广与应用。在技术标准体系方面，加快形成生产、质量、加工、经营、物流、环境一体化标准体系，建立起现代化生产、管理和服务的生态循环农业。在生态循环农业技术集成方面，注重节约农业资源和生态环境保护的生态农业技术、立体复合的农耕制度、精细加工技术、废弃资源再利用技术及相关产业链技术等综合集成，为现代生态循环农业提供技术支撑。在技术推广方面，分级分类开展培训，开展农业技术示范、实验、科技入户等，培育一批生态循环农业科技带头人，带动生态循环农业技术的推广和应用。

以落实组织保障为切入点。第一书记以组织为依托，在农业生产专业化服务、农业废弃物再利用服务等方面发挥作用。将政府支持政策，市场化运作，科研机构合作，社会资本导入有机结合，跨区域、跨产业发展生态循环农业。

【案例】推进生态循环农业建设经验

（一）

山东省农科院第三轮第一书记工作组整合5个贫困村的资源和资金480万元，成立了聊城市东昌府区五联鑫种植专业合作社，规划建设了以高标准现代化养殖示范园为核心，高标准葡萄大棚种植园区和葡萄休闲观光园区相配套的"种养结合—农牧循环"生态产业示范园。生态产业示范园项目包括三个组成部分：一个是现代化高标准猪场，年出栏生猪达4500头，在设施上配备地暖、风机和湿帘等现代化科技养殖设备；在饲养过程中实现高度自动化，包括自动喂料、自动饮水、自动通风和自动保温；粪污实现无害化处理，不给当地造成环保压力，而是变废为宝，实现资源综合利用。另一个是高标准冬暖式葡萄大棚园区，建设6个高标准钢构大棚及附属设施。第三是葡萄休闲观光园，设有连栋温室、葡萄采摘、规模化生产、立体种养等。葡萄种植模式、架式均采用最新集成技术，可实现深翻、埋土、修剪、喷药等类农机无障碍操作、集约化管理。猪场产生的粪便和污水，连同种植业产生的秸秆等废料，通过沼气工程进行无害化处理后，形成沼液、沼渣等有机肥料，用来生产高品质葡萄和蔬菜，粪污处理过程中产生的沼气可以用来发电和冬日取暖，形成"种养结合—农牧循环"、实现新旧动能转换，变废为宝，符合国家和省市的农业产业导向，给新型农业插上科技的翅膀，助力扶贫攻坚。

（案例来源：聊城东昌府："种养结合—农牧循环"，新旧动能转换中……https://www.sohu.com/a/215578211_99958048）

（二）

清原南山城镇二道河村的第一书记与村"两委"班子一起立足长远谋发展，以绿色种植、生态养殖，以种促养、以养促种，在发展生态循环农业基础上抓经济效益的思路，依托资源优势大力发展种养结合的生态循环农业，走出了一条生态、绿色、高效的农业发展新路子。他牵头成立了腾达种养殖专业合作社，采取"农户＋合作社合营"的模式，向村民流转土地，由合作社出资经营。建起了220多亩山林生态养殖基地一处，饲养溜达鸡2000多只，安格斯繁殖母牛25头，同时建设了100亩有机水稻种植基地，并在稻田内养殖了河蟹。畜禽粪便经无害化处理后就地还肥于田，田间秸秆作为饲料用于养殖，实现了生态循环农业。年底，合作社的各项销售收入达到30多万元，推动产业扶贫和村集体经济发展取得了扎实成效，不仅提升了绿色农产品质量和效益，也为壮大村集体经济，助力脱贫攻坚奠定了坚实基础。

（案例来源：这位第一书记带村民走出农业发展新路子 https://mp.weixin.qq.com/s?src=11&timestamp=1686815746&ver=4591&signature=vJovv2P45DylXoH8Ofg84pFT06qlp4qIvlKC2JZQDEgJIQ6vZVuXZNBASzTGo1fI5trS8q40Cms3ZBJ-VHHEVsxM1un256CTSBOrKT*H1Gf3CZnPeOl896Cus7x*DiEv&new=1）

第四节
大力推进乡村环境治理

当前，我国农村人居环境状况不平衡，脏乱差等问题依然突出，大力推进乡村环境治理，改善农村人居环境，建设美丽宜居的乡村，是实施乡村振兴战略的一项重要任务，事关广大农民群众的福祉，事关农村社会的文明和谐。

一、我国新时代关于乡村环境治理的重要论述

2014 年国务院办公厅发布《关于改善农村人居环境的指导意见》，指出到 2020 年，农村人居环境基本实现干净、整洁、便捷，党的十九大报告提出了实施乡村振兴的新战略，将建设"生态宜居"的新农村放在更重要的位置。《中共中央 国务院关于实施乡村振兴战略的意见》（2018 年中央一号文件）指出："农村环境问题比较突出，乡村治理体系、治理能力亟须加强，到 2020 年农村人居环境明显改善，到 2035 年农村生态环境根本好转，美丽宜居乡村基本实现。"该意见对加强农村突出环境治理问题综合治理作了详细描述。随后，中共中央关于制定国民经济和社会发展第十四个五年规划和二〇三五年远景目标的建议中指出：要优先发展农业农村，全面推进乡村振兴，因地制宜推进农村改厕、生活垃圾处理和污水治理，实施河湖水系综合整治改善农村人居环境。2018 年中共中央办公厅、国务院办公厅印发《农村人居环境整治三年行动方案》指出："到 2020 年，实现农村人居环境明显改善，村庄环境基本干净整洁有序，村民环境与健康意识普遍提高。主要从推进生活垃圾治理、开展厕所粪污治理、梯次推进农村生活污水治理、提升村容村貌，加强村庄规划管理，完善建设和管护机制等六个方面达到此目标。"党的二十大报告指出："我们坚持绿水青山就是金山银山的理念，坚持山水林田湖草沙一体化保护和系统治理，全方位、全地域、全过程加强生态环境保护，生态文明制度体系更加健全，污染防治攻坚向纵深推进，绿色、循环、低碳发展迈出坚实步伐，生态环境保护发生历史性、转折性、全局性变化，我们的祖国天更蓝、山更绿、水更清。"第一书记在助推开展乡村环境治理工作中，需要深刻学习乡村环境治理的重要论述，坚决贯彻党的二十大报告提出的深入推进环境污染防治的意见，扎实落实《中共中央 国务院关于做好 2023 年全面

推进乡村振兴重点工作的意见》（2023 年中央一号文件）推进农村人居环境整治提升的措施，推进宜居宜业和美乡村发展。

二、当前第一书记推进乡村环境治理工作的思路与措施

当前第一书记做好乡村环境治理工作的主要思路是推进乡村人居环境整治和打造美丽田园规划相结合。在推进乡村人居环境整治工作中，要以 2023 年中央一号文件为遵循，充分总结乡村环境治理所取得的成功经验，结合现阶段乡村环境治理所面临的现实问题，统筹好村庄公共空间整治，治理乡村污染，开展村庄清洁活动，持续落实好乡村生活污水治理、垃圾分类处理、厕所革命、废弃物再利用等具体措施，开展爱国卫生运动，在乡村营造保护环境良好氛围。在推进乡村人居环境整治工作的同时注重统筹规划美丽田园建设，因地制宜开展好田园环境清洁，基础设施配套，调整优化产业布局，建立健全长效机制。第一书记在乡村环境治理工作中要抓好整治、做好规划，以突出问题为导向，以美丽乡村建设为目标，持续抓环境整治，扎实助力乡村振兴。

推进乡村人居环境整治主要措施。一是乡村污染治理，现阶段我国乡村污染问题主要表现在乡村工业污染、建筑垃圾污染、农业种养污染、生活污染。整治乡村工业污染方面要以"培育零污染，改造小污染，聚集小而散，消灭重污染"为发展思路，开展乡村工业集群转型升级，中小型工业企业进入工业园区，关停高耗能、重污染企业；减少乡村建筑垃圾方面，进一步完善乡村与周边城镇统筹规划发展，合理布局乡村城镇化进程的村庄、人口布局，倡导使用节能环保新工艺、新材料，不搞重复、过度浪费建设，清理乡村违法建筑；防控农业种养方面，持续推进化肥、农药减量增效新办法、新技术，加大农田残膜、农药废弃包装物处理回收，对畜牧业严格按照标准化

养殖场建设要求执行，最大程度减少环境污染，及时调整畜牧业产业格局，深入实施秸秆焚烧制度，减少农村大气污染，避免由秸秆焚烧所造成的森林火灾、田园火灾等次生伤害，避免出现危害人民群众生命财产安全的重大伤害事故，推行种养结合、农牧结合，实现农业废弃物循环再利用；清理乡村生活垃圾，重点提升村庄污水处理能力，注重打造乡村生活污水截污纳管和运维管理配套管网建设等。二是深度推行垃圾分类处理、厕所革命、废弃物再利用等重要举措，当前我国乡村在垃圾分类处理、厕所革命、废弃物再利用等工作还有待进一步加强，很多环节需要进一步改善，政策需要深度执行。在垃圾分类处理环节中，持续加强培养村民垃圾分类习惯，宣传普及垃圾分类方法，引进切实可行的垃圾分类方式，推进乡村垃圾分类和综合利用的途径，建设以村为重点，推进"户装、村收、镇运、县域处理"全覆盖的垃圾分类体系，第一书记在垃圾分类工作中可以结合巩固脱贫攻坚成果的举措，探索建立以建档立卡户贫困人口为参与主体，调动有劳动能力的贫困人口加入乡村环境保护工作中来，通过设立公益岗、道德岗，提升乡村贫困人口的内生动力，通过劳动获得一定经济收入。推进厕所革命环节中，已经进行厕所改造的乡村对基础设施加强维护提高利用率，对没有进行厕所改造的乡村加快进行改造，第一书记要注意厕所改造过程中政策落实是否到位，村民遇到什么样的实际困难，实施结果是否满意，还要改进的主要问题。废弃物再利用环节中，引入厕所粪便、易腐烂垃圾、有机废弃物就近就地资源化利用措施。例如沈阳农业大学研发蚯蚓土技术，利用排泄物、易腐烂垃圾、有机废弃物作为养殖主要原材料，通过养殖蚯蚓，做成有机肥料，不仅改善了土壤环境，还可以减少化肥使用，减少土壤污染，增加百姓经济收入。三是持续开展爱国卫生运动，爱国卫生运动的开展是提升乡村环境治理的十分重要途径，活动的开展能够提升百姓爱护环境意识，掌握保护环境方法，养成良好卫生习惯，尤其在对重大传染性疾病可以有效预防，第一书记可以通过"党建＋环境治理"模式持续开展爱国卫生运动，经常性开展以乡村环境保护为主题的党日活动，发挥党支部堡垒作用，永葆党员同志先进性，在村民中起到模范带头作用。

打造乡村美丽田园综合体的主要措施。打造美丽田园综合体是提升乡村环境的发展方向，是建设美丽乡村的重要举措。当前我国乡村发展相对处于落后状态，各种基础设施建设凌乱，通信、电力、交通等设施杂乱无章，民房私搭乱建，破败废弃用房随处可见，垃圾场地配套不合理，废弃物垃圾随处可见，不仅造成环境污染，与美丽乡村建设也差距甚远。要切实解决农村"脏乱差"现象，一是要推进田园环境清洁化，以村为单位，建立合理垃圾存放点，综合周边相邻村需要，设立便民垃圾场，重点整治田间地头、水边河道、道路排水沟渠等被随意丢弃的生产生活垃圾，实时动态加强田园清洁，对农业生产经营所建设标准低、使用率低、布局不合理的设施进行更新、改造、维护，对违法设施建筑予以拆除。二是加强基础设施配套，在建设过程中兼顾田园、绿化、道路、农田、水利、通讯、电力、民宅、生产场所、垃圾站等各方面基础设施，进一步净化田园空间环境。三是调整优化产业布局，减少碎片化种植和季节性抛荒，科学布局种养业，建设美丽牧场、生态牧场。四是健全长效的田园环境保护机制，建立网格化的田园环境整治和保护体系，落实好看管人员、经费支撑和责任分工，建立健全农田设施管理及保护机制、田园环境日常保洁机制，第一书记在衔接脱贫攻坚成果推进乡村振兴工作中，注重脱贫攻坚中所设立的道德岗、公益岗，是落实田园日常保洁的有效抓手。

【案例】第一书记提升乡村环境取得有效经验

（一）

山西省沁县闫家沟村驻村第一书记，通过抓基层党组织，推进了乡村环境治理。在他的坚持和带动下，沁县泰康人寿保险公司40多名志愿者对通村街道两旁的杂草和垃圾进行清理。村民们纷纷加入队伍当中，激发内生活力，实现了村每周定期卫生大扫除，垃圾不落地。他坚持把爱国卫生运动这项工作作为一项常态工作进行下去。闫家沟村以环境整治为抓手推进人居环境整治，取得了不错的成效。

（案例来源：青春在扶贫一线闪光：一名驻村第一书记农村环境治理记 http://qnzs.youth.cn/tsxq/202007/t20200708_12400894.htm）

（二）

镇头镇自开展人居环境整治提升工作以来，派驻镇头镇张村第一书记带领村"两委"和党员发挥带头作用，发动群众共同参与，助推人居环境整治巩固提升。通过制定详细规划，修订村环境卫生长效管理机制和村居环境卫生管理细则，以不断巩固村居环境卫生整治效果；压实责任，强化推进，做好村民的思想工作，督导其整理好前屋后院，清理好"四大堆"；对村路边的杂草秸秆、村里的乱堆乱放、房前屋后的卫生死角、河道污水沟的垃圾进行了地毯式清理；形成了"干部带头、党员示范、群众参与"的良好局面，张村的环境卫生整治工作取得了阶段性成果，掀起了人居环境综合整治的热潮。

（案例来源：县法院驻村第一书记——强化疫情防控，开展环境整治赋能乡村振兴 https://www.thepaper.cn/newsDetail_forward_17404611）

第五节
确保粮食安全

粮食安全是指保证任何人在任何时候能买得到又能买得起为维持生存和健康所必需的足够食品。这一概念主要涉及粮食的供给保障问题，它经历了一个较长时间的演变过程。

一、粮食安全战略的重要论述

1974 年，联合国粮农组织对粮食安全的定义为：粮食安全从根本上讲指的是人类的一种基本生活权利，即"应该保证任何人在任何地方都能够得到未来生存和健康所需要的足够食品"，强调获取足够的粮食是人类的一种基本生活权利。1983 年，联合国粮农组织对这一定义作了修改，提出粮食安全的目标为"确保所有的人在任何时候既能买得到又能买得起所需要的基本食品"。《中共中央 国务院关于实施乡村振兴战略的意见》（2018 年中央一号文件）对粮食安全问题做了系统描述，意见指出："提升农业发展质量，首先要实施藏粮于地、藏粮于技战略，严守耕地红线，确保国家粮食安全，把中国人的饭碗牢牢把握在自己手中。"党的二十大报告明确了继续实施乡村振兴战略，报告指出了："全方位夯实粮食安全根基，全面落实粮食安全党政同责，牢牢守住十八亿亩耕地红线。"2022 年习近平总书记看望参加全国政协十三届五次会议的农业界、社会福利和社会保障界委员时讲话强调："在粮食安全这个问题上不能有丝毫麻痹大意，不能认为进入工业化，吃饭问题就可有可无，也不要指望依靠国际市场来解决。要未雨绸缪，始终绷紧粮食安全这根弦，始终坚持以我为主、立足国内、确保产能、适度进口、科技支撑。"中央连续多年一号文件均对粮食问题做了重要论述，《中共中央 国务院关于做好 2023 年全面推进乡村振兴重点工作的意见》（2023 年中央一号文件）更是直接指出要做好全面推进乡村振兴重点工作意见，意见第一条就指出了要抓紧抓好粮食和重要农产品稳产保供，全力抓好粮食生产，全年产量保证在 1.3 万亿斤以上，全方位夯实粮食安全根基。我们坚信按照"以我为主、立足国内、确保产能、适度进口、科技支撑"为发展战略，必能确保我国粮食安全。

二、确保粮食安全战略实施的乡村主战场作用

乡村是粮食主产区，乡村是粮食安全战略实施的主战场，粮食安全战略能否安全保障，乡村主战场起到决定性作用。第一书记们要清醒地认识到，中国式现代化的全面推进，社会主义现代化国家建设，最艰巨最繁重的任务仍然在农村，中国是具有庞大人口基数的国家，保障好 14 亿人口的口粮事关国家安全发展、事关人民生命健康安全、事关民族复兴。2023 年中央一号文件是今后一个时期"三农"工作重要指导性方针，意见首要提出了如何保障粮食安全，为今后一个时期确保我国粮食安全战略指明了发展方向和保障措施，是第一书记做好粮食安全工作的重要遵循，同时做好粮食安全工作，要在如何保障粮食量的安全和粮食质的安全质量方面进行思考。

保障粮食安全的重要措施。抓粮食安全是第一书记服务"三农"的一项重要工作，同时也是促进乡村振兴的一条重要途径。一是抓粮食生产保证数量，要实现粮食产量保持在 1.3 万亿斤以上的目标主要是保障十八亿亩耕地红线不动摇，持续落实永久基本农田保护制度不动摇，加快高标准农田建设和

质量提升工程不动摇。二是多元化食物供给增加食物种类，丰富乡村多元化食物供给，探索构建粮经饲统筹、农林牧渔结合、植物动物微生物并举的多元化食物供给体系。三是统筹粮食和重要农产品调控保证粮食数量，加强化肥等农资生产、储运调控等。四是发展现代设施农业增加粮食产量，注重农业现代化提升行动，加快粮食存储、物流等设施建设，推进老旧设施改造，开发新的设施农业，加强水利基础设施建设。五是加强法律保护保障粮食生产数量，持续加强耕地保护和用途管控，严格耕地占补平衡管理，确保补充的耕地数量相等、质量相当、产能不降。六是强化农业防灾减灾能力保障粮食生产数量，注重旱涝灾害防御体系建设和农业生产防灾救灾。保障粮食质的安全举措。七是加大政策力度保障粮食生产数量，完善农资保供稳价应对机制，健全主产区利益补偿机制，增加产粮大县奖励资金规模，鼓励发展粮食订单生产，实现优质优价，严防"割青毁粮"，严格省级党委和政府耕地保护和粮食安全责任制考核，推动出台粮食安全保障法。八是用科学技术实现藏粮于技，推动农业关键核心技术攻关与应用，深入实施种业振兴行动，加快先进农机研发推广。九是推进农业绿色发展，保障粮食健康安全，加快农业生产化肥、农药等投入品减量，加深土壤改造增效技术推广应用，建立健全秸秆、农膜、农药包装废弃物、畜禽粪污等农业废弃物收集利用处理体系，健全耕地轮作休耕制度，强化受污染耕地安全利用和风险管控等。十是健全多元投入机制保障粮食安全，稳步提高土地出让收益用于农业农村比例，重点保障粮食安全信贷资金需求。

综合来说，粮食安全事关国计民生，事关人民群众切身利益，将中国人的饭碗牢牢把握在自己手中是永恒的时代命题，是乡村振兴发展的重要命题，做好粮食安全工作不仅要统筹协调乡村振兴等国家重大战略部署，同时要注重"三农"发展的农业投入、民生工程、科学技术、政策保障、机制健全、市场调控、法律约束等内容，粮食安全蕴含了"三农"发展的方方面面，只有以粮食安全发展为战略目标，才能保障民生、得到民心，只有粮食安全人民生命健康才能得到保障，乡村振兴，民族复兴。

【案例】南平市保障粮食安全战略措施举隅

粮食安全是"国之大者"。延平区洋后镇洋后村驻村第一书记，通过整治撂荒地工作，盘活洋后村的荒地利用，是南平市集中力量整治撂荒地，盘活农村"沉睡"土地的一个缩影。

南平是农业大市，是福建粮仓。南平市深入贯彻习近平总书记关于国家粮食安全的重要论述，实施"藏粮于地、藏粮于技"战略，严格落实粮食安全及耕地保护党政同责，压紧压实各县区和行业部门责任，在全市范围内全面开展"齐心共耕希望田"活动，全力推进耕地"非粮化""非农化"和撂荒地集中整治，5万多亩撂荒地被"唤醒"，南平创新"三包"即支部包村、党员包户、企业包田工作机制，突出党建引领，推动撂荒地整治，保障粮食安全。创新"10+N"撂荒耕地复耕方式，即高标准农田建设、引人引才复垦、农户自主复垦、基础设施建设、合作社带农户、"民企带村"流转、种粮大户流转、家庭农场流转、村集体代复耕、集体流转分包等10种撂荒耕地复耕方式。

南平市实施奖补政策，高度重视粮食生产，坚决扛起粮食安全的政治责任。为充分调动农民种粮积极性，推动粮食生产稳定发展，出台稳定发展粮食生产若干措施，推出一系列奖补政策。对超额完成粮食播种面积约束性目标任务的县（市、区），按超额完成面积部分给予每亩最高300元的奖励；对贡献大的县（市、区）给予资金奖励；对新复垦种粮且相对集中连片、种植面积在30亩以上的种植户，一次性给予每亩最高不超过200元的补助；对新增相对集中连片流转土地种粮 200 亩以上的，给予每亩最高不超过 100 元的补助；对种植双季稻 30 亩以上的，给予每亩最高不超过 100 元的补助；对蔬菜大棚轮作种植水稻 60 亩以上的，给予每亩最高 100 元补助。在政策补贴引导下，南平市以新品种、新技术、新机具集成推广应用为突破口，通过不断加强基层党组织引领作用，持续改善农业基础设施建设，持续引导并激发新农人"新村民""新乡贤"参与流转撂荒地种粮积极性，持续提升农业生产机械化水平等具体措施，让"荒地变良田、良田变粮田"。财政的"杠杆"，不仅"苏醒"了撂荒地，还"助攻"了粮食安全。

南平市算好撂荒地整治"大账"，各地撂荒的土地再次被复耕，使农村撂荒土地充分利用，稳定粮食播种面积，防止耕地"非粮化"起到了积极作用。保障国家粮食安全的根本在于耕地，切实解决耕地撂荒问题，能最大限度地提高耕地利用率，确保全市农业生产稳定健康发展，助力粮食安全。

（案例来源：让"沉睡"的土地再翻稻浪——全市五万多亩撂荒地实现复垦复种 http://nynct.fujian.gov.cn/xxgk/gzdt/qsnyxxlb/np/202209/t20220915_5993514.htm）

第九章

第一书记与乡村文化

　　文化是民族的血脉和灵魂，乡村文化是乡村振兴发展的血脉和灵魂，乡村文化是民族文化的重要组成部分。乡村文化承载着中华民族的精神记忆和人民的精神家园。乡村文化更是乡村的根脉，文化兴则乡村兴，文化强则乡村强。党的二十大报告指出，新时代积极发展社会主义先进文化，社会主义核心价值观广泛传播，中华优秀传统文化得到创造性转化和创新性发展，并深刻阐释了坚持和发展马克思主义必须同中华优秀传统文化相结合，中华优秀传统文化与社会主义核心价值观高度契合，将二者精髓融会贯通，赋予马克思主义鲜明的中国特色。当前我国加快构建发展新格局，推动高质量发展，乡村振兴战略全面推进乡村高质量发展，中国式现代化包括中国农业现代化，推进中国农业现代化要推动产业、人才、生态、文化、组织振兴，坚持乡村全面振兴要统筹规划经济、政治、文化、社会、生态文明建设。

　　第一书记要认识到铸就社会主义文化要坚持社会主义意识形态，牢牢把握党对意识形态工作的领导权，用党的创新理论教育人民，指导乡村振兴发展实践。在乡村振兴工作中广泛践行社会主义核心价值观，把社会主义核心价值观融入乡村振兴、融入乡村法治、融入乡村社会发展、融入百姓日常生活。要提升乡村社会文明建设，实施村民道德工程建设，要注重发展乡村文化事业、文化产业，要增强乡村中华文明的传播力影响力。围绕兴村振兴战略繁荣兴盛农村文化，焕发乡风文明新气象的具体要求，扎实开展好农村思想道德建设、传承发展提升农村优秀传统文化，加强农村公共文化建设，开展移风易俗行动等举措。在具体工作中重点围绕习近平新时代中国特色社会主义思想引领、培育践行社会主义核心价值观、传承发展乡村优秀传统文化、增强乡村公共文化活力、培育文明乡风、建设乡村文化阵地、培养乡村文化队伍等途径，推进乡村文化发展，乡村振兴发展。

第一节
传承乡村优秀传统文化

　　我们党历来重视"三农"问题，中华人民共和国成立后，党和政府为解决"三农"问题采取了一系列措施，取得了重大成就。乡村振兴战略是解决我国"三农"问题的又一重大战略性举措，是一项涉及政治、经济、文化、生态、社会的系统性工程。乡村振兴战略关于传承发展提升农村优秀传统文化给出了具体描述，根本在于立足乡村文明，同时吸取城市文明及外来文化优秀成果，在保护传承的基础上，创造性转化、创新性发展。

一、传承乡村优秀传统文化意义所在

　　党的二十大报告指出："我们要坚持马克思主义在意识形态领域指导地位的根本制度，……发展社会主义先进文化，弘扬革命文化，传承中华优秀传统文化，满足人民日益增长的精神文化需求，巩固全党全国各族人民团结奋斗的共同思想基础，不断提升国家文化软实力和中华文化影响力。"文化建设是我国"五位一体"建设中的关键一环，乡村优秀传统文化建设更是新时代文化建设的重要组成部分。回顾我国历年来的中央一号文件，可以清楚直接地反映出乡村优秀传统文化建设是新时期发展农村、服务农民的首要任务，是我国新时代国家建设的关键环节。农业丰则基础强，农民富则国家盛，农村稳则社会安。就第一书记具体开展工作而言，一是要切实保护好优秀农耕文化遗产、推动优秀农耕文化遗产合理适度利用；二是要深入挖掘农耕文化蕴含的优秀思想观念、人文精神、道德规范，充分发挥其在凝聚人心、教化群众、淳化民风中的重要作用；三是注重乡村建设的历史文化保护，保护好历史记忆遗产；四是要支持农村地区优秀戏曲曲艺、少数民族文化、民间文化等传承发展。综上所述，文化振兴是乡村振兴的精神基础，贯穿于乡村振兴的各领域、全过程，为乡村振兴战略的实施提供不竭的精神动力。伴随着乡村文化振兴战略的实施，乡村优秀传统文化也迎来了新时代。

二、传承乡村优秀传统文化的方式方法

中国乡村土地上孕育大量优秀传统文化，党的百年历史经验提示我们坚定历史自信，文化自信，寻求历史主动。第一书记在乡村优秀传统文化传承中要注重历史智慧挖掘，要注重留住乡音、乡风、乡思，要注重因地制宜的乡村本土优秀传统文化的创造性改变与创新性发展，提升乡村文明，在取得物质文明飞速发展的同时，促进乡村精神文明进步，为乡村振兴发展提供精神力量。

一是注重弘扬优秀家庭文化。家庭美德是中华民族传统美德重要组成部分，在中华民族几千年历史发展中发挥了极其重要的作用。家庭是社会的最小单元，良好的家风、家训不仅直接促进了家庭的良好发展，也间接影响和谐社会发展，良好的家训家风有利于家庭和谐稳定，家庭和谐稳定有利于社会和谐稳定，良好的家风在和谐社会建设与发展中具有其独特的时代特征和现实意义。基层党支部是党组织开展工作的基本单位，担负着直接组织群众、宣传群众、凝聚群众重要作用，第一书记是基层党支部的重要一员，通过党支部工作，挖掘具有地域属性的优秀传统文化，并将优秀传统文化与社会主义核心价值观实践相结合起来，推动独具特色的乡村优秀传统文化与社会主义先进文化

融合发展，推动形成新时代乡村优良家教家风。具体工作中可以通过倡议书广泛宣传乡村优秀个人事迹、模范人物；通过编写村史与家谱、家训、家规等推动好家训、好家风代代相传，引导、教育群众传承传统美德。

二是注重推广方志文化。一方水土养一方人，方志文化最具有符号记忆特征，具有存史、资政、育人等功能，我国地方志每 20 年编撰一次，方志文化包含了中华优秀传统文化和中国特色社会主义文化，对于总结改革发展经验，促进乡村经济社会发展，推动乡村振兴战略的实施具有重要意义。第一书记要以乡村方志文化为切入点，系统收集、整理、建立、完善乡村方志，以第一书记常态化制度为契机健全志书、年鉴、地情等保存管理机制；综合运用社会调查、资料收集等方式方法，做好乡村人文历史的普查和保护；挖掘具有特色的地方文化，有条件的地方要开发利用宝贵的乡村文化，建立乡村文化记忆基地、展馆等增强百姓归属感；利用"互联网+"平台，推动地方志数字化，广泛宣传优秀地方志文化。

三是注重传承非物质文化遗产。乡村是非物质文化遗产的宝库，很多手工技艺、表演艺术、民俗节日等非物质文化遗产诞生于乡村，流传丁乡村，非物质文化遗产具有塑魂、兴业、育人、娱乐等功能。随着社会的发展变化，很多传统非物质文化遗产即将失传，"非遗"保护传承迫在眉睫。做好非物质文化遗产的传承和保护工作，主要在于一是坚持"保护为主、抢救第一、合理利用、传承发展"方针；二是坚持弘扬传统民俗，实施中国传统节日振兴工程，延续乡村文化脉络，增强乡村文化认同、乡土情怀；三是坚持加强传统艺术保护，结合实际培育传统艺术项目；四是坚持发展传统工艺，促进乡村文化产业发展，发展壮大文化产业；五是坚持非物质文化遗产整体性保护，统筹组织领导与资源，统筹发展文化产业与旅游产业，统筹非物质文化遗产保护与美丽乡村建设，统筹"非遗"工作与乡村发展融合，有效推动乡村振兴发展。

【案例】优秀传统文化推进乡村振兴

（一）

河南省息县路口乡弯柳树村通过弘扬中华优秀传统文化，组织村民学习德孝文化，深入推进文明乡风建设，从一个省级贫困村发展为乡风文明、产业兴旺的小康村。弯柳树村通过传承中华优秀传统文化实现乡村振兴发展取得的经验主要是：一是开讲堂树新风，提升思想道德素质。以道德讲堂为主要阵地，以中华传统节日为主要结合点，开展"讲文明树新风"活动，引导村民学习《二十四孝》等优秀传统文化，广大群众道德素质持续提升、内生动力不断增强。二是倡导"德孝"文化，弘扬传承文明家风孝道文化，激发村民的内在动力，树立文明家风。定期开展"好媳妇""好婆婆""十大孝子"等先进表彰活动。三是制定村规民约，弘扬乡村正能量，以党建引领为抓手，以德孝文化为切入口，为脱贫攻坚和乡村振兴注入正能量，制定了"两约四会"，即《村规民约》《生态文明公约》、村民议事会、红白理事会、道德评议会、禁毒禁赌会。乡村治理更加规范，村"两委"凝聚力向心力更加强劲，村风民风进一步好转。四是发挥村民主体作用，丰富乡土文化特色，组织村民成立义工团、宣讲团等，发挥村民在文明乡风建设中的主体作用，把社会主义核心价值观变成群众的思想底色，文明乡风建设特色鲜明。优秀的文明乡风民风创造了良好的营商环境，为弯柳树村提供了 600 多个就业岗位，村民人均年收入由 2012 年的不足 2000 元提高到 2020 年的 17800 多元，村集体经济收入 2020 年达到 27.8 万元，弯柳树村全民物质文明和精神文明双丰收，实现了脱贫攻坚奔小康的梦想，正向着乡村振兴征程一路前行。

（案例来源：河南省息县弯柳树村——德孝文化扶心志 移风易俗树新风

http://www.moa.gov.cn/xw/bmdt/202112/t20211208_6384161.htm）

（二）

和顺镇以文化联承促平安。以宗祠为阵地，探索"党建＋传统文化"治理模式，实施"九个一"工程。通过在宗祠建立一个宗族理事会，牢牢掌握党的主动权、主导权，突出主旋律，把握正确的发展方向；通过开展一场祭祖仪式，将对先人、祖辈的敬仰之心，汇集成为推动和顺乡风文明、社会和谐发展的强大正能量；通过完善整理一篇家训族规，使其成为族人的行为准则和道德规范，增强族人的社会自觉；通过开展一场成人礼，进一步增强年轻一代的爱国爱乡、尊老敬贤、感恩报答的情怀；通过开展一场诚孝评选，用"榜样"的力量，催生发展的动力；通过在文昌宫设立一个"和顺讲堂"，进一步增强广大群众的民族自信、文化自信；通过《和顺乡》一部乡刊，搭建华人华侨界交流平台；通过开展一场传统文化演出，唱响社会主义主旋律；通过在景区主游道设置家风、家训一条长廊，进一步激发全镇广大群众"自强不息、开拓创新、艰苦奋斗、担当有为"的精神。同时，发挥乡贤传统文化精神引领作用，成立和顺文化调研会、乡贤调解队；以老年协会为载休成立"女子调解队"，进一步加大对家庭矛盾、情感纠纷的调解力度，确保社会和谐。以客栈协会为主导，加强行业自律，引导从业人员遵守国家的法律、法规，遵守行业行为道德，规范行业行为，营造健康有序、规范诚信的经营环境，有效遏制各类违法行为。

（案例来源：和顺镇"五联并举"推进社会治理 http://baoshan.yunnan.cn/system/2021/04/21/031407260.shtml）

（三）

山东省曲阜市小雪街道武家村坐落于九龙山下，于明洪武十三年（1380）建村，村内拥有全国重点文物龙山汉鲁王墓，及山东省级重点文物九龙山唐代摩崖石刻造像。通过强化讲堂建设、创新授课形式、丰富活动载体等方式，武家村不断探索文旅融合的新路径，传承发展优秀传统文化。近年来，武家村先后获得山东省生态旅游村、山东省干事创业好班子等荣誉称号。武家村以"仁"为核心，倡导做新时代好人的理念，培树形成家风正、民风纯的良好村风民风。近年来，武家村借助乡村儒学讲堂建设的优势，不断加大儒家文化与娱乐、休闲、旅游紧密融合，形成了"一条观光线带动、两大项目支撑、三大民俗文化体验区"的文化旅游新框架。武家村着力将深厚的文化底蕴和儒学脉络作为村品牌，充分挖掘传统文化故事"九龙山传说""白马河传说""编笆结枣""锯树留邻"等故事，以传统文化助力乡村振兴，吸引了大批游客前来参观，带动村经济效益和社会效应。同时，武家村探索推进"文化养老"模式，坚持政府主导、政策保障、完善制度，整合优化资源配置，不断加强运营标准化建设，逐步完善养老管理体制机制。村风文明建设有效激发了武家村的"精气神"，提升了村民群众的获得感、幸福感、安全感，为乡村注入了新活力。

（案例来源：中国农村网：全国村级"乡风文明建设"优秀典型案例之十三：山东省曲阜市武家村 http://www.crnews.net/zt/xcwh/xcwm/874239_20201209105126.html）

第二节
构建乡村公共文化体系

繁荣兴盛农村文化，促进乡村振兴，主要途径之一就是加强农村公共文化建设，健全乡村公共文化服务体系，推进基层综合性文化服务中心建设，推进文化惠民工程，鼓励创作乡村振兴实践文化作品，引导社会投身乡村文化建设。

一、乡村公共文化服务内涵

农村公共文化是公共文化的一个重要组成部分，要把握农村公共文化的内涵，离不开对公共文化内涵的界定。"公共"是"共同"，是指面向社会公众的场所，因此，公共文化是进入公共领域的所有人一致认同某种观念原则和文化价值，一种旨在满足社会共同需要的文化形式。本文所探讨的公共文化是指由政府主导，在社会的参与下，整合具有公益性的文化机构和服务，以传播先进的文化，提供精神食粮，在不同时期满足人民的文化需要，并保障其基本文化权益的总和。公共文化属于文化范畴，分为物质、价值、制度三个层面，物质上以公共文化设施或场所为载体，价值上以精神导向、伦理观念道德等丰富人文精神形态。"提升公共文化服务水平"是《中共中央关于制定国民经济和社会发展第十四个五年规划和二〇三五年远景目标的建议》的重要内容。党的二十大报告指出，中国式现代化要物质文明与精神文明相协调发展，在厚植现代化物质基础的同时大力发展社会主义现代化文化，全面促进人的发展。确定了未来五年人民精神文化生活更加丰富，民族凝聚力和文化影响力不断增强的目标任务。进一步明确了繁荣发展文化事业和文化产业的具体任务，实施国家数字化战略，健全现代公共文化服务体系，创新实施文化惠民工程。《中共中央　国务院关于实施乡村振兴战略的意见》（2018年中央一号文件）指出，到2035年乡村振兴取得决定性进展，城乡基本公共服务均等化基本实现，当然公共服务包含公共文化服务，公共文化服务的城乡均等实现是实现乡村振兴战略的目标任务之一。农村公共文化服务体系建设离不开公共文化空间建构。第一书记深刻领悟乡村公共文化体系构建对传承乡土文化、涵养村民精神生活具有重要意义，促进乡村振兴发展。

二、构建乡村公共文化服务体现的方法途径

改革开放以来，随着物质文明的快速发展，精神文化需求不断增加。现阶段我国乡村公共文化服务水平还存在着诸多问题，如乡村公共文化服务能力短缺，乡村文化生活不能得到有效满足，城乡差距较大等。如何提高乡村公共服务高质量发展，构建乡村公共文化服务体系，进而推进高质量的乡村振兴是一项重要的惠民工程。第一书记在提升乡村公共文化服务能力水平工作中，要围绕如何提升公共文化服务效能、丰富文化产品、激发内在活力、引导社会力量参与搭建公共文化服务体系，寻找思路，解决问题。

1.统筹公共文化资源。乡村公共文化资源统筹意义在于提升乡村公共文化的服务效能。统筹资源构建乡村公共文化服务体系的途径主要包括：一是优质资源下沉，打通优质资源服务延伸渠道，打破部门、行业、地域壁垒，构建规模化、层次化的服务体系；二是拓宽供给渠道，依托现有乡村公共服务体系，嵌入地域特色公共文化，融合优质文化与地域特色文化，建立以乡村公共文化服务网络供需平台，订单式精准化提供公共文化产品；三是建立反馈机制，在订单式精准化提供乡村公共文化产品的同时，建立乡村文化需求反馈机制，不断充实公共文化产品，淘汰不适宜文化产品，实现优质服务；四是整合部门资源，实现乡村社会文化资源下沉，如县域图书馆、文化馆在乡镇或村设立分馆；基层广播电视机构，通过电视、网络等形式提供窗口和平台；文化部门送文化下乡；农业、科技部门送技术下乡等。

2.畅通公共文化供给。我国现阶段农村公共文化供给相对落后，城乡供需不平衡，乡村公共文化供应不充分，是现阶段我国乡村社会公共文化供给

的主要矛盾。实现乡村公共文化供给充分要结合群众需要、载体丰富、惠民工程、数字服务等渠道。一是供给与群众需要结合，按照"订单式"精准公共文化体系建设，把群众"需要文化"和"部门输送文化"相结合起来，创作与乡村振兴发展相适应的文化作品，开展促进乡村振兴发展的文化活动；二是供给与输送载体相结合，通过文化下乡、文艺志愿服务、科技下乡服务、文艺演出团体等多样载体，把推进乡村发展的、群众需要满意的公共文化送到群众中去；三是供给与惠民工程相结合，依托"农家书屋"、广播电视"村村通"等惠民工程，将群众需要的公共文化传递下去；四是供给与数字化乡村相结合，应用互联网技术，发挥数字化的"网上图书馆""虚拟博物馆""网上剧院"等网络公共文化服务，创新公共文化供给方式服务广大人民群众。

3.激发乡村文化动力。乡村文化根源在农村，发展靠人民。实现乡村振兴宏伟目标主体是农民，推进乡村公共文化建设主体在于农民，充分调动人民群众积极性，激发广大人民群众内生动力，融入群众、融入生活。在激发乡村文化内生动力方面工作重点在于调动，一是调动公共文化主体创作，文化来自人民，发挥人民群众主体力量，挖掘创作智慧，创作乡土情怀作品，营造爱家乡、做贡献的家国情怀；二是调动公共文化主体参与，搭建各类展示乡村文化平台，通过表演、比赛、竞技等形式举办文化节、运动会、文艺演出等文化活动，激发群众文化热情，丰富文化生活内容；三是调动公共文化主体活动，为群众搭建各类展示乡村文化和群众才干的舞台，如开展"我们的村晚"、创作改编"我们的村歌"、"歌颂家乡美主题演讲"等以群众为主角的文化活动，展示乡村振兴的发展成果。

4.引导社会力量参与。引导社会力量参与公共文化建设要依靠政府、基层组织和社会力量广泛合作，促进乡村公共文化朝着多元化方向发展。公共社会力量在公共文化体系建设中丰富了文化服务提供主体和提供方式多元化。乡村公共文化体系建设社会力量参与重点在于引导，一是政府引导的相关政策措施。政府、基层组织通过制定相关政策措施，引导资本通过投资、捐赠、办实体、赞助等方式参与乡村公共文化体系的建设；二是引导支持企业开发面向乡村公共文化的产品和服务。三是引导公共文化设施社会化运营，鼓励具备条件的社会团体、企事业单位和其他组织机构参与乡村公共文化设施运营和管理。四是引导市场化的消费补贴，主要是提升政府在乡村文化消费市场投入和群众文化消费补贴等。

【案例】增强乡村公共文化活力，推进乡村振兴

（一）

近年来，威海市经区所有村居，改造农村公共文化基础设施，加大农村公共文化活动培训，改善乡村文化设施，公共文化活动的内生动力不断增强，乡村公共文化服务提升，结合乡村振兴战略部署安排，通过乡村文化振兴扎实推动乡村振兴。威海市增强乡村公共文化活力主要做法，一是完善文化设施，按照"重心下移、力量下沉"的指导方针和"打造精品、突出特色"的工作思路，统筹各类活动场所建设和镇村文化设施建设。二是优化场馆服务，村居综合文化服务中心、图书阅览、舞蹈健身等文化服务免费开放；建立网站、电话、微信公众号等公众文化需求反馈机制；举办丰富多彩的民俗游艺活动、送戏下乡演出活动。三是汇聚社会团体力量，推进公共文化服务社会化建设，通过兴办实体、资助项目、提供设施等方式参与公共文化服务。文化馆对村剧团进行节目审核，参加"一村一场戏"演出活动；注册成立威海经济技术开发区文化志愿者协会引领带动传统文化宣讲等。四是打造乡村品牌，依托村居公共文化服务中心和社会主义核心价值观文明实践站，

传播良好道德风尚。依托镇（街道）综合文化站、村（社区）综合性文化服务中心或乡土建筑等建设镇史展室和村史展室，开展非物质文化遗产保护活动等。威海市一系列增强乡村公共文化的做法，取得了工作成效。文化设施覆盖率进一步提升，全区建有区级市民文化中心、镇综合文化站、街道综合文化中心、镇街图书馆分馆、城市书房、公益文化空间、图书馆、文化馆村级服务点等公共文化设施广、全、细覆盖。免费开放受众面进一步扩大，区市民文化中心免费开放图书阅览室、舞蹈排练厅、镇（街道）文化站、村（社区）综合性文化服务中心全面免费开放。群众业余文化生活进一步丰富，乡村文化品牌知名度进一步彰显。

（案例来源：精致化公共服务助推乡村文化振兴 https://www.sohu.com/a/431392395_471972）

（二）

南靖县坎下村是全国第二批中国景观村落、福建省乡村旅游村，坎下村立足世界文化遗产、国家 AAAAA 级旅游景区等自然与人文资源，挖掘村庄内的生态环境和传统建筑资源公共文化资源，致力乡村文化振兴建设，打造出了一个乡风文明、产业兴旺、生态宜居的富美新农村。坎下村摸索出了乡村文化振兴自己的道路：一是打造民俗博物馆，丰富文化体验；改造传统民宿，感受土楼生活。二是开发与保护并重，整合农业资源、产业和传统文化；三是内外兼修，开展生态环境整治，传承乡风家训，激活文化提振精神。取得了统筹资源、打造品牌、保护为主、传承中华优秀传统文化，走出了一条生态美、产业美、人居美的乡村文化振兴之路。

（案例来源：坎下村：资源整合 改造古厝 振兴乡村 https://mp.weixin.qq.com/s?src=11&timestamp=1686818655&ver=4591&signature=P2HV6iwWIKsspKkDnwvsmI-cS7wDYUDoaGYBmXzJMybz-l7QnNb9jskoTH9RoAU7ld

wMFhaYkK0u563kJrOA3UFc9Lg-ZifRpSP9oH1YEw13rIqf6ZPccR6Nozxq3-mv&new=1）

第三节
培育社会主义现代化文明乡风

推进乡村振兴战略，不仅要满足农民群众的物质需求，更要满足农民群众的精神需求，特别是在全面建成小康社会，实现第一个百年奋斗目标的当前，农民群众对精神层面的需求更加迫切，因此社会主义现代化文明乡风的培育也提高到了特别重要的位置，社会主义现代化文明乡风将反作用于乡村振兴战略，成为乡村振兴重要的推动力量和软件基础。加强乡风文明建设，既要传承优秀传统文化，更要发挥好先进文化的引领作用，同时，充分尊重乡村本位和农民主体地位，围绕农民需要和乡村文明建设的重点、难点开展针对性的工作，凝聚人心、振奋精神、生发激情，为乡村振兴注入强大的精神动力。

一、社会主义现代化文明乡风的科学内涵

文明乡风属于乡风范畴，但文明乡风又不同于乡风，文明乡风是与不文明乡风相对而言的，乡风包含文明乡风和不文明乡风两种，文明乡风是农村良好的风气风俗，是农民积极健康向上的精神风貌的体现。文明乡风表现在一定范围和时期内农民正确的价值观念和信仰、良好的生活习惯、正确的行为方式和高尚的道德修养，体现在一定区域内人们共同遵守的正确的生活准

则、中华优良传统美德、良好的习惯和切合农村实际的约定俗成的规则。党的二十大报告明确提出广泛践行社会主义核心价值观，进而凝聚人心，汇聚民力；提高全社会文明程度，统筹推动文明培育、文明实践和文明创建，推动城乡精神文明建设融合发展，提升群众文明素养。文明乡风属于农村文化建设范畴，是乡风文明的集中体现。文明乡风在一定程度上，体现出农村社会文明的进步和发展状态，丰富了农村文化生活，提高了农民群众的思想、文化、道德水平，促进了崇尚文明与科学的健康向上的社会风气的形成。《中共中央　国务院关于实施乡村振兴战略的意见》（2018 年中央一号文件）明确提出培育文明乡风，提高乡村社会文明程度，开展移风易俗行动。要广泛开展群众性精神文明创建活动，遏制陈规陋习；加强宣传教育，丰富群众精神文化生活，抵制封建迷信活动；加强科普工作，提升群众科学文化素养。文明乡风反映在农村文化、风俗、法制、社会治安等诸多方面，引导着广大农民树立新时代所要求的思想理念和文明意识，营造良好的文明乡风环境，培养有文化、懂技术、会经营的新型农民，对全面推进乡村振兴发展具有重要现实意义。

二、培育社会主义现代化文明乡风的主要内容

我国农村社会结构深刻变革，随着脱贫攻坚取得胜利，乡村振兴全面开启，农民群众思想发生深刻变化，第一书记是党选派到基层组织开展工作的重要一员，如何做好农村思想政治工作是第一命题。通过对乡村思想政治工作的开展，牢固树立社会主义理想信念，培育社会主义核心价值观，开展群众性精神文明创建，提升人民群众道德水准、文明素养和乡村社会文明。培育社会主义现代化文明乡风要以习近平新时代中国特色社会主义思想为指导，培育和践行社会主义核心价值观，持续加强基层文明创建，深化文明社

会风尚，发挥典型示范作用，全方位推进文明行风建设，实现乡村振兴全方位发展。

培育社会主义现代化文明乡风，一是要培育共同的理想信念，习近平新时代中国特色社会主义思想是我们党长期坚持的指导思想，是武装群众的重要思想，用科学理论指导实践、推进工作，用先进思想文化引领群众。二是要坚持培育和践行社会主义核心价值观，社会主义核心价值观是培育文明乡风的精神力量和价值追求，为实施乡村振兴战略提供了共同的价值引导、文化凝聚和精神推动，培育文明乡风关键在于将社会主义核心价值观内化为精神追求，外化为实际行动。三是要加强农村思想政治教育，农村生活与形势不断变化，思想碰撞日益激烈，注重广大农民群众思想政治教育方式方法，引导群众了解党的政策方针，深入开展国情、农情宣传教育，增进人民群众对党和政府的信任，全身心投入乡村振兴伟大征程中来。第一书记尤其要注意宣传落实好中央关于"三农"工作的重要方针政策，阐释好中央关于"三农"、惠农和实施乡村振兴战略的举措；贯彻好中央关于农村的全面深化改革、调整农村农业产业结构、促进农民增收等重要举措，引导广大群众增强信心、凝聚力量、培育向上奋斗的文明乡风。

第一书记在全面培育社会主义现代化文明乡风工作中主要在推进基层文明创建、深化文明社会风尚行动和发挥典型示范引领三个方面下功夫。在推进基层文明创建方面，一是要着重推进文明村镇创建，以美丽乡村建设为主题，以提升文明乡风和淳朴民风为目标，以人文环境和文化生活相统一为要求，以思想道德建设为内涵，全面建设文明村镇；二是着重文明窗口创建，第一书记与基层党组织成员工作在服务人民群众第一线，与当地人民群众生活密切相关，涵养职业操守，培育职业精神，树立为民服务行业风气，提供文明优质服务；三是着重家庭文明创建，积极培育引领家庭文明新风尚，在具体工作中注重"孝老敬亲""和睦家庭""文明家庭""道德家庭"等活动评比，以良好家风促进文明乡风。在深化文明社会风尚行动方面，一是要注重文明行为宣讲，通过文明课堂、宣传栏、文化广场等文化传播媒介和场所，广泛开展文明社会风尚行为的行动；二是要注重文明行为规范，可以与有关部门开展联合教育，对酒驾、赌博、交通等不文明行为进行专项教育，引导群众自觉遵守公共秩序和规则；三是要注重破除陈规陋习，我国一部分乡村还存在着铺张浪费、大操大办红白喜事、封建迷信等不文明行为，这些陈规陋习根深蒂固，需要持续推进移风易俗，第一书记在具体工作中要因地制宜、精准施策、建章立制、精准治理，压不良风气，树文明新风；四是要注重村规民约，充分发挥村"红白理事会""道德评议会""村民议事会"的作用，树立文明向善、勤俭节约、文明健康的社会主义文明乡风。在先进典型引领作用发挥方面，第一书记要广泛挖掘、塑造、培养具有本土气息，原汁原味的典型，这些先进典型具有可见、可信、可敬、可学的特点，有充足的说服力和深远的影响力。第一书记在具体工作中，一是要拓展典型塑造渠道，通过建立多种先进典型发现渠道，从群众中来到群众中去，引领教育群众，结合村具体情况，开展先进典型评选活动，推选身边好人、最美人物、感动人物、道德先进等模范典型，在人民群众中塑造榜样，汲取力量。二是要广泛宣传典型事迹，以人民群众易接受、易认同的方式宣传典型人物事迹，扩大宣传面，提升影响力。三是要引导先进典型参与社会活动，乡村模范典型往往是人民群众的精神领袖，模范典型通过积极参与乡村公益性活动、乡村社会治理等有利于影响身边群众开展道德实践，形成浓厚的崇德向善文明乡风的社会氛围。四是要发挥基层组织的培育作用，通过建立奖励机制，对先进典型褒奖，形成人人追求成为道德模范的热烈氛围。

【案例】培育文明乡风，为乡村振兴"培根铸魂"

（一）

乡村振兴既要塑形，也要铸魂。只有塑造以社会主义先进文化为主体的乡村思想文化体系，打造文化乡村，培育文明乡风，让村民生活富起来，环境美起来，精神乐起来，乡村振兴战略才能真正实现。

围绕实施乡村振兴战略，商丘市各驻村点依托文明实践场所、村文化服务中心等文化服务主阵地，组织开展一系列健康向上的文体活动，提升群众文化素质，陶冶他们的思想道德情操，净化乡风村俗，使新时代文明实践活动开展得有声有色，乡风文明建设卓有成效，各驻村点深入挖掘豫剧、孔子、庄子等特色文化资源，着力打造文化活动品牌，努力把"送"文化上升为"种"文化的层面，逐步形成了"乡村春晚""书画联展""民俗文化展演""农民丰收节文艺演出"等品牌文化活动，促进了地方特色文化的传承传播，提高了文化自信，使之成为推动乡村振兴的精神支撑和道德引领。

此外，商丘市各驻村点还以孝善养老促发乡风文明、以教养兼施带动乡风文明、以移风易俗引领乡风文明，进一步引领群众的文化理念和文化素养。同时，把移风易俗作为撬动群众脱贫、孕育文明新风的杠杆，发挥新时代文明实践站和农村红白理事会宣传教育作用，议定移风易俗事项，完善村规民约，签订承诺书，让简办有依据、攀比无借口。

（案例来源：商丘驻村第一书记的"答卷"④｜提升乡风文明"铸魂"乡村振兴 https://baijiahao.baidu.com/s?id=1728339843670695239&wfr=spider&for=pc）

（二）

吉林省延边州图们市水南村始终将举办形式各样的文体活动，传承发展农耕文化和丰富文化产品服务供给作为推进移风易俗、建设文明乡风的重要工作，先后荣获"全国中小学生研学实践基地""中国传统村落""中国少数民族特色村寨""省级文明村""全省新农村建设重点村""全国文明村镇"等众多荣誉称号。水南村以基层党建全方位增强凝聚力，以党员干部做表率提升认同感，通过加强朝鲜族民俗与红色历史展示，开展特色文化活动，以及传承民族文化传统、弘扬时代精神，进一步强化了基础设施建设，落实了环境卫生整治，加强了生态环境保护。近年来，水南村把破解集体经济"空白"作为巩固农村基层政权和维护农村稳定的重要任务来抓，改变了以传统农业为主，单纯"靠天吃饭"，村民生活艰苦，增收致富困难，村集体收益差，村内基础设施和环境条件恶劣的状况，同时乘着"脱贫攻坚"的东风，发展壮大集体经济，带领村民共同致富。目前，水南村村集体产业蓬勃发展，茶树菇基地、君子兰基地、养牛、养鸡、民俗旅游、红色文化实践教育基地等项目陆续启动，村集体经济收益年年攀升。

（案例来源：全国村级"乡风文明建设"优秀典型案例之六：吉林省图们市水南村 https://mp.weixin.qq.com/s?src=11&timestamp=1686838867&ver=4592&signature=TqY1CVW1AEUtKQHfRTTF8r★xH★syZvmUaIaX4oBnIXdh0ShSUVDjKC5C5nuY0ijwGKVAQaTe8Opk2MXDwTPJIQp9C9DXuZrm1N7p2XxNO6xcsWiOH1−dAw2586MJ25f1&new=1）

<h1 style="text-align:center">第四节</h1>
<h1 style="text-align:center">加强乡村文化阵地建设</h1>

乡村文化阵地是国家公共文化服务体系的重要组成部分，是文化传播的主要阵地，更是基层群众获取精神文化需求的有效平台。加快乡村文化阵地建设，是推进社会主义新农村建设的重要内容，是推进农村精神文明建设的有力抓手，也是在农村深入贯彻落实习近平新时代中国特色社会主义思想、统筹城乡经济社会发展的具体体现。

一、我国现代乡村文化阵地建设进程

党的十六大期间就提出了《关于进一步加强农村文化建设的意见》精神，牢牢把握住社会主义先进文化前进方向，始终坚持贴近实际、贴近生活、贴近群众，坚持把乡村文化建设放在重要位置。党的二十大报告指出："坚持和发展马克思主义，必须同中华优秀传统文化相结合。只有植根本国、本民族历史文化沃土，马克思主义真理之树才能根深叶茂。"在《中共中央 国务院关于实施乡村振兴战略的意见》（2018 年中央一号文件）中明确提出："到 2035 年，乡风文明达到新高度，乡村治理体系更加完善。坚持全面振兴，统筹规划文化事业发展，繁荣兴盛农村文化，加强农村思想道德建设、传承提升农村优秀传统文化、加强农村公共文化建设、开展移风易俗行动。"提升乡村社会文明程度，在思想道德、传统文化、公共文化、移风易俗等具体举措中，都离不开乡村文化阵地建设。加强农村思想道德建设，要打造弘扬中国特色社会主义中国梦、民族精神和时代精神；集爱国主义、集体主义、社会主义、道德教育、诚信教育于一体的农村思想文化阵地建设；传承提升农村优秀传统文化，要在保护和传承基础上，打造蕴含优秀思想观念、人民精神和道德规范的优秀传统文化阵地建设；加强农村公共文化建设，致力于以基层综合性文化服务中心建设为主体，完善乡村公共文化体系的文化阵地建设；开展移风易俗行动，打造以乡村基层组织为主导的宣传文化阵地建设。

二、新时期加强乡村文化阵地建设的思路和举措

当前我国农村基层文化阵地建设不能满足广大群众日益增长的需要，重点表现在总量不足、质量不高、特色不明、布局不合理等短板和资源割裂、重复建设、管理混乱等方面存在缺陷。面对现阶段农村基层文化阵地建设的不足，第一书记应注重完善基层文化阵地建设，理清思路，补齐短板，打通文化服务群众的"最后一公里"。

新时期加强乡村文化阵地建设的思路。乡村振兴战略关于文化阵地建设给出了基本遵循，加强乡村文化阵地建设也反馈于乡村振兴战略的实施。打造乡村文化阵地是第一书记做好服务群众工作的重要举措之一，围绕乡村振兴战略，理清发展思路。一是加强农村思想文化阵地建设，以社会主义核心价值观为引领，以深化中国特色社会主义和中国梦为遵循，以民族精神、时代精神和爱国主义、集体主义，以及社会主义教育为途径，以社会公德、职业道德、家庭美德、个人品德、诚信建设等为措施，全面推进农村思想文化阵地建设。二是加强优秀传统文化阵地建设，坚持创造性转化、创新性发展为原则，坚持保护传承、融合发展为指导方针，坚持挖掘乡村农耕文化蕴含的优秀思想、人文精神和道德规范，全面推进优秀传统文化阵地建设。三是

加强乡村公共文化体系的文化阵地建设，注重"有标准、有网络、有内容、有人才"的建设标准，注重上下联动的综合文化服务中心建设，注重资源整合和社会力量引导，注重人民创造主体发挥，全面推进乡村公共文化体系的文化阵地建设。四是加强乡村基层组织为主导的宣传文化阵地建设，充分发挥党建引领，发挥基层党支部引领、宣传、教育群众作用，广泛开展文明乡村、文明户、文明家庭等群众性精神文明创建，广泛开展科学普及，移风易俗行动，全面推进乡村基层组织为主导的宣传文化阵地建设。

新时期加强乡村文化阵地建设的举措。乡村广大人民群众对文化阵地需求越来越强烈，已经成为人民群众学习、生活、工作、娱乐的重要场所，已然成为惠及人民群众工程的重要组成部分。新时期加强乡村文化阵地建设主要有打造乡镇综合文化服务中心、乡村文化综合体和文化中心户等举措。从打造乡镇综合文化服务中心来看，一是要科学规划统筹各乡镇现有文化资源，依托已有综合文化站建设综合性文化服务中心；二是在文化服务中心建设基础上健全图书阅览室、文化展示厅、宣传栏等设施，实现文化资源共享；三是在文化服务中心建设基础上配套文化广场、运动场地、运动设备、公园场所等娱乐设施，多渠道扩增公共文化资源；四是在文化服务中心建设基础上不断完善服务项目，如科普下乡、演出观看、电影放映、文体活动、展览展示、科技培训等满足人民群众公共文化需求；五是争取多渠道、多部门、引导社会民间资本，加大资金投入，保障文化服务中心正常开展。从打造乡村文化综合体来看，首先要注重规划建设，乡村文化综合体具有地域特征，每个行政村资源、历史、公共文化体系等参差不齐，各不相同，要求各地综合自身因素，因地制宜打造文化综合体，例如结合自身情况，整合村已有文化活动室、农家书屋、文化信息资源共享工程服务店、科普活动站、妇女儿童之家、老年活动中心等服务机构，结合自身优势，突出特色，"一村一品"。

其次要注重汇聚人文底蕴，展现乡村之美，丰富群众生活。通过文化综合体充分展示村史村情、乡风文明；充分宣传村最美人物、道德模范等先进事迹；充分开展培训、研讨、讲座；充分活跃文艺演出、体育活动。同时要注重拓展文化综合体服务群众功能，嵌入价值观念、道德培养，为新时代文化阵地建设注入时代内涵。从打造文化中心户来看，第一书记可以直接作用于中心文化户这一基本单元，通过争取资金保障、乡村自筹、帮扶单位资助、社会捐赠的途径建设中心文化户，发挥其学习交流、科技培训、政策宣传、文化娱乐、健身休闲、提升乡风文明的便捷作用。

【案例】第一书记助力村级文化基地建设，推进乡村振兴

（一）

山东师范大学派驻夏津县渡口驿乡第一书记工作组从帮扶乡村的实际出发，通过开展公益辅导活动，引入课堂指导、科普教育等方面的优质资源；以渡口驿乡红色文化纪念馆为阵地，打造"红旗广场"；开设渡口驿乡假期"家风伴成长"训练营；优秀文化"上墙"等举措，推进乡村文化建设，培育文明家教风尚，引领形成良好社风民风，起到了凝聚民心、留住乡情、涵养民风的良好效果，有效促进了乡村文化繁荣。

（案例来源：山东师大派驻夏津第一书记工作组致力乡村文化振兴 http://dzrb.dzng.com/articleContent/3468_1050782.html）

（二）

阳县宁乡镇阳坡塔村是国家森林乡村和省级卫生村，也是全县乡村振兴示范村和美丽宜居示范村。驻村第一书记有力推动文化惠民工程，开展星级文明户评选和文明志愿服务活动。注重巩固和拓展脱贫攻坚成果，促进乡村振兴既有"颜值"又有"内涵"，积极推动阳坡塔村新时代文明实践广场和新时代文明实践站建设，开展党的政策宣讲、扶贫政策宣传、开展志愿服务等活动阵地，打通新时代文明实践活动"最后一公里"。建成惠民文化站和农家书屋和新时代文明实践广场，延伸村文化综合体的服务功能。

（案例来源：第一书记田茂鑫——让文明乡风吹遍乡村每个角落 http://sx.people.com.cn/n2/2020/1019/c398778-34359735.html）

（三）

文化振兴是乡村振兴的源头活水，它让乡村振兴永葆动力源泉。山东师范大学派驻夏津县渡口驿乡第一书记工作组从帮扶乡村的实际出发，强服务提效能，充分发挥文化润物无声的重要作用，大力推进乡村文化建设，起到了凝聚民心、留住乡情、涵养民风的良好效果，有效促进了乡村文化繁荣。为了弘扬革命精神，让村民牢记父辈艰辛历程，第一书记工作组以渡口驿乡红色文化纪念馆为阵地，以管辛庄村和东渡口驿村文化广场为背景，倾力打造"红旗广场"，组织党员干部参观学习教育，开展主题党日活动、大中小学生实践教育活动、"乡亲唱给乡亲听"红色歌曲展演等，真正把红色资源、红色文化、红色教育推向了大众。第一书记工作组还邀请了山东师范大学"蒲公英"社会实践服务队，在四个帮扶村实施了为期半个月的主题墙绘工程。将优秀传统文化、社会主义核心价值观、社会主义新农村等内容，用村民喜闻乐见的形式，在乡村主干道墙壁上图文并茂地呈现出来。

（案例来源："第一书记"强服务提效能，推动乡村文化振兴 http://www.qlshx.sdnu.edu.cn/info/10445/129071.htm）

第五节
打造一流乡村文化队伍

全面推进农村文化建设，对扎实推进社会主义新农村建设、满足广大农民群众多层次多方面精神文化需求，促进农村经济发展和社会进步具有重大意义。加强乡村文化人才队伍建设与管理，是繁荣农村公共文化，不断增强文化自我发展能力，提升文化竞争力的基础和重要支撑。

一、我国现代乡村文化队伍建设发展概述

在农村公共文化建设中，要创新、统筹规划，建立"政府主导，社会参与"的现代公共文化服务体系，努力形成一支社会性、全民性的文化建设队伍。《中共中央　国务院关于实施乡村振兴战略的意见》（2018 年中央一号文件）明确指出："实施乡村振兴战略，统筹农村经济、政治、文化、社会、生态文明和党的建设，兴盛农村文化。加强乡村思想道德建设，传承发展提升农村优秀传统文化。加强农村公共文化建设和开展移风易俗行动。"党的二十大报告指出："坚持以人民为中心的创作导向，推出更多增强人民精神力量的优秀作品，培育造就大批德艺双馨的文学艺术家和规模宏大的文化文艺人才队伍。"乡村振兴，文化必振兴，实现文化振兴要以人民群众为主体，发挥人的主观能动性，实现乡村文化振兴须打造一支强有力的乡村文化队伍。当前乡村文化工作队伍已经取得了许多宝贵经验，如充分发挥工会、共青团、妇联、老年协会等团体的组织引导作用，广泛开展文化志愿者活动，鼓励各艺

术协会成员和离退休文艺工作者、教师以及热心公益事业的各界人士为农村提供志愿文化服务。大力培养农村文化的后备队伍，充分调动农村文化管理员、非遗项目传承人和业余文艺骨干等的工作热情，建立队伍的长效机制，促进农村文化事业的繁荣和发展等。

二、新时期重视打造乡村文化队伍的要素

影响农村文化振兴要素不断变化，现阶段我国农村社会在传承乡村优秀传统文化，构建乡村公共文化服务体系，培育社会主义现代化文明乡风，加强乡村文化阵地建设等培育文明乡风工作中取得了长足发展，无论是何要素都是以"人"为第一要素。乡村文化工作领域不断拓展，服务体系逐步完善，阵地建设不断壮大，乡村文化发展面临的任务不断增加，更加要求高度重视文化队伍建设工作，迫切需要打造一支"数量保证、素质较好、结构合理、覆盖面广"的专业化、专职化乡村文化队伍。对于加强乡村文化队伍建设，主要从以下三方面开展工作。

不断加强乡村文化队伍整体素质。提升乡村文化队伍整体素质，培养或引进一批留得下来，用得上来的乡村文化工作人才。乡村人才队伍建设关键在于引入和培养，为乡村文化发展提供源源不断的人才支撑。乡村文化队伍整体素质提升要依靠引进、培训、交流和指导。一是引进高素质乡村文化工作人才，人才引进是从根本上解决乡村文化队伍高素质人才短缺最直接的途径，城乡发展不平衡，乡村经济发展水平落后，大学生不愿意去基层就业的观念，都直接导致了乡村难以引进高素质人才。破解这一难题，地方政府可以探索订单式乡村文化人才的培养模式，为乡村文化事业发展量身定制专业化人才或实行定向委培招生，从入口到出口一体化的就业模式，免除大学生后顾之忧，专职化从事乡村文化发展事业。二是通过培训提高专业化人才队

伍水平，可以按照管理方式分类培训也可以按照专业区分进行培训，重点围绕传承乡村优秀传统文化专业人才开展业务和技术培训，对乡村文化体系构建队伍进行政策培训，对乡村文化阵地建设队伍进行管理培训，等等。三是广泛交流引进人才共享，注重各级文化部门之间人才交流和挂职锻炼，人才交流可以直接解决乡村文化队伍人才短缺问题，同时也有利于人才在文化振兴一线工作中积累经验、增长才干，同时乡村人才队伍通过挂职锻炼，能够开阔视野，拓展思路，提升素质和能力。四是衔接上级部门指导提升，通过上级部门工作指导，寻找差距和不足，帮助乡村文化工作者提升能力和水平。

持续保障乡村文化队伍专职专业。现阶段我国乡村文化队伍人员结构主要包括乡镇党委宣传委员、宣传文化干事、乡镇综合文化站专职人员、村文化工作指导员等。从乡村文化队伍管理方式来看，属于垂直管理模式。第一书记在抓党建促振兴工作中要注重宣传工作，尤其乡村文化发展的宣传工作，要认真贯彻落实中央和地方各级党委、政府有关基层宣传文化队伍建设的文件和精神。可以在工作中主动协助乡镇党委宣传委员和宣传干事，确保乡村文化工作任务顺利完成；配合乡镇综合文化站专职人员，开展文化工作；指导村文化工作力量，落实专职文化管理工作；挖掘乡土文化人才、大学生志愿者担任村级文化工作管理员；形成有人管、有人办的乡村文化高水平管理队伍，促进乡村文化事业可持续、高质量发展。

引导壮大乡村文化队伍社会力量。乡村文化产生于民间，根植于民间，发展于民间。乡村文化队伍主体大多来自民间，这就要求壮大民间文化队伍，汇聚民间的社会力量。在具体工作中，聚焦优秀民间文化艺术人才、聚焦非物质文化遗产传承人、聚焦民间文化艺术团体、聚焦民间文化志愿者团队。对于优秀民间文化艺术人才，要广泛培养，打破束缚，纳入教育培训范围。支持民间文化人才，壮大人才队伍，有利于文化产业发展，创建文化产业事业，更好地扎根农村土壤，服务群众文化生活，促进地方经济发展。对于非物质文化遗产传承人而言，肩负着传承民间文化血脉，延续地方文化特色的责任。深度开展"非遗"传承人培训，不断壮大"非遗"人才队伍，推动"非遗"保护与传承。同时注重培育各类民间艺术团体，满足群众多样化业余文化需求；引导社会各界人士参与乡村文化建设，壮大文化志愿者队伍。

【案例】浙江省基层文化队伍建设的对策和建议

（一）

浙江省对其乡村文化人才队伍建设现状系统分析，梳理发现浙江省乡村基层文化队伍建设中存在短板，主要表现在乡村公共文化人才服务机构编制过少，多重兼职情况严重；乡村基层文化人才队伍结构不合理；人才成长环境有待优化，政府重视程度有待提高，地方落实上级政策有待落实；文化管理机制有待进一步理顺，影响了基层文化服务机构功能发挥等问题。针对问题，提出了乡村基层文化人才队伍建设的对策和建议。一是持续扩大乡村文化人才总量，实行"退一进一"的人才补充政策，加强校地合作，建立培训基地，培养各类人才；引进优秀人才扎根基层，鼓励引导高校毕业生基层工作；加大乡土特色人才培育，挖掘培养基层文艺人才、乡土文化能人和民间非物质文化传承人。二是不断优化乡村文化人才队伍结构，通过建立和完善乡村文化人才队伍建设规划，科学合理设置乡土人才结构比例，纳入当地领导班子绩效考核；加强业务技能培训，深化专业教育和继续教育，注重在实践中增强人才队伍素质；加大了乡村文化带头人培养，建立人才资源库，培育和推介了一批乡土文化名人，带动了文化人才的梯队建设。三是改革用人机制和人才评价体系，通过放权引进和优惠政策，结合地区切实需求，科学合理调整设置岗位，壮大乡村工作人才队伍；采用科学的评价体系，形成科学化人才选拔、考核、激励、淘汰等管理制度。四是加大财政资源投入力度，主要集中加大了乡村优秀文化人才培养和开发、乡村文化事业、乡村文化人才及团队激励等方面投入。经过多方举措，浙江省在乡村文化队伍建设方面取得了重大成效。

（案例来源：毛坚.关于浙江乡村文化人才队伍建设的思考 [J].助力乡村振兴——首届莫干山会议论文集，2018(08):451-456.）

（二）

西安市通过制定《西安市文化"能工巧匠"培养方案》，全市开展培养具有文化技能专长，具有带动、引领和示范作用的乡村文化能人，推进乡村文化队伍建设。建立全市文化"能工巧匠"和基础队伍信息库，建立文化"能工巧匠"通气会制度、培养考核制度以及领导联系专家制度。通过组织展演、考察采风、工作交流、技能大赛等形式，使文化"能工巧匠"在实践中加强学习、经受锻炼、开阔视野、增长才干，促进了乡村文化队伍的飞速发展，培育、培养了一批具有影响力、社会效益和经济效益潜力巨大的项目和人才，助力乡村振兴。

（案例来源：我市印发方案 打造乡村文化"能工巧匠"队伍，西安日报，2019 年 3 月 27 日第 6 版）

第十章

第一书记与乡村治理

　　乡村的兴衰发展事关国家民族的兴衰发展，是一个国家能否保证稳定的基础所在，乡村振兴离不开和谐稳定的社会环境。乡村社会的治理离不开中华文明的优秀传统，根植于中华文明乡风、良好家风和淳朴民风；离不开现代乡村治理体系，依靠党的领导、政府负责、社会协同、公众参与、社会保障；离不开现代化的乡村治理体系，将自治、法治、德治"三治"融合走中国式现代化发展的善治之路。党的二十大报告指出："到二〇三五年，基本实现国家治理体系和治理能力现代化，全过程人民民主制度更加健全，基本建成法治国家、法治政府、法治社会；……农村基本具备现代生活条件，社会保持长期稳定，人的全面发展、全体人民共同富裕取得更为明显的实质性进展。"《中共中央　国务院关于实施乡村振兴战略的意见》（2018 年中央一号文件）对乡村治理进行了细致的描述，《意见》指出当前乡村治理体系和治理能力亟待强化，解决好"三农"问题要按照产业兴旺、生态宜居、乡风文明、治理有效和生活富裕的要求逐步实现，到 2035 年要实现乡村治理体系更加完善。

　　第一书记在乡村振兴发展过程中，要领悟提升乡村治理水平的精髓，掌握乡村治理的根本方法和举措。当前阶段我国加强乡村治理取得的主要经验表现在，一是加强农村基层党组织建设，加强党对一切工作的领导，建立选派第一书记工作长效机制，面向贫困村、软弱涣散村、村集体经济薄弱村党组织派出第一书记，肩负着抓党建促乡村振兴的重要使命。二是深化推进村民自治实践，全面建立健全村务监督，构建多层次基层协商格局，创新基层管理体制机制，培养新型农村社会组织。三是建设法治乡村，树立法治为本，依法治理理念，建立健全乡村调解纠纷机制。四是提升乡村德治水平，凝练乡村道德规范，建立道德激励约束机制。五是建设平安乡村，健全落实社会治安综合治理领导责任制，持续开展扫黑除恶斗争，推进"雪亮工程"。

第一节
自治、法治与德治

乡村治理是国家治理的有机组成部分，乡村治理现代化关系到国家治理现代化目标的实现。党的十九大报告指出，要"加强农村基层基础工作，健全自治、法治、德治相结合的乡村治理体系"。

一、乡村振兴中"自治、法治与德治"的内涵

自治、法治、德治相结合的乡村治理体系，是以乡村振兴战略为方向，聚焦"三农"问题，以实现"产业兴旺、生态宜居、乡风文明、治理有效、生活富裕"为总要求的现代化乡村治理体系，是治理功能互补、治理结构融合的科学治理体系。自治是村民自我管理、自我教育、自我服务和自我提高，包括民主选举、民主决策、民主管理和民主监督。德治是以道德规范来约束人们的行为，形成社会秩序的治理观念和方式，对社会进行治理和监督。法治是社会治理的底线约束，以法律为准绳，对政府和民众的行为进行约束，开展法制监督。"自治、法治与德治"的乡村治理体系并非自治、法治与德治的简单组合，而是三者的一个有机整体。健全自治、法治、德治相结合的乡村治理体系，既是应对新时代乡村社会转型发展的必然选择，又是实现乡村振兴战略的本质要求，还是推进国家治理体系和治理能力现代化的重

要基石。习近平总书记在中央农村工作会议上就指出："健全自治、法治、德治相结合的乡村治理体系，是实现乡村善治的有效途径。"《中共中央关于党的百年奋斗重大成就和历史经验的决议》将"健全党组织领导的自治、法治、德治相结合的城乡基层治理体系"作为新时代在社会建设上所取得的历史性成就的一部分。这表明，要实现乡村振兴战略中的"治理有效"目标，就必须坚持自治、法治、德治相结合，全面推进"三治融合"。第一书记要深刻把握"自治、法治与德治"本质内涵，深入理解"自治、法治、德治相结合的乡村治理体系"，坚持聚焦"三农"问题，以农村农民切身需要为导向，推进乡村振兴发展。

二、第一书记打造乡村"自治、法治与德治"治理体系主要做法和启示

乡村振兴战略不断落实，乡村治理体系不断建设完善，构建乡村"自治、法治与德治相结合的治理体系"是实现社会有效治理的必然要求。但是在推进"三治"结合的过程中，也有一些难点、痛点和堵点需要着手解决，比如：乡村基层治理动能不足；法律意识需要进一步普及；文化水平氛围仍需提高；"三治"结合基础薄弱，融合难度大。如何实现乡村"自治、法治与德治"，要求第一书记深入理解"自治、法治、德治相结合的乡村治理体系"，坚持聚焦"三农"问题，以农村农民切身需要为导向，以自身村情实情实际为基础，探索出建设各村"自治、法治与德治"治理体系的具体做法，不断提升群众满意度和幸福感。

首先，德治是"三治"结合的基础。第一书记要明确"自治、法治与德治"治理体系的构建，德治是基础，有利于凝聚乡村治理"向心力"。一是注重发挥德治教化作用，遏制农村陈规陋习，提升群众业余文化生活水平和

社会道德素养，真正实现"党建引领工作，文化凝聚人心"的目标，切实让组织活起来、民心暖起来，将以规立德作为净化村庄社会风气的有效方式。二是采取各种方式激发农村传统文化活力，第一书记应当积极采取措施展现农村传统文化的魅力，传播传统优秀文化，改善农民精神风貌，涵养文明乡风，打造村庄德育阵地，三是积极借助各网络平台宣传，第一书记应把握网络直播等平台的机遇，在各平台通过网络直播、微信公众号文章等舆论宣传手段进行文化宣传，塑造农村优良形象，形成风清气正、向善向上的良好社会舆论导向。

其次，自治是"三治"结合的本质。第一书记要明确"自治、法治与德治"治理体系的构建，自治是本质，能够提升乡村治理的"内生力"，畅通乡村治理"主动脉"。一是做好议事、公开、述职等自治关键环节，第一书记在乡村自治的过程中，通过民主恳谈、民主听证等百姓说事的方式，对农村涉及民生重大问题开展民主协商，做到协商过程有记录、协商结果有运用。二是坚持程序透明公开，第一书记在参与乡村治理过程中，应严格按照"四议一审两公开"的程序，坚持民事民议、民事民办、民事民管的原则，为乡村自治制定各方面规章制度，村"两委"干部定期公开透明向村民代表会述职，接受村民代表的监督。三是坚持党建引领乡村治理，党的领导是乡村治理的根本优势，乡村基层党组织是领导乡村治理的坚强战斗堡垒，第一书记作为基层党组织的代表应当坚持党建引领，发挥先锋模范作用，提升自我管理水平，真正解决农村痛点难点问题。

再次，法治是"三治"结合的保障。第一书记要坚持法治为要，健全法治体系，提升乡村治理的"保障力"。法治是乡村治理的根本依靠，一是大力弘扬法治精神，第一书记将法治精神融入日常乡村管理，积极推进法治乡村建设，创造安全稳定社会环境。二是开展乡村法律服务工作，第一书记牵头建立乡村矛盾纠纷调处化解机制，收集矛盾纠纷，就地解决矛盾纠纷，为农民纠纷提供法律保障。三是宣传法律知识，培训法律人才，第一书记聘请专业人士宣传贴近村民生活的法律知识，营造浓厚法治氛围，结合自身优势，积极搭建平台，进行村民法律培训，带领村民学法用法。

最后，要坚持建立健全"自治、法治与德治相结合的治理体系"，促进"三治"结合。实现乡村"自治、法治与德治"，需要有效融合，共同发展。第一就是要固本强基，切实增强农村基层党组织的政治领导力，基层党支部是乡村治理的坚强战斗堡垒，第一书记在推进"三治"结合的过程中，一定要坚持党建引领，建设党员管理规章制度，优化党支部组织生活，增强党员组织纪律性，为"三治"结合奠定政治基础。第二是要理清"三治"关系，实现有机融合，"三治"之间互相影响，互相成就，第一书记要精准认知"三治"关系，并采取适宜办法进行有机融合，达到事半功倍的治理成果。第三是切实投身实践，第一书记要切实肯干，用实际行动推进"三治"结合。

【案例】第一书记"三治融合"的经验做法

（一）

徐岭镇党委认真贯彻关于加强推进党建引领乡村治理有关要求，强化第一书记日常管理，坚持"严管与强责"相结合，积极引导第一书记加入乡村治理队伍中，坚持党建引领、发挥自身优势，深化"三治融合"。徐岭镇杨屯村注重发挥德治教化作用，组织群众开展形式多样的文化娱乐活动，营造良好的社会氛围，真正实现"党建引领工作，文化凝聚人心"的目标，切实让组织活起来、民心暖起来，改善农民精神风貌。徐岭镇复兴村正式开展"数字惠农，智慧乡村"活动，解决用户通信和上网难问题，通过网络化数字运营，解决乡村治理的难点、痛点，打造"党建引领乡村治理、数字赋能乡村振兴"的新模式，提升自我管理水平，推进数字乡村建设，为群众生活提供便利。徐岭镇大房身村第一书记大力弘扬法治精神，以"党群服务中心"为依托，利用大房身村级综治视频系统、网格化管理信息平台和"一村一辅警"工程，积极推进法治乡村建设，创造安全稳定社会环境。通过开展村级法律服务工作，建立村级矛盾纠纷调处化解机制。徐岭镇党委持续巩固德治、自治、法治"三治融合"工作成果，实现以"德治扬正气、以自治增活力、以法治强保障"为途径，将充分发挥党建引领作用，发挥第一书记优势，挖掘各村特点，创新党建引领乡村治理载体，推动徐岭镇乡村治理提档升级，不断提升群众满意度和幸福感。

（案例来源：徐岭镇：第一书记"三治融合"助力党建引领乡村治理有序推进 https://mp.weixin.qq.com/s?src=11&timestamp=1686843836&ver=4592&signature=2UgA8T7NWXd0WRiL3yReE0QckNiplwIVQrH0ZbeeCYDWqjcBTw0F3dbW2U4Fa5kywZJaKMomV69TvILIoc434k84AfK3KD*P*lgru8L5Y-zqX6J4z9*swM6QDoPqSqxp&new=1）

（二）

汉葭街道大树村驻村第一书记从基础设施、人居环境、产业发展规划做起，通过以身作则，率先垂范，走村串户解矛盾。建立议事厅、宣传民法典，建立法治宣传栏，让全村实现了小事不出组、大事不出村，实现了村民自治、德治、法治，全面融合，带领村民走向幸福美好的新生活。近年来大树村紧紧围绕乡村德治、社会法治、群众自治同步推进的工作思路和坚持"三治融合"的工作原则，按照乡风文明和谐美、科学规划布局、村容整洁环境美的工作思路，党员干部群众积极参与乡村治理、齐抓共管工作机制，突出抓好文明乡风培育、人居环境改善、产业培育发展为目标，全村进村入户公路硬化率达100%，产业发展全覆盖。未来第一书记将借助得天独厚的地理优势，进一步把大树村打造成产业兴旺、生态宜居、乡风文明、治理有效、生活富裕的美丽乡村。

（案例来源：三治融合结硕果 大树开出幸福花 http://www.cqps.gov.cn/ps_content/2022-06/27/content_10374450.htm）

第二节
建设平安乡村

农村社会是农村居民居住的共同体，是居民安居乐业的重要场所，建设平安乡村直接影响乡村社会的稳定与发展，是建设和谐社会的重要内容。

一、乡村振兴中"平安乡村"的内涵

平安乡村的概念，最早在 1990 年扬州开展的"创建平安村"活动中正式提出。随后一系列文件的出台，使平安乡村建设得到进一步促进。《中共中央 国务院关于实施乡村振兴战略的意见》（2018 年中央一号文件）中对平安乡村有明确论述：平安乡村建设是实施乡村振兴战略及实现中国特色社会主义建设的必由之路，体现了未来乡村治理现代化变革的方向，是提高乡村治理效果，实现乡风文明的关键所在。对具体如何建设平安乡村作出了明确的部署，提出了领导责任制、社会治安防控体系建设、扫黑除恶专项斗争、农村非法宗教活动和境外活动打击、乡村三级综治、农村公共安全体系、安全生产、精细化精准化管理、"雪亮工程"等具体举措。党的十九大以来，各级政府部门按照乡村振兴战略的指示，积极调动社会力量，组建村民理事会，通过优化乡村治理策略，探索新的路径化解基层矛盾，维护农村社会秩序，积极建设农村安全共同体。党的二十大报告明确指出要坚持完善社会治理体系，强化社会整体防控能力，推进扫黑除恶常态化。综上所述，平安乡村是指针对农村社会治安问题，严格落实社会治安综合治理责任制度与目标管理责任制，完善农村社会治安防控体系建设，提高乡村公共服务、公共管理、公共安全保障水平，从而形成的治理有效、充满活力、和谐有序的乡村环境。

二、第一书记加强平安乡村建设的进路

随着我国经济社会的飞速发展，工业化、城镇化、信息化突飞猛进，乡村平安工作的问题日益凸显，造成新时期乡村平安工作日益变化的主要原因表现在一是农村城镇化进程逐渐加快，城镇化的农村人口密度大，进而造成维护乡村平安的人力物力不足；二是城镇化进程加快的同时，伴随着农民工进城，青年求学等社会因素，农村人口大量流失，涉及留守老人、儿童、妇女等弱势群体恶性伤害事件频发；三是我国乡村往往以家族式人口聚集为特征，家族势力、村霸恶霸容易滋生；四是城镇化人口聚集、偏远地区人口流失、弱势群体伤害、村霸家族势力等利益争夺，造成社会心理次生伤害，也是现阶段农村平安工作的一个显著特征。中共中央办公厅、国务院印发《关于加强社会治安防控体系建设的意见》，要求构建人防、物防、技防、心防体系，是当前推进平安乡村建设的重要举措。第一书记在加强平安乡村建设的进路研究中，要在本村平安建设基础之上，按照"人防、物防、技防和心防"全面推进平安乡村建设。

一是持续深入打造平安乡村"人防"局面。第一书记在乡村一线工作，要时刻紧绷保护人民安全意识，坚持人民至上。乡村是一个有机整体，这个有机整体包含社区、村落、企业、学校、医院、基层机构、生态环境等各个

系统，自然人是组成各个系统的细胞，只有每个"细胞"健康，各个系统才能有一个生存的"内环境"，才能保证乡村这个"有机体"生存。首先坚持人民至上，顺应人民需求，深化乡村平安创建。以人民"急难愁盼"问题的解决为切入点，将"扫黑除恶"专项斗争常态化，有效回应老百姓关注的治安、公共安全、权益等现实问题。其次坚持人民主体，人民群众是平安建设的主体，村民是平安乡村建设的主体，始终坚持人民群众在平安乡村建设中的主体地位，积极探索符合本村发展形势的平安乡村建设的新办法、新途径。同时，第一书记要抓好基层组织建设，打造坚强战斗堡垒，发挥基层党组织在平安乡村建设中的老百姓的"主心骨"，通过基层党组织，把乡村平安工作做到老百姓的心坎上，把问题解决在百姓急需处。对"零容忍"问题坚决打击，以"零懈怠"的工作作风提升人民群众满意度，打造生动平安乡村建设新局面，全面推进和谐社会发展。

二是持续深入补强平安乡村"物防"基础。物防是平安乡村建设的重要举措，更是最直接、最有效参与到平安乡村建设的方法与途径。第一书记可以参照乡村振兴战略扎实推进"雪亮工程"，实现乡村公共区域安全视频监控全覆盖，提升平安乡村预警预测能力。首先注重资源整合，第一书记来自各行各业，资源整合有利于发挥更大作用，资源整合不仅能广泛发挥省直机关的交通、财政、农业、乡村振兴等有关部门的政策优势，同时也汇集三大运营商、互联网企业等下派单位的技术优势，实现资源上的优势互补。其次注重区域协同，平安乡村的建设不是某一个村的建设，是一个区域内的平安建设，就某一区域内要实现城市农村全覆盖、城乡一体化统筹建设，第一书记在整合资源的同时，注重区域协同，能够更大限度发挥政策优势与技术优势。再者注重可复制模式，"雪亮工程"最大的优点在于可复制、可扩大覆盖、信息可共享、应用可联通。例如在视频监控系统建设中，第一书记可协调治安部门在重点公共区域、行业、领域、部位增加覆盖密度；可协调交通部门做到乡村交叉路口、道路关键节点无盲区；可争取城乡视频监控一体化建设，加强农村公共区域视频监控建设力度；争取硬件设备，衔接地方和部门整体架构和模式共享，推进信息共享，破解视频"孤岛"。

三是持续更新破解平安乡村"技防"壁垒。推进信息共享和推广应用的关键环节就是破除相关的技术障碍。信息共享障碍主要表现在硬件设备建设标准和传输技术不统一；地方与地方之间系统架构、共享模式、运行机制不一致；城乡部门等分割、封锁不能共享等问题，破解信息共享障碍的主要办法需要建立统一的网络体系架构和标准，建立从中央到地方的视频共享平台，建设完备的公共安全视频图像传输网络体系。推广应用的主要障碍表现在视频监控的深度应用，互联互通各个环节。第一书记们推进平安乡村建设能够打通的关键技术障碍主要表现在"应用"环节的打通，尤其在智能化服务水平的提升中可以发挥重要作用，同时对危害乡村平安事件进行预警分析、平安乡村状况监测评估、重点人群动态研判等领域做精细化治理。

四是积极构建平安乡村"心防"服务体系。加强构建平安乡村心理服务体系是平安建设的基础性工作，是第一书记打造平安乡村的软实力。心理服务体系包含前、中、末三端，前端是指心理知识宣传普及，中端是指心理问题监测预警，末端是指高危人群精准干预，第一书记做好"心防"服务体系主要有以下三种路径：一是搭建乡村心理服务平台。平台应包含市、区（县）、镇（乡）、村为一体的，指导中心—服务站—咨询室相衔接的，配备心理辅导、法律服务、社会工作者及志愿者的专业服务平台；二是培育社会心理服务人才队伍。以基层党组织为基础，联合公检法、司法、学会协会、医疗机构等专业人员组成社会心理服务专业队伍，第一书记可利用群体效应，组建包含各类专业人才的社会心理专业服务队，面向县域提供专业的社会心理服务人才，同时在各乡镇组建各村"两委"干部、民警、网格员、法律调解员为主体的兼职队伍，利用人脉广的特点，吸收心理咨询机构、高校、行业学会协会等专业人员加入志愿者队伍，提供全方位的社会心理服务；三是完善社会心理服务工作机制。在发挥群体效应基础之上，建立健全卫生、教育、司法、信访等多部门联合联动机制，广泛开展公众宣传教育，日常排查评估，定期分析研判，建立矛盾化解、法律援助、帮扶救助、心理疏导干预相结合的平安乡村社会心理服务体系。

【案例】平安乡村建设的新路径

（一）

剑阁县探索实践乡村治理有效方式，形成"六个一"建设模式，走出了平安乡村建设新路径，为全面推进乡村振兴奠定坚实保障。"六个一"即"一村一名法治副主任、一支红袖标队伍、一张信息防控网、一周一次社情民意研判会、一周一次法治警情广播、一村一处平安法治场所，开设群众学法用法课堂"。形成了公检法专业人员＋专业服务队伍＋信息共享＋收集研判＋预警预测＋宣传教育的平安乡村模式。从"六个一"模式看出剑阁县在平安乡村建设路径上做出了有效尝试，构建了平安乡村体系，全县连续三年所有行政村实现"六无"目标，群众社会安全满意度连年提升。

（案例来源："六个一"模式走出平安乡村建设新路径，广元日报，2021年12月5日）

（二）

海东市互助县是全国第一批市域社会治理现代化试点城市，互助县因地制宜推进平安乡村建设，推进社会治理现代化，为乡村振兴保驾护航。互助县平安建设在乡村发展中发挥了重要作用，制订3年行动计划、完善5个工作机制、实施 10 大工程，以"六无"为载体，组建各乡镇、村（社区）治安联防队等群防群治组织和矛盾调解员、平安志愿者、信息员、网格员等群体力量，常态化开展群防群治工作，推进乡村为民服务规范化建设，提升服务质量和效率。

（案例来源：海东市互助县建设平安乡村，护航乡村振兴，法治日报，2021 年 6 月 3 日）

第三节
矛盾纠纷化解

矛盾纠纷的存在是社会发展过程中的常态化现象，预防和化解社会矛盾是我国国家治理的核心内容之一。党的十九大报告指出，中国特色社会主义进入了新时代，社会的主要矛盾转化为人民日益增长的美好生活需要和不平衡不充分的发展之间的矛盾。主要矛盾的转化决定了矛盾纠纷化解机制实践的根本任务与工作重点。由于我国进入经济转轨和社会转型期，各社会阶层、关系主体之间利益格局相互交错，各种利益关系相互之间交织在一起，因此各种社会矛盾和社会冲突逐渐显现，化解难度不断增加。党的十八届四中全会《决定》提出要"健全社会矛盾纠纷预防化解机制"，强化依法维护群众利益，构建多元，相互协调的纠纷化解机制。十九届四中全会从完善共建共治共享的社会治理制度和实现现代化的治理体系与治理能力的战略高度出发，提出要完善正确处理人民内部矛盾有效化解机制，完善社会矛盾纠纷多元预防调处化解综合机制，努力将矛盾化解在基层。这一重要指示是立足于当下社会矛盾发展的新形势，提出了化解人民内部矛盾的新要求，推动从社会管理向社会治理的深刻转变，实现国家治理体系与治理能力的现代化。

一、矛盾纠纷化解的"枫桥经验"

"枫桥经验"是 20 世纪 60 年代初浙江省诸暨市枫桥镇干部群众创造的"发动和依靠群众，坚持矛盾不上交，就地解决，实现捕人少，治安好"的管理方式。在社会基层坚持和发展新时代"枫桥经验"，完善正确处理新形势下人民内部矛盾机制，加强和改进人民信访工作，畅通和规范群众诉求表达、利益协调、权益保障通道，完善网格化管理、精细化服务、信息化支撑的基层治理平台，健全城乡社区治理体系，及时把矛盾纠纷化解在基层、化解在萌芽状态。

二、第一书记如何破解"矛盾纠纷"

乡村振兴战略是健全现代化治理格局的固本之策，实施乡村振兴战略，化解矛盾纠纷，实现农村社会安定有序，有利于打造现代化农村社会的治理格局，是进一步推进国家治理体系和治理能力的重要举措。

第一书记作为乡村振兴战略坚定实施者，村民相信的人，在具体工作中一定会遇到各式各样的矛盾纠纷，因此第一书记要掌握农村社会常见的稳定风险评估和矛盾纠纷化解的能力，预防和化解各类纠纷的能力，促进乡村社会和谐稳定发展。

第一书记在乡村振兴工作中最常见的"矛盾纠纷"主要特点表现为村民与村民之间、村民与基层组织、团体机构之间，也可概括为"邻里"纠纷和"邻避"纠纷。针对较常见纠纷产生的特点，"邻避"性纠纷可以通过稳定风险评估来预防纠纷产生，"邻里"纠纷更多依靠化解机制来解决。第一书记通过掌握稳定风险评估方法和矛盾纠纷化解机制相结合的途径，开展农村矛盾纠纷化解工作。

"邻避"纠纷稳定风险评估主要依据中共中央办公厅、国务院办公厅印发的《关于建立健全重大决策社会稳定风险评估机制的指导意见（试行）》。就第一书记开展工作而言，在规范乡村重大事项决策上，预防和减少矛盾发生提供了基本遵循。基于村民纠纷稳定风险评估制度，一是建立起"顶层设计、制度遵循、程序规范"的重大决策社会稳定评估制度，顶层设计主要是在村级事务的重大决策中，引入第三方稳评主体，简易稳评程序，工作过程评价，明确追责规定和后续跟踪管理；制度遵循主要是突出制度配套，贯穿重大决策制度稳评风险评估制度主要有项目报备、检查通报、业务培训、档案管理、专家咨询和责任追究；程序规范主要是指在各个流程、环节中制定具体操作细则，设立规范性台账。二是推动重大决策社会稳定风险评估工作社会化，上级机构重大决策都要在农村基层落地，提高公众参与的广泛性和民主性，体现评估的客观与公正。三是加强"邻避"项目稳评工作，尤其涉及乡村的"邻避"项目随处可见，如垃圾场的规划、基础工程的建设、农业用地与工业用地使用，等等，在"邻避"项目的矛盾纠纷避免预防中社会稳定风险评估将尤为重要。现阶段我国农村"邻避"纠纷稳定风险评估制度主要是在县级层面开展，乡镇、村更多是在程序上逐步规范，第一书记在村具体工作中要有决策稳定评估意识，将国家各项惠民政策在乡村落地、实施、监督、结果，才能有效规避风险，预防矛盾纠纷，发挥基层组织的决策与改革作用。

相对于"邻避"项目纠纷，"邻里"纠纷是指自然人、自然家庭之间的各种纠纷，"邻里"纠纷更多需要矛盾纠纷化解机制来解决。第一书记在实际工作中遇到最多的就是"邻里"纠纷，"邻避"项目纠纷往往通过事先干预可以有效避免，"邻里"纠纷往往具有主体多元化、诉求多元化、类型多元化等特点，同时又具有隐匿、事后特征。处理"邻里"纠纷最有效的办法就是完善矛盾纠纷化解机制，一是因地制宜的矛盾纠纷化解模式，这里的因地制宜是指在各地域内鼓励推动民间调解为核心的矛盾纠纷化解模式，分为人民调解、专业调解和行业协会、商会调解三种模式。人民调解模式是指专业人士、职业调解员建立的调解工作室进行矛盾纠纷化解；专业调解模式是指建立专业的调解委员会，专业化调解乡村社会矛盾纠纷；行业协会、商会调解模式是指由行业协会、商会组建调解组织化解各类民商纠纷。二是搭建矛盾纠纷化解平台，对于乡村矛盾纠纷化解平台可以由基层组织负责人、行业协会、法律服务中心、职业调解员等为主体的矛盾纠纷多元化解平台。三是完善矛盾纠纷化解衔接机制，第一书记在具体工作中，要主动去行调对接、诉调对接和检调对接，通过与行政机关的衔接，积极引导和促成当事人达成和解，化解纠纷和矛盾。

对于第一书记具体工作而言，"邻避"项目纠纷与"邻里"纠纷扮演角色完全不同，"邻避"项目纠纷角色应以监督、指导为主，重在决策、程序中规范规避矛盾纠纷；"邻里"纠纷角色更多是"家里人""金牌调解员"的角色，重在公平公正、专业化衔接来处理矛盾纠纷。

【案例】第一书记化解矛盾纠纷

（一）

第一书记担当调解人与村干部共同化解矛盾。纠纷经过：由于媒婆沟通不够及时，不是非常了解男方的家庭位置，女方媒婆在见面当天多次更换接送相亲女子的地点，且媒婆与女子均没有及时出现在更换后的地点，导致男方多次接人失败。因此，男方家属觉得受到了欺骗，找到相亲女子后将其带到村委会。第一书记（人民法院法官助理）与村委干部的联合调解，通过了解得知：该女子没有收受过男方任何的钱财，媒人也没有收取红包，所以不存在诈骗的行为和事实。在调解人疏解下，女方认为自己存在疏忽，过于相信了作为亲戚的媒人，决定向男方道歉，且补偿男方相关交通费和误工费用。男方及其家人也表示理解，不再追究。至此，该起纠纷得到顺利化解。此案例经典地展示了第一书记担任调解人，由村干部、法律专业人士（第一书记为人民法院助理）等团队调解模式，搭建了村级矛盾纠纷化解平台，有效处理了"邻里"矛盾纠纷。

（案例来源：第一书记联合村干化解矛盾 http://dysj.youth.cn/ywlm/202105/t20210510_12927147.htm）

（二）

驻村第一书记当起村民矛盾纠纷"调解员"。赵某某（某县人大常委会内务司法工委主任）担任驻村工作队队长、第一书记以来，在开展脱贫攻坚工作同时，化解村民矛盾纠纷。2018年，被告邹某与白某分别驾驶车辆发生交通事故，导致邹某死亡、原告刘某受伤。经司法认定，被告邹某与白某负本起事故同等责任，因邹某已死亡，邹某的赔偿责任由其妻子和儿子，在遗产继承的范围内予以赔偿。事故发生至今，原告刘某治疗花费巨大，腰部钢板至今未取出。邹某妻子因丈夫去世，受到严重打击，到精神病医院治疗，25岁的儿子仍未谈婚论嫁，经执行干警多次查控，被执行人确无财产可供执行。第一书记将双方约至村委会，与县法院执行局局长、村党支部书记等一同调解此案。经多方共同努力，案件双方最终达成和解，白某、邹某一次性给予刘某一定的经济补偿，剩余的案件款、利息及案件受理费刘某不再主张，矛盾双方握手言和。此案例由第一书记、专业律师人士、司法机构、村委会等共同担任调解人模式，第一书记主动行调对接、诉调对接和检调对接，为群众化解矛盾纠纷，促进乡村和谐稳定。

（案例来源：驻村第一书记当起村民矛盾纠纷"调解员"https://www.thepaper.cn/newsDetail_forward_7487312）

（三）

驻村第一书记当起村民家庭矛盾纠纷"调解员"。第一书记罗某结合职能优势成功调解家庭矛盾纠纷。村民聂某和其邻居来到村部找到第一书记罗某，称其在家受到儿子的打骂，不让进家并且拒绝抚养自己。简单地询问后，罗某第一时间了解聂家的基本情况，聂某和其二儿子一起生活，聂某平时有喝酒的习惯，聂某的儿子陈某抱怨母亲聂某喝酒后乱骂自己，聂某则嫌弃儿子脾气不好，经常不顾自己的感受，不理睬自己，生气时就会摔东西，双方生活矛盾逐渐放大。第一书记罗某随即组织村副书记、副主任来到聂某家里，采取面对面的方式对聂某与其儿子陈某进行谈心谈话，用现场调解的方式化解这起家庭矛盾纠纷。此案例第一书记利用自身所学、职能优势，在开展乡村振兴的同时，对发现的村民矛盾纠纷积极进行调解、化解，进一步和谐村级发展环境，有利于乡村振兴的建设。

（案例来源：大化法院驻村第一书记当起村民家庭矛盾纠纷"调解员"https://www.thepaper.cn/newsDetail_forward_13720265）

（四）

孟河镇滕村村第一书记针对村内小微企业用工不规范、劳动纠纷频发的问题，深入企业开展用工风险诊断提升行动，有针对性地提出解决方案。截至目前，累计为100余家小微企业提供诊断提升服务，帮助企业与职工补订劳动合同200余份，为15家企业完善规章制度。牵头在村党群服务中心设立劳动纠纷调解工作室，为群众常态化提供调解劳动法律咨询、劳动争议调解、培训等服务，确保矛盾不出村。

（案例来源：第一书记赋能 点燃乡村振兴"红色引擎"https://mp.weixin. qq.com/s?src=11&timestamp=1686845530&ver=4592&signature=kDn84q4Kj8nq VHTXkrELzZRdf6j1C5FeESddW1MMDp3TI3rENPc8PSSzUuh38FjAnLoSQcc BK63mt0cz*ojXNSA*dGjZR2I7ktkvlh9XUEonxWr14wHDUUzjaWS7kYdr&n ew=1）

第四节
共建共治共享

党的十九届四中全会《中共中央关于坚持和完善中国特色社会主义制度推进国家治理体系和治理能力现代化若干重大问题的决定》指出："坚持和完善共建共治共享的社会治理制度，保持社会稳定、维护国家安全。"共建共治共享从主体、路径、目标三个维度体现我国社会治理制度的内在逻辑和要素构成，对于实现社会治理理念科学化、结构合理化、方式精细化，彰显我国社会治理制度的优势，具有十分重要的意义。

一、乡村振兴中"共建共治共享"的内涵

乡村振兴战略蕴含发展理念，"共建共治共享"是从根本上体现了以人民为中心的主体定位，内含着对全体人民意志的遵从，对全体人民参与权利的肯定，对全体人民利益的敬畏。共建即共同参与社会建设。就发展社会事业而言，在教育、医疗、卫生、就业、社保以及社会服务等相关领域，应本着政府主导和政社合作原则，通过一系列政策安排，为市场主体和各种社会力

量创造发挥作用的更多机会；就完善社会福利而言，人民的获得感、幸福感和安全感，需要得到制度保护。共治即共同参与社会治理。参与权是人民群众的一项重要权利，也是人性需求的组成部分。物资匮乏的社会阶段，人们参与公共事务的动力尚不突出，随着我国小康社会的逐步实现，社会主义现代化强国的进展，共治要求凸显时代特征。共享即共同享有治理成果。改革开放以来，我国经济发展突飞猛进，然而发展成果却没有很好地惠及每个家庭每个人，城乡之间、地域之间、群体之间存在一定差距，这种不平衡不充分的发展不是人民需要的健康发展。习近平总书记强调，要完善共建共治共享的社会治理制度，实现政府治理同社会调节、居民自治良性互动，建设人人有责、人人尽责、人人享有的社会治理共同体。"十四五"时期推进经济社会发展，迫切需要通过共建共治共享拓展社会发展新局面，让更多的社会主体和市场主体参与社会治理，以更加多元的方式实现社会治理，并且更加公平地享受社会治理成果。第一书记要深刻把握"共建共治共享"本质内涵，坚持以人民为中心，推进乡村振兴发展。

二、第一书记打造乡村共建共治共享治理格局主要做法和启示

随着乡村改革的不断深化，乡村经济结构和发展方式新变化，呈现出乡村社会矛盾的多样、群体、复杂化，与之相适应的解决措施相对薄弱，村民主观能动性不足，加之民生、竞争、个体行为综合影响，如何实现乡村共建共治共享局面，要求第一书记明确"共建共治共享"在乡村振兴的本质内涵，坚持以人民为中心的本质特征，紧密围绕村情实情，结合乡村基层治理实际，以平安乡村建设为推进，以解决村民具体矛盾和具体要求为切入，探索出各村治理的路径、机制，打造"共建共治共享"的乡村治理格局，增强

人民群众安全感、幸福感和获得感。

首先，共建是引领。第一书记要明确"共建共治共享"局面的形成，共同建设是引领。一是抓党建引领工作格局，建立健全"四议一审两公开"和"两代表一委员"制度，完善党政联席制度，探索村级联建机制。二是党组织角色引领，第一书记要充分发挥其村组织领导角色、参与政府负责角色、引导社会协同角色、推动公众参与角色和落实法制保障角色，综合提升农村基层党组织的组织力、提升村党组织的基层治理能力、提升为民的法律服务能力、提升全域的德治教育能力。三是打造共建的综合体系，第一书记要探索共建服务体系，共建体系应融合公共服务、信用评价、网格治理、平安乡村、安全责任、信息渠道、心理疏导七位一体的发展体系。四是因地制宜的工作模式，第一书记在具体的工作中嵌入网格化的工作模式，建立完善基层党组织，党小组，网格员，全体党员，村民为一体的网格化管理制度，第一时间了解村情民意。五是人才的稳定制度，第一书记制度常态化一定程度上解决了乡村治理人才队伍建设问题，推行村"两委""一肩挑"制度，同时要做好村治理干部队伍的选人用人，监督管理，切实加强村干部职业化管理水平，形成良好的共建局面。

其次，共治是途径。第一书记要明确"共建共治共享"局面的形成，共同治理是途径。一是完善机制途径。依托村民接待室，便民服务中心，代表委员工作室，法律咨询工作站，村警务室，村党建活动室等阵地的功能，广开收集村情民意渠道。经常性开展村"两委"会、人大代表、党代表、村民代表议事，完善议事机制，解决村民矛盾诉求。二是坚持法治德治结合。第一书记要善于应用"法治"这一利刃开展村治理工作，善用"法治"有力解决矛盾和问题。同时将"法治"与"德治"相结合，加强村民道德建设，用社会主义核心价值观来引导，用中华优秀传统文化来育人。实践中第一书记要充分利用好法律咨询的问题解决与社会文明实践站的宣传引领结合，理论与实践相结合。三是发挥党员先进性。打造一个影响力好，村民信任度高，发挥党员先进性的平台，第一书记要善于动员、培养、调动以党员、志愿者、群众为主体的网格队伍，建立村环境治理队伍，文明监督队伍，应急突击队伍等，与"党日活动"相结合的帮扶、走访、慰问、义务劳动、文明宣传，深入民心，用实际行动影响教育村民。四是实践民主协商。第一书记要在团结中工作，凝聚民心一项重要的工作就是民主协商的实践，要坚持人民为主体的原则开展民主协商，引导村"两委"班子、"两代表一委员"、具有代表性的党员代表、村民代表为主体的民主协商主体，以收集、明确、调研、协商、公开、落实为主线的议事程序，构建民提、民议、民办、民商量的民主协商共治格局。五是德治与文明乡风建设，第一书记要协助建立文明乡约，修订村规民约，切实发挥红白理事会等群众自治作用。要充分利用好、宣传好"道德模范""最美家庭""星级家庭"，致力于文明乡风、良好家风、淳朴民风。六是法治是根本依靠，第一书记要引导村民知法懂法用法，要引导村民利用好法律服务，加大法律宣传力度，拓展法律教育途径，引导村民依法办事，用法律解决问题，靠法律化解矛盾。

再次，共享是目标。实现乡村振兴本质内涵是实现共同富裕，共同富裕的要求是发展成果共享。第一书记助推乡村振兴发展成果由人民共享。一是要成果共享。第一书记要打造美丽宜居乡村，并将生态宜居成果由人民共享。二是要服务共享。第一书记要打通服务群众最后一公里，将党和国家各项方针、政策落地生效，使得广大乡村人民切实得到关怀和服务。三是要发展共享。就覆盖面而言，发展是个体实现目标最有效的渠道，乡村振兴根本靠发展，人的发展靠教育，遵循教育公平，教育成果由人民共享；集体发展靠质量，扎实推进乡村振兴高质量发展，发展成果覆盖全体村民。第一书记要帮助村集体做好各村发展规划，发展要实现成果共享。四是要持续共享，第一书记要深入学习、宣传、贯彻乡村振兴战略，将乡村振兴战略落到实处，一张蓝图绘到底，实现共同富裕的目标。

最后，人民是主体。中国共产党的宗旨就是为人民服务。从党的百年历史奋斗取得的历史经验来看，坚持人民至上，以人民为中心，为民奋斗，民族复兴。第一书记作为党选派在乡村振兴战略的一线战斗员、排头兵、领头雁，要从根本上认同、支持人民至上。在实现乡村振兴伟大征程中，唤起人民觉醒、扎根人民群众、依靠人民群众，始终牢记江山就是人民、人民就是江山，坚持一切为了人民、一切依靠人民，坚持发展为了人民、发展依靠人民、发展成果由人民共享，坚定不移贯彻实施乡村振兴战略，走全体人民共同富裕道路，就一定能够走好实现第二个百年奋斗目标的赶考之路，取得更大胜利。

【案例】以人为本　创新治理　打造共建共治共享新格局

茂名市茂南区官渡村第一书记，坚持党建引领、共享发展的工作理念，聚焦城郊融合型村情和村中群众需求，深入开展"双下沉 两走进"行动，推动知识下沉、资源下沉，让群众走进基层阵地、让服务走进群众心中，全面开展"共享和美乡村"活动，积极推动村中形成了"共商、共建、共治、共享"的乡村治理体系，开创乡村振兴新局面。该第一书记推动"双下沉"，优化"硬环境"建设；做好"双走进"，优化"软环境"建设，充分发挥城郊接合部优势，采取党建"拼客"模式把辖区内的党员、积极分子和群众凝聚起来，推动产业融入、就业融入、社会融入"三步走"行动，打造资源共享服务平台，摸查群众医疗健康、生活服务、文化娱乐、教育培训、关爱援助、创业助农六类服务需求清单和梳理党群服务、配套基建、扶残助老、妇幼关怀、应急救灾、运动健身、文化生活七类共享资源清单，通过"群众点单、支部接单、团队派单"将群众需求、各方资源和服务供给进行网格化精准对接。同时，围绕"弘扬社会主义核心价值观"主题，突出"日常榜样"，开展"榜样在我身边"宣传活动，引导群众倡导文明、提升素养、对标模范，让文明新风唱响乡村振兴主旋律，为建设幸福和谐官渡提供强大的精神动力和道德支撑。

（案例来源：坚持共建共享开创乡村振兴新局面 https://mp.weixin. qq.com/s?src=11&timestamp=1686845730&ver=4592&signature=918pS9 MDRgP3F5YXhm1KI1DxiYOnKjuaOezfoAKvgdPi6uPSKQfDUutYSlug AU−2fJITkfH5X26DPrwonuYQPal7c−ozXfuWNewykbnZ90vEwaZKj− 8CM2usVMoq6F7d&new=1）